मैथिलीशरण गुप्त
प्रासंगिकता के अन्तःसूत्र

मैथिलीशरण गुप्त
प्रासंगिकता के अन्तःसूत्र

कृष्णदत्त पालीवाल

वाणी प्रकाशन

वाणी प्रकाशन
4695, 21-ए, दरियागंज, नयी दिल्ली 110 002
शाखा
अशोक राजपथ, पटना 800 004
फ़ोन : +91 11 23273167 फ़ैक्स : +91 11 23275710
www.vaniprakashan.in
vaniprakashan@gmail.com
sales@vaniprakashan.in

MAITHILI SHARAN GUPT : PRASANGIKTA KE ANTAHSUTRA
by Krishndatt Paliwal

ISBN : 978-81-8143-201-8
Criticism

प्रथम संस्करण 1987
प्रथम (वाणी प्रकाशन) संस्करण 2004
आवृत्ति 2018

मूल्य : ₹ 395

एम.एस. प्रिंटर्स, दिल्ली-110 093 में मुद्रित

वाणी प्रकाशन का लोगो मक़बूल फ़िदा हुसेन की कूची से

निवेदन

मैथिलीशरण गुप्त के सृजन-कर्म में हमारी परम्परा के पुरखे बोलते हैं। कवि का समूचा युग-परिवेश काव्य-संवेदना में अधिकाधिक एकाग्र होकर भिद जाता है। बीसवीं शताब्दी के भारतीय लोकजागरण को गुप्त जी का संघर्ष-शील व्यक्तित्व और इतिहास-बोध सृजनात्मकता में मूल-स्रोत पर ही पकड़ने के लिए संकल्पबद्ध है। वह हमारी जातीय स्मृति के एक बहुत बड़े अंश को रचना त्मकता और काव्यात्मकता में ढाल लेते हैं। शायद इसीलिए अपने से बाद के कवियों के लिए वे प्रेरणा और चुनौती दोनों रहे हैं। हम पाते हैं कि हमारे जातीय-सांस्कृतिक इतिहास की प्रखर वैष्णव-चेतना गुप्त जी में नए आलोक के साथ प्रस्फुटित हुई है। उस पर भारतीयता का वह गहरा रंग है—जो प्रादेशिकता को पछाड़कर विकसित होती रही है। निश्चय ही गुप्त जी ने अतीत का गौरवगान किया है, किन्तु वे अतीतजीवी नहीं है। उनकी सृजनात्मकना में अतीत इस तरह स्पन्दित और सृजित है—मानो वह वर्तमान ही हो। उनमें अतीत के माध्यम से वर्तमान के साक्षात्कार की क्षमता जन्म जात थी। आधुनिक भारतीय स्वाधीनता-संग्राम की हर जीवन्त धड़कन को उनकी कविता ने वाणी दी है। वर्तमान के लगभग सभी आन्दोलनों को पचाने की प्रक्रिया इतनी दीर्घ और अनवरत रही है कि यह चौकन्नापन आश्चर्य में डाल देता है। मेरे वे मित्र जो गुप्त जी को 'हिन्दू राष्ट्रवाद के गायक कवि' तथा 'नेहरू-युग के सरकारी कवि गुप्त' सिद्ध करना चाहते हैं—उनकी 'समझ' पर मुझे गहरा सन्देह है। ऐसी स्थिति में इस पुस्तक के निबन्ध गुप्त जी को सही सन्दर्भों और दिशाओं में सोचने-समझने की आरम्भिक भूमिका मात्र हैं। इनमें वह समीक्षात्मक शास्त्रार्थ नहीं है—जो कलह-कर्म को ही समीक्षा माने बैठा है। इन निबन्धों में तो कवि के लेखन की प्रासंगिकता और रचनात्मक उपलब्धि को टटोलने की ही तैयारी है।

जन्मशती के पुण्य अवसर पर मैथिलीशरण गुप्त के प्रति मेरी यह विनम्र श्रद्धांजलि है। इस संकलन के सभी निबन्ध इसी मनोभूमिका में लिखे भी गए हैं इन्हें 'पुनर्विचार' या 'पुनर्मूल्यांकन' कहने का साहस मुझमें नहीं है। 'मैथिली-

शरण गुप्त : व्यक्ति और काव्य' शीर्षक पहला निबन्ध श्रद्धेय आचार्य डॉ० नगेन्द्र के साथ लिखा था—इसमें मेरा अपना बहुत कम है—अधिकांश उन्हीं की विचार साधना का निचोड़ है। शेष निबन्ध मैंने जब-तब लिखे हैं। कहीं-कहीं पुनरावृति मिल सकती है। हालांकि मैंने उसे दूर करने का यथाशक्ति प्रयास किया है। इस पुस्तक का अन्तिम निबन्ध भारतीय राष्ट्रीय-सांस्कृतिक कविता के परिप्रेक्ष्य में गुप्त जी को देखने-समझने की तैयारी का नतीजा है। इसीलिए उसे भी जोड़ दिया है। मूलत: यही निबन्ध गुप्त जी की काव्य-दृष्टि को समझने-परखने की दिशा-दृष्टि भी रहा है।

कृष्णदत्त पालीवाल

अनुक्रम

मैथिलीशरण गुप्त : व्यक्ति और काव्य-1

(3 अगस्त, 1886—12 दिसम्बर, 1964)

भारत के राष्ट्रवादी कवियों में, जिन्होंने सम्पूर्ण देश के हर्ष-विषाद, आशा-आकांक्षाओं को वाणी दी है, मैथिलीशरण गुप्त का स्थान अन्यतम है। वैष्णव-धर्म में अविचल आस्था होते हुए भी उन्होंने भगवान बुद्ध और सिक्ख-गुरुओं का स्तवन किया है। संस्कारी हिन्दू होने के साथ ही इस्लाम के धर्म-प्राण वीरों का यशोगान किया है। आत्मवादी मूल्यों में अतर्क्य आस्था रखने पर भी मार्क्स की साम्य-भावना के प्रति आदर एवं सद्भाव व्यक्त किया है। आर्य-संस्कृति के उद्गाता होते हुए भी वर्तमान सामासिक-संस्कृति का मुक्तमन से समर्थन किया है। अतीत के गायक होते हुए भी वे वर्तमान के प्रवक्ता और भविष्य के दृष्टा थे।

जीवन वृत्त

मैथिलीशरण गुप्त का जन्म 3 अगस्त, 1886 को चिरगांव (झांसी-उत्तर-प्रदेश) में एक सम्भ्रान्त वैश्य परिवार में हुआ था। पिता का नाम सेठ रामचरण और माता का श्रीमती काशीबाई था। आरम्भिक शिक्षा झांसी के राजकीय, विद्यालय में हुई। किन्तु उसमें कवि का मन नहीं रमा और अन्ततः घर पर ही उन्होंने संस्कृत-हिन्दी तथा बंगला वाङ्मय का व्यापक स्वाध्याय किया। कवि को अपने जीवनकाल में दो पत्नियों और अनेक सन्तानों का वियोग सहना पड़ा। उनकी तीसरी पत्नी श्रीमती सरयूदेवी अभी जीवित हैं और एक मात्र पुत्र श्री उर्मिलाचरण गुप्त पारिवारिक दायित्व तथा प्रकाशन आदि का कार्यभार संभाल रहे हैं।

मैथिलीशरण गुप्त का जीवन एकान्त काव्य-साधना का जीवन था। स्वभाव से, संकोचशील होने के कारण सार्वजनिक क्रिया-कलाप तथा समारोह आदि से प्रायः दूर रहते थे। फिर भी उन्हें अपने जीवन में सभी प्रकार का मान-सम्मान अनायास ही प्राप्त होता रहा। कवि की स्वर्णजयन्ती के अवसर पर महात्मा

गांधी ने उन्हें 'मैथिली काव्य मान' ग्रंथ भेंट करते हुए 'राष्ट्रकवि' की उपाधि प्रदान की। 1936 में 'साकेत' पर हिन्दुस्तानी एकेडमी पुरस्कार और 1938, में मंगलाप्रसाद पारितोषिक प्राप्त हुआ। 1946 में 'हिन्दी साहित्य सम्मेलन' ने उन्हें 'साहित्यवाचस्पति', 48 में आगरा विश्वविद्यालय तथा 60 में काशी विश्वविद्यालय ने डी० लिट्० की मानद उपाधि से अलंकृत किया। 1952 में वे राज्य सभा के सदस्य मनोनीत हुए और '54 में 'पद्मभूषण' अलंकार से विभूषित। 1960 में राष्ट्रपति राजेन्द्रप्रसाद ने अभिनन्दन ग्रन्थ भेंट किया और 64' में डा० राधाकृष्णन ने एक भव्य समारोह में, संसद सदस्य के रूप में उनका कार्यकाल समाप्त होने पर भाव-मीनी विदाई दी। उसी वर्ष 1964 में, 12 दिसम्बर की मध्य रात्रि में वे स्वर्गस्थ हो गये।

मैथिलीशरण गुप्त निश्चय ही एक महान व्यक्ति थे—उसी अर्थ में और उसी अनुपात में जिसमें कि वे एक महान कवि थे।

काव्य-साधना

मैथिलीशरण गुप्त के रचनाकाल का प्रसार लगभग 60 वर्ष तक माना जा सकता है। उनकी प्राथमिक रचनाएं 'रसिकेन्द्र' उपनाम से कलकत्ता के एक पत्र में (1904-5) प्रकाशित हुई थीं और अन्तिम रचना मरणोन्मुख कवि का 'हंसगीत' 12 दिसम्बर, 1964 की अर्द्धरात्रि में उनके तकिये के नीचे मिला था।

गुप्त जी की रचनाओं की संख्या लगभग पचास है। जिनमें बंगला और संस्कृत ग्रन्थों के पांच-छः अनुवाद, दो नाटक और कुछ संस्मरण लेख शामिल हैं। किन्तु उनकी सर्जना का मुख्यक्षेत्र कविता ही है। जिसके अन्तर्गत उन्होंने काव्य-रूपों तथा शैली-शिल्प के अनेक सफल प्रयोग किए हैं। कवि की प्रथम मानक रचना है—'रंग में भंग' जिसका प्रकाशन 1909 में हुआ था। 'साकेत' और 'जयभारत' महाकाव्य हैं, 'जयद्रथवध', पंचवटी', 'सिद्धराज', 'विष्णुप्रिया' आदि प्रसिद्ध कथा-काव्य हैं। 'यशोधरा' एक प्रकार का नाट्य-रूपक है, 'द्वापर' में कृष्ण के बहुआयामी व्यक्तित्व के चारों ओर चक्रवत घूमते हुए 'एकालापों' का संग्रह है। पृथ्वीपुत्र', 'जैनी' तथा दिवोदास' जैसी लघु-कथाओं की रचना किसी एक केन्द्रीय विचार को अभिव्यक्ति देने के लिए की गई है। 'कुणाल गीत' में गीतों के माध्यम से सम्राट् अशोक के अभागे पुत्र कुणाल की करुण-कथा का वर्णन है। 'भारत-भारती', 'मंगल घट', 'स्वदेश संगीत' आदि की कविताओं में राष्ट्रीय-सांस्कृतिक चेतना मुखरित है और 'झंकार' के गीतों का स्वर कवि की वैष्णव-भावना से ओत-प्रोत है। 'गुरुकुल' तथा 'काबा-कर्बला' में कवि के उदार-धर्म-दर्शन का प्रमाण मिलता है। कवि पन्त ने गुप्त जी के इस विस्तृत

काव्य-संसार की तुलना 'स्वर्गंगा तारापथ' से की है—

सूर-सूर, तुलसी शशि, लगता मिथ्यारोपण ।
स्वर्गंगा तारापथ में कर आपके भ्रमण ।।

मैथिलीशरण गुप्त आधुनिक युग के प्रतिनिधि कवि हैं : एक सम्पूर्ण राष्ट्र की अत्यन्त वैविध्यपूर्ण चेतना को वाणी देने वाले महाकवि हैं। इसमें सन्देह नहीं।

ऐतिहासिक महत्व

मैथिलीशरण गुप्त आधुनिक हिन्दी-काव्य के निर्माता थे और इस दृष्टि से उनका ऐतिहासिक महत्व है। राष्ट्रीय-सांस्कृतिक नवजागरण ने हमारी संस्कृति, इतिहास और साहित्य में विश्वास का जो स्वर उत्पन्न किया था, उसकी अधिकाधिक स्पष्ट अभिव्यक्ति, सबसे पहले मैथिलीशरण गुप्त की कविताओं में ही हुई। हिन्दी प्रदेश की राष्ट्रीय-सांस्कृतिक चेतना का मैथिलीशरण गुप्त ने पचास-वर्ष तक नेतृत्व किया। हिन्दी कविता में जिस आधुनिकबोध का आविर्भाव भारतेन्दु हरिश्चन्द्र के साहित्य-सृजन में हुआ था। उसका वास्तविक विकास गुप्त जी के काव्य में ही हुआ। नवीन राष्ट्रीय-सांस्कृतिक चेतना के बीज भारतेन्दु में अंकुरित होते हैं, किन्तु उनका पल्लवन गुप्त जी जैसे समर्थ रचनाकार के हाथों ही सम्भव हो पाता है। आरम्भ में तो गुप्त जी की रचना-प्रेरणा पर पिताश्री की वैष्णव-भावना की छाप रही। किन्तु शीघ्र ही उन्होंने अनुभव किया कि लोक-वेदना और लोक-चिन्ता को वाणी दिए बिना कवि-कर्म का दायित्व पूरा नहीं होता है। अतः आचार्य महावीर प्रसाद द्विवेदी के नैतिक-प्रभाव को स्वीकार करने में उन्हें किसी भी कठिनाई का सामना नहीं करना पड़ा। फलतः वे अपने देश और काल की समस्याओं, चुनौतियों के अनुरूप काव्य-सृजन में पूरे मनोयोग से प्रवृत्त हो गए। उस समय हिन्दी-कविता बदलाव और निर्माण के एक बड़े ऐतिहासिक मोड़ से गुजर रही थी। श्रृंगारिकता से अपना दामन छुड़ाकर वह देश-भक्ति, राष्ट्रीयता और स्वभाषाभिमान की भावना से आदर्शवाद, राष्ट्रवाद, मानवतावाद आदि से प्रेरित नवीन भावनाओं को केन्द्र में लाकर उन्हें अभिव्यक्त करना अपना कर्तव्य-कर्म मान रही थी। अतः युग-धर्म को काव्य में वाणी देने का दायित्व एक प्रकार से गुप्त जी पर ही आ गया था और अपने समसामयिक कवियों की अपेक्षा वे उसका निर्वाह पूरी निष्ठा एवं सफलता के साथ कर रहे थे। मैथिलीशरण गुप्त ने अपने युग की नयी-से-नयी प्रवृत्ति को काव्यान्वित करने का प्रयास किया और काव्य में युग-मूल्यों की स्थापना का सर्वाधिक श्रेय उन्हीं को प्राप्त है। उनके ऐतिहासिक महत्त्व का आकलन समस्त हिन्दी-भाषी भू-भाग में उनके व्यापक प्रभाव के

आधार पर भी किया जा सकता है। तुलसीदास के बाद वे हिन्दी के दूसरे कवि हैं, जिन्हें जनता ने अपना हृदय-कवि बनाया है। उन्होंने उदबुद्ध राष्ट्र की नैतिक चेतना को राष्ट्रीय आधार प्रदान दिया और राष्ट्रीय-चेतना को समृद्ध सांस्कृतिक पीठिका पर प्रतिष्ठित किया। गुप्तजी के ऐतिहासिक महत्व का तीसरा प्रमुख आधार है आधुनिक हिन्दी-काव्य की माध्यम भाषा के निर्माण में उनका योगदान। उन्नीसवीं शताब्दी के अन्त तक खड़ीबोली काव्य का उपयुक्त माध्यम बनने में प्राय: असमर्थ ही थी। भारतेन्दु ने अपनी कुछ कविताओं में उसका उपयोग किया था, किन्तु उनकी काव्यात्मक अभिव्यक्ति का मूल माध्यम ब्रज-भाषा ही थी। अत: भारतेन्दु ने केवल दिशा-निर्देश ही किया था। आधुनिक काव्य-भाषा का निर्माण अभी शेष था। इसका प्रारम्भिक श्रेय मैथिलीशरण गुप्त को ही प्राप्त है। उनकी यह भाषा निरन्तर विकासशील रही। वास्तव में, काव्य-भाषा के रूप में आधुनिक हिन्दी के विकास का पूरा इतिहास मैथिलीशरण गुप्त के काव्य में एकत्र मिल जाता है। ऐतिहासिक दृष्टि से इस प्रकार के गौरव के भागी कुछ ही कवि होते हैं—आधुनिक युग में इस प्रकार का दूसरा उदाहरण रवीन्द्रनाथ में मिलता है।

काव्य-फलक

मैथिलीशरण गुप्त का काव्य-फलक अत्यन्त व्यापक है। भारतीय इतिहास के अतीत और वर्तमान दोनों पर उनकी दृष्टि रही है। रामायण-महाभारत-काल के साथ उनका विशेष रागात्मक सम्बन्ध है। वैदिक युग और बौद्धकाल से भी कई कथानक उन्होंने उत्साहपूर्वक लिए हैं। राजपूत-इतिहास काल के प्रति भी उनका आकर्षण कम नहीं है। इधर वर्तमान को तो उन्होंने अपनी युग-चेतना और काव्य-संवेदना का केन्द्र बनाया ही है। वर्तमान युग के भी कई चरण उन्होंने देखे थे—बाल-जीवन उनका पुनरुत्थान काल में बीता, यौवन जागरण-सुधार युग में, प्रौढ़ावस्था गांधी जी द्वारा संचालित राष्ट्रीय-संघर्ष के वातावरण में और जीवन का चौथा चरण स्वतन्त्र भारत के नेहरू-युग में। वर्तमान के इन चारों चरणों के जीवन को उन्होंने नजदीक से देखा, भोगा और आंका है। जीवन के राष्ट्रीय, सामाजिक, सांस्कृतिक, धार्मिक, आर्थिक-नैतिक सभी पहलुओं का उनके काव्य में विस्तार से चित्रण है। एक ओर राष्ट्रीय-जीवन के विभिन्न रूप और जन-आन्दोलन हैं—जैसे अतीत का गौरवगान, भारत के भव्यरूप की विविध झांकियां, अंग्रेजी शासन के अत्याचार और उनके विरुद्ध संघर्ष, सत्याग्रह, सविनय अवज्ञा, किसान-मजदूर आन्दोलन, जेल-जीवन, स्वतंत्रता का उल्लास, विभाजन की विभीषिका, गांधी की हत्या, संसद की गतिविधि, महंगाई की समस्या, चीन का आक्रमण, राजभाषा का प्रश्न, आदि-आदि।

दूसरी ओर सामाजिक जीवन के सभी पक्ष भी उनके काव्य के विषय बने हैं जैसे साम्प्रदायिकता और जातिभेद के अभिशाप, हरिजन-समस्या, नारी की महत्व-प्रतिष्ठा, विधवा-विवाह, अशिक्षा की समस्या, पाश्चात्य सम्पर्क के शुभ-अशुभ प्रभाव, पारिवारिक जीवन-विधान में होने वाले परिवर्तन, ग्राम्य-जीवन का चित्रण आदि। इसी प्रकार हमारे सांस्कृतिक जीवन के अनेक पक्षों पर उन्होंने प्रकाश डाला है—भारत के पर्व, उत्सव, तीर्थ परम्पराएं और प्रथाएं, जातीय विश्वास और मान्यताएं, पश्चिमी सभ्यता-संस्कृति एवं ज्ञान-विज्ञान की क्रिया-प्रतिक्रिया आदि। धार्मिक-जीवन के विविध प्रश्नों पर भी उनकी गहरी रुचि रही है। हिन्दू-धर्म के विभिन्न रूप, वैष्णव-चिन्तन परम्परा के धर्म-तत्व, ज्ञान, कर्म, भक्ति-मार्ग, सगुण-निर्गुण अवतारवाद के प्रश्न, बौद्ध-जैन, मुस्लिम-धर्म और हिन्दू धर्म के साथ उनके सम्बन्ध, प्रवृत्ति और निवृत्ति की समस्या, मोक्ष का स्वरूप, स्वर्ग-नरक की कल्पना, पुनर्जन्म आदि। कहने का अभिप्राय यह है कि गुप्त जी का काव्य एक महान राष्ट्र के इतिहास व्यापी जातीय जीवन का समग्र चित्रण प्रस्तुत करता है। देश और काल में जीवन का ऐसा विस्तार और वैविध्य, आधुनिक भारतीय भाषाओं के कम ही कवि प्रस्तुत कर पाए हैं।

युग के प्रतिनिधि कवि और युगबोध

गुप्त जी गांधी-युग के प्रतिनिधि कवि हैं। गांधी-युग की प्रायः समस्त मूल प्रवृत्तियां—राष्ट्रीय, सामाजिक और सांस्कृतिक आन्दोलन—गुप्त जी के काव्य में प्रतिफलित हैं। 'भारत-भारती', 'स्वदेश संगीत', 'हिन्दू', 'वैतालिक', 'मंगल-घट', 'विश्व वेदना', 'अजित', 'अनघ' आदि में युग-जीवन का स्वर मुखर है। यहां कवि ने अपने परिवेश की हलचल को प्रत्यक्ष रूप से वाणी दी है और आगे बढ़कर राष्ट्रकवि के दायित्व का पालन किया है। इसके अतिरिक्त 'साकेत', 'यशोधरा', 'जयद्रथवध', 'सिद्धराज', 'नहुष' आदि में भी युग-चेतना अत्यन्त प्रखर है, किन्तु वह प्रच्छन्न है। वस्तुतः गुप्त जी की राष्ट्रीय-सामाजिक चेतना को वैष्णव-संस्कारों ने एक ऐसा रंग दिया है कि वे लोक-धर्म और लोक-चेतना के अधिक निकट होते गए हैं। अतः गांधी-युग की भारतीय लोक-चेतना का प्रतिनिधित्व गुप्त जी अपने समसामयिक और आगे के रचनाकारों की अपेक्षा अधिक सजीव रूप में करते हैं। उनमें प्रगति और परम्परा, इतिहास और संस्कृति, परिवर्तन और निरन्तरता दोनों का सन्तुलित योग था।

मैथिलीशरण गुप्त का यथार्थ-बोध भौतिक परिवेश तक ही सीमित नहीं है। उन्होंने आधुनिक युग की जिन विसंगतियों पर चिन्ता और क्षोभ व्यक्त किया है उनका सम्बन्ध केवल भौतिक जीवन से ही नहीं है। सांस्कृतिक-नैतिक-अपकर्ष और उधर आध्यात्मिक अपकर्ष भी कवि के लिए उतना ही अधिक चिन्त्य और

क्षोभकर है। आर्थिक और सामाजिक विसंगतियां क्लेश का विषय हैं इसमें सन्देह नहीं; किन्तु नैतिक-सांस्कृतिक तथा आध्यात्मिक मूल्यों का ह्रास भी उतना ही दुर्भाग्यपूर्ण है।

युगबोध की दृष्टि से अपने समकालीन साहित्यकारों में वे प्रेमचन्द के समकक्ष खड़े हैं। किन्तु प्रेमचन्द का दृष्टिकोण पूर्णतः ऐहिक है। वे भौतिक यथार्थ की भूमि पर खड़े होकर ही आदर्श समाज की कल्पना करते हैं। उनकी लोक-कल्याण की अवधारणा में नैतिक-सामाजिक मूल्यों का यथावत समावेश है किन्तु ये नैतिक-सामाजिक मूल्य भी ऐहिक भूमिका पर ही अवस्थित हैं। उनकी कल्पना आत्मा के उर्ध्व शिखरों का स्पर्श नहीं करती। शायद वे उनके जीवन्त विश्वास की परिधि में ही नहीं आते। उनके लिए आस्तिक बुद्धि का अर्थ है—जीवन के प्रति आस्था, मानव जीवन के प्रति आस्था। इधर मैथिलीशरण गुप्त परम्परागत अर्थ में आस्तिक हैं—वैष्णव हैं। राम के रूप में ईश्वर के प्रति उनकी अविचल आस्था है। उनका मानववाद वैष्णव मानववाद ही है। और वे गांधी की तरह ईश्वरैक्य के रूप में ही मानवैक्य की भावना को सार्थक मानते हैं। हो सकता है कि समाजशात्र की किसी विशेष चिन्तन-पद्धति के अनुसार उनके ये सामाजिक मानक-मूल्य निर्दोष सिद्ध न हो, किन्तु भारतीय लोकमानस इस आस्तिक समाजवाद को ही शायद आज भी बहुमत से स्वीकार करता है और जब तक राष्ट्र की इस मनःस्थिति में आमूल परिवर्तन नहीं होता तब तक मैथिलीशरण गुप्त के काव्य की सार्थकता पर जरब नहीं आयेगा।

जीवन-मूल्य और काव्य-मूल्य

मैथिलीशरण गुप्त के जीवन-दर्शन का निर्माण सहज मानव-धरातल पर आधुनिक युग की राष्ट्रीय-सांस्कृतिक-चेतना और मध्ययुग की वैष्णव-भावना के संयोग से हुआ था। फलतः उनके जीवन-मूल्यों में मानव-मूल्य, सांस्कृतिक-मूल्य और धार्मिक मूल्य परस्पर गुंथे हुए हैं। उनके आधारभूत मूल्य तो मानव-मूल्य ही हैं, किन्तु उन पर नैतिक-सांस्कृतिक मूल्यों का गहरा प्रभाव है। वे काव्य में आनन्दवादी मूल्यों की अपेक्षा कल्याणवादी मूल्यों की प्रतिष्ठा करते हैं। अपनी संग्राहकप्रवृति के अनुसार रोमानी काव्य-चेतना का थोड़ा बहुत प्रभाव तो गुप्तजी ने अवश्य ग्रहण किया था, किन्तु उनके रोमानी मूल्यों को स्वीकार करना उनके काव्य-संस्कारों के अनुरूप नहीं था। इसीलिए उनकी कविता में आत्मा के उल्लास और विचार-कल्पना की गरिमा के स्थान पर भावना के क्षेत्र में वैष्णव मन की मानव-करुणा और विचार के श्रेत्र में नैतिक आदर्श भावना ही प्रमुख रही। उनकी काव्य-चेतना के लिए रम्य और अद्‌भुत का विशेष आकर्षण नहीं था। उन्हें तो जीवन के प्रकृत, मानवीय और मांगलिक तत्व ही प्रिय थे। उदात्त

के प्रति उनके मन में सम्भ्रम का भाव था, लेकिन उनके उदार रूप का विकास प्रकृत-लौकिक भूमि पर ही हुआ। इस प्रकार उनकी उदात्त-भावना भी मानव-सापेक्ष ही थी। अभिप्राय यह है कि गुप्तजी के जीवन-मूल्यों के अनुरूप उनके काव्य-मूल्य भी मूलतः आदर्शवादी ही थे—इस आदर्शवाद का आधार था—मानववाद, जो एक ओर सगुण धर्म-भावना से पोषित और जागरण-सुधार युग की राष्ट्रीय-नैतिक चेतना से अनुशासित था। लोक-जीवन और लोक-भावना के कारण उनमें शुद्ध आभिजात्यवादी तत्वों के प्रति आग्रह न था। यह कवि आरम्भ से अन्त तक उद्देश्य मूलक काव्य-कला की साधना करता रहा। कवि के अपने शब्दों में 'अर्पित हो मेरा मनुज काय। बहु जन हिताय, बहुजन हिताय'। अतः इस काव्य-साधना का साध्य था लोक कल्याण। वर्तमान के यथार्थ ने उनके मानस को विक्षुब्ध कर दिया था। इसी पर दृष्टि केन्द्रित कर उन्होंने अतीत के स्वर्णिम प्रदेशों या भग्नावशेषों की यात्रा की और दूसरी ओर उज्ज्वल भविष्य की आदर्श कल्पनाएं ही उनके विचार का मूल केन्द्र थीं। आज हम क्या हो गए हैं और इसी के लिए उन्होंने समस्त राष्ट्र का आह्वान किया था।वर्तमान का संशोधन करने के लिए यह जानना भी आवश्यक था कि अतीत में हम कौन थे और वर्तमान के दोषों का परिहार करते के लिए यह भी सोचना जरूरी था कि भविष्य में हम क्या होंगे ?

हम कौन थे, क्या हो गए हैं और क्या होंगे अभी।
आओ विचारें आज मिल कर ये समस्याएं सभी।।

अर्थात् उनके विचार का केन्द्रबिन्दु है वर्तमान, जो एक ओर अतीत की परम्पराओं और दूसरी ओर भविष्य की कल्पनाओं के साथ परिबद्ध है। वास्तव में, बीसवीं शती के प्रथम चरण में उद्बुद्ध जागरण-सुधार की नवचेतना की परिणति जिन जीवन-मूल्यों में हुई थी, उन्हीं का पूर्ण प्रतिफलन हमें गुप्तजी की सर्जना में मिलना है।

मैथिलीशरण गुप्त मानव-सम्बन्धों के कवि थे। युग-धर्म के अनुरूप उन्होंने राष्ट्रीय-नैतिक आन्दोलनों को काव्य का विषय बनाना था, किन्तु उनकी काव्य चेतना मानव-सम्बन्धों के चित्रण में ही आत्मलाभ करती थी। युगीन आन्दोलन तो परिवेश मात्र थे। उनके काव्य का सुवर्ण काल-साकेत-यशोधरा का रचना-काल-भारतीय साहित्य में रोमानी प्रवृत्ति के उत्कर्ष का युग था। जिसके प्रभाव से सौन्दर्य के प्रति उनका आकर्षण बढ़ा अवश्य और प्रकृति तथा मानव रूप-चित्रों में पहले की अपेक्षा कहीं अधिक वृद्धि भी हुई, फिर भी यह कवि की प्रकृत भूमि नहीं थीं। गुप्तजी प्रकृति के कवि नहीं हैं और न व्यापक अर्थों में उन्हें सौन्दर्य का कवि ही कहा जा सकता है। कवि की वृति तो मानव-मानव के बीच प्रवृत्तिगत रागात्मक सम्बन्धों में ही रमती है। वैष्णव-धर्म के अनुरूप

गृहस्थ या परिवार ही उसकी भावना की मुख्य भूमि है। अपने युग-जीवन और परिस्थितियों से उद्भुत करुणा का भाव उनके काव्य की प्राणधारा है। परन्तु करुणा को उन्होंने रोमानी कवियों की भांति निरपेक्ष रूप में ग्रहण नहीं किया और न आधुनिक कवियों की भांति उसे युग-कंठा और व्यक्ति-कुंठा का स्थायी-भाव ही बनाया है। उनकी करुणा वस्तुतः मानव-हृदय के परिष्कार का साधन है। गृहस्थ के सुख-दुःखमय परिवेश में जीवन के करुण-मधुर प्रसंगों की जितनी सहज अनुभूति मैथिलीशरण गुप्त को है, उतनी कम ही कवियों को नसीब है। इस दृष्टि से वे वाल्मीकि-व्यास-भवभूति और तुलसी की परम्परा के कवि हैं।

कला

कला के क्षेत्र में गुप्तजी की सफलता मुख्यतः प्रबन्ध-कवि के रूप में या कथा-शिल्पी के रूप में है। वास्तव में, मानवसम्बन्धों के कवि की अभिव्यक्ति का प्रकृत माध्यम कथा ही हो सकती थी। ललित-कल्पना के विलास में अथवा शब्द-अर्थ के चमत्कार में कवित्व का अनुसन्धान करने की अपेक्षा घटना के ही मर्म का उद्घाटन करना उनके कवि-स्वभाव के अधिक अनुकूल था। अतः आधुनिक कवियों में—वास्तव में प्राचीन और नवीन सभी कवियों में·· वस्तु संयोजन, तथा वृत्तवर्णन की ऐसी अपूर्व क्षमता प्रायः दुर्लभ ही है। युग-धर्म के अनुरूप सार्थक और मौलिक विचारों को प्रसंग रूप में परिणत करना उनके लिए अत्यन्त सरल कार्य था। अनेक प्रसंगों के घटाटोप में से सरस का चयन और नीरस का त्याग करने में वे बड़े निपुण थे। किसी भी कथा की नाटकीय सम्भावनाओं की परख उनमें अद्भुत थी। प्राचीन कथा को वर्तमान के अनुरूप ढालने का उन्हें सहज अभ्यास हो गया था। बिना किसी कठिनाई के वे प्राचीन कथाओं का रूपान्तर कर सकते थे। कथा के क्षेत्र में अपनी मौलिक उद्भावनाओं को आकार देने के लिए कवि ने अनेक काव्यरूपों का सफल आविष्कार कर लिया था। वास्तव में, गुप्तजी की कला मूलतः वास्तुकार की कला थी मूर्तिकार के गुण भी उसमें पर्याप्त मात्रा में थे जितने कि वास्तुकार के लिए अपेक्षित होते हैं। किन्तु रत्नकार की-सी बारीकी उनमें नहीं थी।

काव्य-भाषा

गुप्त जी लोक-व्यवहार की भाषा को ही आधार मान कर चलते हैं और उन्हीं गुणों का उनकी काव्य-भाषा में प्राधान्य रहा है। आरम्भ में भाषा की प्रकृत शक्ति और शुद्धता, जिसके परिणामी गुण हैं—स्वच्छता और स्पष्टता, उनकी काव्य-भाषा में मुख्य थे और उनका वाक्य-विन्यास गद्य-शैली के निकट था। क्रमशः इस भाषा में काव्यात्मक गुणों का विकास होता गया। प्रौढ़ावस्था में

आधुनिक लोक-जीवन की यह भाषा अपनी सम्पूर्ण कलात्मक सम्भावनाओं के साथ कवि की अनुवर्ती बन गई है। गुप्तजी ने अपने लिए जिस माध्यम का निर्माण किया उसमें सौन्दर्यवादी कवियों की काव्य-भाषा का-सा माधुर्य चाहे न हो, परन्तु यह भाषा जीवन्त-प्रयोगों की प्राणवत्ता से सम्प्रेरित बलिष्ठ भाषा है—जिस में नवजीवन का स्पदन पूर्णतः झंकृत हो रहा है।

मूल्यांकन

इस क्षेत्र में प्राचीन काल से ही दो काव्यधाराएं प्रवाहित रही हैं। एक की प्रवृत्ति रही है अन्तर्मुख और लक्ष्य रहा है आनन्द और दूसरे की प्रवृत्ति बहिर्मुख तथा लक्ष्य रहा है—कल्याण। एक में जगत् को आत्मा में देखने और भोगने का भाव रहा है और दूसरी में आत्मा का जगत् के माध्यम से विस्तार एवं विकास करने का। कालिदास, विद्यापति, नरसी, सूर, रवीन्द्र और प्रसाद प्रथम वर्ग के प्रतिनिधि कवि हैं और वाल्मीकि, व्यास, पम्प, नन्नय, कम्बन, तुलसी आदि दूसरे वर्ग के। मैथिलीशरण गुप्त का स्थान इस दूसरी वीथिका में सुरक्षित है।

मैथिलीशरणगुप्त । व्यक्ति और काव्य-2

मैथिलीशरण गुप्त : व्यक्ति और काव्य पर विचार करते ही सहसा एक प्रश्न कौंध जाता है कि ऐसा क्या है इस आदमी में जो हमें आकृष्ट करता है? भीतर-बाहर टटोलने पर यही उत्तर मिलता है—उनके व्यक्ति की सरलता, सहजता, निश्छलता और भीतरी दृढ़ता। इस सहजता और भीतरी दृढ़ता के पीछे वैष्णव-करुणा का जल प्रवाहित है। इस जल में किसी के लिए परायेपन का भाव नहीं है—एक अखण्ड अपनाये की आवाज से यह व्यक्ति पोर-पोर रचा-पचा है। यह अपनापन इसी धरती की उपज है। और यह व्यक्ति पूरी तरह भारतीय आस्था और अस्मिता का प्रतिनिधि रूप है। हमारी जातीय परम्परा और इतिहास-धर्म को उनके काव्य में एक नया अर्थ-सन्दर्भ मिलता रहा है। मैथिलीशरण गुप्त का व्यक्ति और काव्य गहरे अर्थ में आस्था का रचनालोक है। इनके पास अनुराग की, मानव मात्र के प्रति इस करुणा की चिंतनशीलता है। उन्नीसवीं शती के उत्तरार्द्ध और बीसवीं शती के आधुनिक भारतीय लोक-जागरण के आलोक की वह इकाई है, जो मानव-मुक्ति की आकांक्षा से उद्वेलित रही है। युग की समस्याओं, प्रश्नाकुलताओं और आशंकाओं को वाणी देने के लिए उनका मानवकाव्य में अधीर रहा है। उनकी पांच-छह दशक की लम्बी काव्य-साधना इसी भीतरी तड़प का काव्यात्मक विस्फोट है। जिसमें कलाकार का कौशल-प्रदर्शन, चमत्कारवाद न होकर कवि-कर्म का गहन दायित्व बोध है।

चाहें जिस नजर से भी देखें—एक बात बहुत साफ दिखाई देती है कि मैथिलीशरण गुप्त का व्यक्ति ठेठ-ग्रामीण-संवेदना और संस्कार का प्रतिरूप है। उनमें बुन्देलखण्ड की आल्हा का राग बोलता है, बेतवा की धार का तेज उमड़ता मिलता है और विन्ध्य की उजली जीवन-इकाई। उनकी कविता उस ठेठ भारतीय जन की कविता है, जो महलों से ज्यादा झोंपड़ी को प्यार करता है। यह देखकर बड़ा आश्चर्य होता है कि यह व्यक्ति कैसे इतना भारतीय रह पाया। आधुनिकता की अन्धीमार उन्हें अपनी जड़ों से काटकर क्यों नहीं फेंक

पायी ? वाल्मीकि-भवभूति-तुलसी की लोक-हृदय से जुड़ी लोक-जागरण परम्परा का इतना उजला संस्कार इस व्यक्ति और काव्य में कैसे निथुरकर नया रचनात्मक उत्साह वन पाया ? इस तरह के प्रश्न और इसी तरह के प्रश्नों से जुड़े तमाम प्रश्न मेरे मन में मैथिलीशरणगुप्त को लेकर उठते रहे हैं। यह भी सोचता रहा हूं कि गुप्तजी के व्यक्ति की 'भारतीयता' का या 'भारतीयता' जैसे विवादास्पद, जटिल शब्द-प्रत्यय का आज क्या अर्थ शेष रह गया है । पिछले दशकों में बड़ी-बड़ी करारी बहसें इस शब्द 'भारतीयता' को लेकर उठी हैं । और उसकी धमक मेरे आपके दिमाग में भी होगी । सोचने की बात यह भी है कि क्या 'भारतीयता' अब भी एक जीवन्त मूल्य-बोध है ? या मात्र एक ऐतिहासिक-स्मृति है जिसके चारों ओर हमारा आदिम अवचेतन मन घूमा है और घूम कर बना है तथा जिसमें आदिम-बिम्बों की अज्ञात खानें हैं । और गहरे में उतरकर देखता हूं तो पाता हूँ कि मैथिलीशरणगुप्त की कविता भारतीयता के गहरे इतिहास-बोध की कविता है । यहाँ उदासीनता और अंधेरा नहीं है, लाचारी और विवशता नहीं है । चारों ओर जागरण की पदचाप सुनाई देती है—भारतवर्ष की महिमा और गरिमा का स्तवन करती यह कविता जीवन का जयनाद है । मैं जानता हूँ कि 'भारतीयता' शब्द का प्रयोग आज काफी खतरनाक है । बहुतों को इसमें से संकीर्णता और बुद्धि-विरोधी विचारधारा की बू आती है । पर मेरे लिए बहसों-तर्कों से जूझने के बाद भी गुप्तजी के व्यक्ति और काव्य को 'भारतीयता' की संज्ञा देने की इच्छा शेष बच रहती है। गुप्तजी के लिए 'भारतीयता' मुखौटा नहीं है । भीतर का भाव है । वह भाव है जो वैदिक, बौद्ध, जैन, मुस्लिम आदि के खण्डों में न होकर एक अखण्ड यात्रा के रूप में रही है । अनेक अनुभवों के हम साझीदार रहे हैं और इस साझेदारी को ग्रहण करने वाला मानस ही सच्चा भारतीय मानस है । गुप्तजी जानते हैं कि जो साहित्य-संस्कृति अपनी समग्रता की पहचान नहीं कर सकती--वह जी नहीं सकती । इसी पहचान के लिए सिक्ख गुरुओं पर 'गुरुकुल' काव्य लिखते हैं, इस्लाम-संस्कृति और मुहम्मद साहब पर 'काबा-कर्बला', 'अर्जन-विसर्जन' रचते हैं । कार्ल-मार्क्स की सहचरी 'जेनी' चैतन्य महाप्रभु की पत्नी 'विष्णु-प्रिया' गौतमबुद्ध की पत्नी 'यशोधरा' सभी के प्रति उनका गहरा लगाव रहा है। 'हिन्दू', 'वैतानिक' 'रंग में भंग' तथा 'भारत-भारती' में वे आर्य-संस्कृति का जयगान गाते हैं। रामायण-महाभारत काल में उनका मन निरन्तर घूमता रहा है और बहुत-सी कृतियों का का सृजन इन्हीं दो ग्रन्थों को आधार बनाकर किया है । भारतीय इतिहास का राजपूत-काल भी उन्हें आकृष्ट करता रहा है इस क्षेत्र की प्रतिनिधि रचना 'सिद्धराज' है । उनके समक्ष आर्य-द्रविड़, वैदिक, बौद्ध, जैन संस्कृतियाँ खण्ड-खण्ड रूप में नहीं रहती हैं—वे इन सभी को मिलाकर एक अखण्ड भारतीय

सांस्कृतिक-प्रवाह में अवगाहन करते हैं। पश्चिम की तोड़नेवाली नस्लवादी विचारधारा को कभी भी उन्होंने पास नहीं फटकने दिया है। फलतः उनका व्यक्ति क्षुद्रताओं-संकीर्णताओं से मुक्त रहा है और वैष्णव-चिन्तन परम्परा ने युगानुकूल पिघलकर व्यापक मानववादी भूमि का काव्य-प्रेरणा में स्पर्श किया है। जिन आलोचकों ने अज्ञानवश गुप्तजी को 'हिन्दू-राष्ट्रवाद' का समर्थक रचनाकार कहा है—उन्हें गुप्तजी के काव्य की इस व्यापक भावभूमि पर पुन: पुन: सोचने की जरूरत है।

गुप्तजी के व्यक्तित्व का सर्वाधिक विकसित पक्ष है—उनकी अबाध आत्मीयता। अपने युग के साहित्यिक, राजनीतिक, सामाजिक-सांस्कृतिक व्यक्तियों से न केवल उनका गहरा सम्पर्क रहा है—अपितु बहुतों को उन्होंने काफी दूर तक प्रभावित भी किया है। महादेवी वर्मा, माखनलाल चतुर्वेदी तथा अज्ञेय जी ने तो मुक्त-मन से स्वीकार किया है कि खड़ी-बोली काव्य के संस्कार मैथिलीशरण गुप्त से ही लिए हैं। गुप्त जी को ये सभी अपना काव्य-गुरु मानते हैं। अतः माखनलाल चतुर्वेदी तथा अज्ञेय जी से गुप्तजी के काव्य का सो सम्बन्ध-सूत्र है; उसे ठीक-ठीक समझने की जरूरत है। इस सम्बन्ध-सूत्र के भीतर ही खड़ी बोली कविता की परम्परा और अधुनिकता के सूत्र भी पकड़ में आते हैं। गुप्त जी ने अपनी पूरी शक्ति से खड़ी बोली को काव्य-भाषा के रूप में ही प्रतिष्ठित नहीं किया; बल्कि दिनकर जी के शब्दों में उसे अंगुली पकड़कर पैदल चलना भी सिखाया है—उसे ऐसा दृढ़ आधार दिया है कि बाद में प्रसाद, निराला, पन्त, मुक्तिबोध और अज्ञेय उसके भीतर जन्म ले सके और नवीन सृजनात्मकता से हिन्दी साहित्य-समृद्ध हुआ। ब्रजभाषा के स्थान पर खड़ी बोली की महत्त्व-प्रतिष्ठा का कार्य केवल भाषा-परिवर्तन का कार्यभार नहीं था बल्कि यह पूरे युग की मानसिकता के बदलाव का क्रन्तिकारी रूप था। नये युग की नयी ज्ञानात्मक संवेदना-शक्ति को खड़ी-बोली ही सक्षमता से वाहन कर सकती थी; ब्रज भाषा नहीं। ब्रजभाषा के स्थान पर खड़ी बोली की प्रतिष्ठा प्राचीन सामन्तवाद के स्थान पर आधुनिक नवजागरण की शक्तियों की प्राण-प्रतिष्ठा थी। फिर आजादी की लड़ाई में खड़ी बोली का महत्व उसके उपनिवेशवाद, साम्राज्यवाद व्यक्तिवाद विरोधी तेवर के कारण भी कम नहीं रहा। एक प्रकार से खड़ी बोली ही जनचेतना, जन-जागरण और जन-विद्रोह की भरोसे भरी भाषा बनी है। माखनलालजी ने गुप्त जी के खड़ी बोली वाले पक्ष पर विचार करते हुए कहा है कि 'युग उनके कन्धों पर चढ़कर आया था।' गुप्तजी ने पुराने अंलकार शास्त्र, काव्यशास्त्र, रीतिवाद का सीधे-सीधे विरोध किया। उनके इन्हीं विचारों काविस्फोट जगन्नाथ प्रसाद 'भानु' की पुस्तक 'काव्य-प्रभाकर' की आलोचना के विस्तृत निबन्ध में हुआ। यह समीक्षा उन्होंने 'सरस्वती' 1912 के अप्रैल-मई दो

अंकों में लिखी। गुप्तजी के व्यक्ति पर इसी समय क्रान्तिकारियों की विचार-धारा का विशेष प्रभाव पड़ा। गणेशशंकर विद्यार्थी पर लिखा हुआ उनका संस्मरण इसी सत्य की कहानी कहता प्रतीत होता है। गुप्तजी का बचपन जागरण-सुधार युग में बीता था—युवावस्था लोकमान्य तिलक के गरमदल के काल में, प्रौढ़ावस्था गांधी-युग के विचार-मन्थन में और वृद्धावस्था नेहरू-युग की छत्रछाया में। दिलचस्प बात यह है कि गुप्तजी न तिलकवादी हैं न गांधीवादी, न नेहरूवादी। वे किसी एक विचार धारा से नहीं बंधे हैं—पर उनके काव्य में इन सभी विचारधाराओं का जल प्रवाहित है। अज्ञेय जी ने लिखा है—"वाद-पीड़ित इस परवर्ती युग में प्रत्येक कवि, विवाद का विषय बना है। पर गुप्त जी ही उससे मुक्त रह सके हैं।"

देश-विदेश के आचार्यों, चिन्तकों, रचनाकारों के बीच बडी बहस होती रही है कि क्या काव्य अन्य ललित कलाओं की भांति ही एक कला है। इस बहस के भीतरी तर्कों में न जाकर मैं केवल इतना ही निवेदन करना चाहता हूँ कि काव्य-कौशल नहीं है प्रसव है, भीतरी दर्द का प्रकृत निकास है। गद्य भाषा में होता है किन्तु कविता शब्दों में रची जाती है। शब्द के मर्म की सच्ची पहचान ही कवि-कर्म है। और यह कवि-कर्म युग-परिवेश से घिरा होता है। इसी अर्थ में काव्य-सांस्कृतिक प्रक्रिया है और उसमें बृहत्तर सामाजिकता समाविष्ट रहती है। कवि के अपने जीवनानुभव ही रचना में भिदकर चिन्तन का नया ताप पैदा करते हैं पर वह उत्पत्ति न पोकर निष्पति की भाव-क्रिया है। इस अर्थ से गुप्तजी के व्यक्ति और काव्य को परखते हैं तो पाते हैं कि उन्होंने व्यक्तिगत जीवन में बड़े-बड़े दुःख सहे हैं। आर्थिक धनाभाव और पत्नियों का वियोग, सन्तान पीड़ा का आहत दर्द सब कुछ सहा है। महादेवी वर्मा ने लिखा है—'यदि अपनी नौ नौ सन्तानों को अपने हाथों से मिट्टी को लौटा देना पिता का दुःख है तो गुप्तजी दुःख के इस समुद्र को तैर आए हैं।' अपने एकमात्र पुत्र उर्मिलाशरण जी को लेकर गुप्तजी ने महादेवी को लिखा था—"यहाँ भी एक घीसा है, यदि आप उसका भार लें सकें तो उसे भेजने का प्रबन्ध किया जावे।" इस पर महादेवी वर्मा की टिप्पणी है—"एक आस्था जनित संयम का बाँध न उनके विचार में ज्वार आने देता है और न हर्ष में। इसी में खोई सन्तान के लिए उनका शोक भी अव्यक्त रहता है और एकाकी पुत्र के लिए प्रेम भी।' सुदर्शन नामक पुत्र के शोक से अभिभूत होकर कवि ने 'द्वापर' की रचना की है और शायद 'सिद्ध-राज' भी इसी काल की व्यथा से विद्ध कृति है। गुप्त जी का जीवन-घर, व्यवसाय आदि की चिन्ताओं-समस्याओं से टकराते हुए बीता। उन्होंने कहा है—"मैंने देखा कठोर जीवन-संग्राम मेरे सामने है।" पर इस कठोर जीवन-संग्राम से कवि ने हार नहीं मानी—पराजय-बोध न तो गुप्त जी के व्यक्तित्व का सत्य

है न उनके काव्य का। उनका काव्यअन्धकार पर प्रकाश की विजयगाथा है।

महात्मागांधी ने देश के मनोभाव को समझाते हुए उन्हें सन् 1936 ई० में राष्ट्रकवि की उपाधि से अलंकृत किया। यह इतना बड़ा सम्मान था कि इसके सामने आज के सभी अकादेमी और ज्ञानपीठ पुरस्कार छोटे लगते हैं। कविता लिखने के साथ-साथ गुप्तजी ने आजादी की लड़ाई में भी सक्रिय हिस्सेदारी की फलतः उनके भोक्ता और सृष्टा मन में कोई अलगाव नहीं रहा। गुप्तजी का व्यक्ति और काव्य अपनी अभिन्नतासे यह सिद्ध करता है कि भोक्ता और सृष्टा मन में रचनात्मक ऊँचाई पाने के लिए दूरी आवश्यक नहीं है। उनकी रचना में हर जगह उनका रचनाकार अपनी मौजूदगी का प्रमाण देता है। इसलिए गुप्तजी का कवि-कर्म वाक्-छल नहीं है सृजन में वह वाक् तत्व की नयी अर्थापत्ति करता है राममय गुप्त जी की उस अर्थापत्ति का सर्वोत्कृष्ट प्रमाण 'पंचवटी' 'साकेत' 'यशोधरा' आदि में मिलता है। पुराने इतिवृत उनकी भावसिक्त संवेदना से नये अर्थ-गौरव में चमक उठते हैं। विस्मृत चरित्रों में तो एक नया व्यक्तित्व ही चमक उठता है वे उपेक्षिताओं का उद्धार ही नहीं करते, उनके व्यक्तित्व में युग-चिन्तन की नयीं दीप्ति भी भर देते हैं। उर्मिला, कैकेयी, यशोधरा, विष्णु-प्रिया, शकुन्तला, रत्नावली आदि नारी चरित्र इसी के सटीक उदाहरण हैं। उनकी कर्म-सौन्दर्य वृत्तिऔर लोक-संग्रह भावना देखते बनती है। उनकी आरम्भिक कृतियों में इतिवृत्तात्मकता-उपदेशात्मकता का दोष है पर पीछे की कृतियों में इस दोष का भी परिष्कार-परिमार्जन होता गया है। राष्ट्रीय सांस्कृतिक भाव-धारा में नहलाये गए चरित्रों का रूप कर्म-सौन्दर्य की आभा बिखेरता मिलता है।

गुप्तजी को सन् 1941 में 'भारत रक्षा कानून' के अन्तर्गत बन्दी बनाया गया जेल जाकर कवि ने 'जयभारत' 'अजित' 'कुणालगीत, के कई स्थल पूरे किए और यहीं आचार्य नरेन्द्रदेव से सम्बन्ध घनिष्ठ हुए। गांधीजी ने कवि की जेल यात्रा पर कहा है 'लेकिन कविता आज उनकी कलम से नहीं निकलती है, वरन उनके सूत के तारों से निकलती हैं।' ब्रिटिश साम्राज्यवाद के अत्याचारों से कवि में क्रोध का उफान आया। पर 'भारत भारती' का कवि अब प्रौढ़ हो चुका था। राष्ट्रीय-सांस्कृतिक काव्य-धारा में 'भारत भारती' युवकों के लिए आधुनिक गीता थी। इसके छपने पर गुप्तजी को एक बड़े तूफान से गुजरना पड़ा था। गुप्तजी को बहुत से विरोधियों ने 'तुकराम' 'थैलीशरण' आदि-आदि नामों से पुकारा। उनकी वेशभूषा और स्लेट पर लिखने कीभी मजाक उड़ाई जाती। किन्तु इन प्रति-कूल आलोचनाओं ने उन्हें हतोत्साहित नहीं किया। गुप्तजी तो यह लोकापवाद झेल चुके थे कि लिखता सब अजमेरी है और छपता सब मौथिलीशरणगुप्त के नाम से है। इस प्रकार की यातनाओं ने गुप्तजी को नये जीवनानुभव दिए और उनकी जीवट को और मजबूत बनाया है। तपे-तचे बगैर जब धरती के भीतर से ही

अंकुर नहीं फूटता तब कविता भी बिना भीतरी ताप के, बिना किसी गहरी बेचैनी के कैसे निष्पत्ति पा सकती है। बीज का उगना मात्र उगना नहीं है वह जीवन का पुनर्जन्म है, परम्परा का नया अंकुरण है।

गुप्त जी ने 'मुंशी अजमेरी' शीर्षक पुस्तक में मुंशी जी के प्रति जगह-जगह कृतज्ञता का ज्ञापन किया है। मुंशी अजमेरी गुप्त जी के व्यक्तित्व-कृतित्व के अभिन्न सहायक सखा थे। वे जन्मना मुसलमान होकर भी संस्कारतः उदार वैष्णव व्यक्ति थे। वे पैगम्बर साहब की स्तुति में उर्दू शायरी पढ़ते हुए जितने आत्म-विभोर होते थे उतने ही मीरा, सूर, तुलसी के पद गाते, कीर्तन करते तन्मय हो जाते थे। मुंशी जी की इस धार्मिक उदारता का गहरा असर गुप्त जी के ऊपर पड़ा और वे धार्मिक भेद-भाव से ऊपर उठकर उस मानव की ओर आकृष्ट हुए जो उनके साहित्य का केन्द्र रहा है। मुंशीजी के प्रभाव से कवि गुप्त जी ने 'नहुष' की रचना की और 'अंजलि' तथा 'समाधि' गीतों के द्वारा उन्हें अपनी स्मृति से ओझल नहीं होने दिया। गुप्त जी ने अपने बन्धु सियारामशरण गुप्त से कम आत्मीयता का अनुभव मुंशी जी के साथ कभी नहीं किया। यह तथ्य इस बात का प्रमाण है कि गुप्त जी का मानव भेद-भाव से दूर था और वे भेद से अभेद की साधना का जीवन जी रहे थे। हृदय की इसी व्यापकता ने उनके काव्य को संकीर्णताओं में न सिमटने दिया···। उनके लिए यह उक्ति सच लगती है—'विश्व परिवार है उदार वृत्ति वालों का।' यहाँ दीवारें नहीं हैं, अंधेरी कोठरियाँ नहीं हैं, तंग सीढ़ियाँ नही हैं, आसमान-सी खुली स्वच्छ उन्मुक्ता का पक्का एहसास है। गुप्त जी कवि होने के साथ भक्त भी थे। फलतः उनके व्यक्ति में कवि वाली एक खास तरह की अकड़ न होकर भक्ति का भाव विस्तार है। वे जीवन-भर अपने विष्णु से यही कहते रहे—'मुक्ति-भुक्ति माँगे क्या तुमसे हमें भक्ति दो हे अभिताभ।' इस भक्त ने लौकिकता को हेय नहीं समझा—उसे स्वर्ग से भी ज्यादा आदर-भाव से वरण किया। कारण, इस जगत में रहकर ही 'रूप-राशि, गुण,-लीला-भाव' के आनन्द की चिन्मयता का सशरीर अनुभव किया जा सकता है—एक ऐसा अद्वितीय अनुभव जिसे पाने के लिए देवता तरसते हैं और जिसे पाकर मानव अपने जीवन को सार्थक पाता है।

वाल्मीकि से लेकर भारतेन्दु तक की पूरी साहित्यिक परम्परा के प्रति गुप्त जी में गहरा लगाव है। यह लोक-जागरणमयी परम्परा उनके संस्कारों में इस कदर रची-पची है कि उनका पूरा काव्य-व्यक्तित्व उसे लेकर बाँसुरी की तरह बजता है। आज अज्ञेय जी जिस परम्परा के दाय पर ध्यान केन्द्रित कराते हैं और जिसके लिए कहते हैं कि परम्परा कवि को कमानी पड़ती है अपने में भरकर उसे जीना पड़ता है, बदलना और तपाना पड़ता है। उसकी रूढ़ियों को छोड़ कर उसकी मौलिकता को सींचना-पालना पड़ता है। तभी वह भीतर का संस्कार

बनती है और उसे ही इतिहास-बोध तथा संस्कृति-बोध के रूप में पहचाना जाता है। मेरा निवेदन है कि अपनी जातीय-परम्परा और जातीय-अस्मिता की खड़ी बोली कविता में प्रथम सार्थक पहचान गुप्त जी के सृजन से ही निर्मित होती है। गुप्त जी की 'पंचवटी', 'साकेत' आदि रचनाएँ मात्र राम-काव्य परम्परा का नवीनीकरण भर नहीं है बल्कि गहरे अर्थों और सन्दर्भों में भारतीय-परम्परा की जातीय प्रतिभा का सांस्कृतिक दस्तावेज हैं। प्रसाद जैसी गहरी और पैनी पकड़ संस्कृति और परम्परा को लेकर गुप्त जी में निश्चय ही नहीं है, किन्तु उसका भीतरी रचाव और भराव मौजूद है। 'यशोधरा' 'साकेत' आदि नारी-व्यथा की रचनाएं भर नहीं हैं; बल्कि वे भारतीय नारी की चारित्रिक दृढ़ता और शक्ति सम्पन्नता की प्रामाणिक अनुभूति हैं। नारी के प्रति गुप्त जी का झुकाव नारी-सुधार आन्दोलन की चेतना के साथ-साथ भवमूति की उस करुणा मूर्ति नारी के साक्षात्कार से भी हुआ--जो सब कुछ झेलकर भी अपनी गोदी में मानव का भविष्य पालती है। इसलिए 'यशोधरा', 'विष्णुप्रिया' में गुप्त जी ने नारी के उस प्रकृत भाव की आराधना की जो लोक-मंगलमयी शक्ति है। कृतियों में बिखरे नारी के दैन्य-दुःख भाव मात्र संचारी हैं—वे उनके हृदय की स्थायी-भाव वृत्तियाँ नहीं हैं। इस दृष्टि को ठीक से न समझ पाने वाले भोले आलोचकों-पाठकों ने यही लगातार समाझाया या समझा है कि गुप्त जी की नारी अबला है, अश्रुगलित पीड़ा भर है या 'मर तो सकती है अभागिनी कर न सके कुछ नारी' जैसी हाय-हत्यामयी है। जबकि सच इसके एकदम विपरीत है। सच उनकी नारी की लोक रक्षण-शक्ति में निवास करता है, गार्हस्थिक भाव की राहुल-चेतना और मौन सहने की उर्मिला-वेदना में हीरे-सा चमकता दिखाई देता है। लेकिन इसे पाने के लिए हमें गुप्त जी के काव्य की धूल छाननी पड़ती है तभी वह मिलता है।

गुप्तजी में वालमीकि और तुलसी से ज्यादा लगाव भारतेन्दु और महावीर प्रसाद द्विवेदी के प्रति-पाया जाता है। और यह लगाव अकारण नहीं है इसके सम्बन्ध-सूत्र उनकी अन्तर्मानसिकता में काफी गहरे हैं। भारतेन्दु हमारी मध्य-कालीन साहित्य-संस्कृति की चेतना के भीतर से फूटे वह आधुनिक रचनाकार थे जिनमें सन्त-परम्परा का तेज यह कहकर उदित हुआ था—'सोधेन सों सीधे महा बांके हम बाकेन सों हरिश्चन्द्र नकद दमाद अभिमानी के।' भारतेन्दु की यह काव्य-पंक्ति सूत्र-रूप में उस पूरी परम्परा का अमृतमय पवित्र लोकजल है जो ब्रह्मा के कमण्डल से, विष्णु के अंगूठे से, शिव की जटायों से और भगीरथ के मानव-संकल्प से छनकर हम तक आया है। यह भाव-जल गुप्त जी के काव्य में प्रवाहित मिलता है और इसी जल में हमारे नर के नारायण निवास करते हैं। यही जल बोलकर कहता है—"नर हो न निराश करो मन को' या 'अर्पित हो मेरा मनुज काय बहुजन सुखाय बहुजन हिताय।' यही भावजल पश्चिम के कला-

वादी-सौन्दर्यवादी-व्यक्तिवादी भाव की विकृतियों को अपने भीतर न मिलाकर किनारे पर ला पटकता है। सच्चे अर्थों में गुप्तजी की काव्य-संवेदना—शक्ति लोक-मंगल की गंगा-धारा बनकर बहती है और पराधीन भारत के मुरझाये मन इसे ही पानकर नयी जीवन-शक्ति पाते हैं। इसी से उनकी कविता में देशभक्ति भावना और कर्तव्य-कर्म की पुकार मची है। भारतेन्दु, गुप्त जी के भाव-संस्कार हैं और आ० महावीर प्रसाद द्विवेदी उनकी कर्म-प्रेरणा की विचार-भूमि के निर्धारक नियन्ता। भारतीय राष्ट्रीय-सांस्कृतिक कविता का यह कर्म-भाव या महावीर-दर्शन आ० महावीर प्रसाद द्विवेदी से ही फूटता है उन्हीं की 'सरस्वती' में जाकर उनकी कविता लोक-मानस में उतरती है एवं उन्हीं की प्रेरणा से गुप्त जी का सारस्वत-यज्ञ लगातार चलता रहता है। मैं अपनी इस बात को गुप्त जी के कथनों से ही प्रकट करना चाहूंगा। भारतेन्दु के लिए गुप्तजी ने 'श्रद्धांजलि-संस्मरण' पुस्तक के प्रथम संस्मरण 'भारतेन्दु हरिश्चन्द्र' में लिखा है—"हरिश्चन्द्र को जो हिन्दी का जन्मदाता कहा जाता है, सो यथार्थ ही। यह बात नहीं कि उस समय हिन्दी का अस्तित्व नहीं था। हरिश्चन्द्र ने उसे नया जीवन दिया और उसमें समय के अनुरूप नये-नये भाव भर कर उस नयी शक्ति प्रदान की।" (पृ० ९) भारतेन्दु के इसी कार्य को गुप्त जी ने आगे बढ़ाया और राष्ट्र-भाषा हिन्दी को गौरवान्वित किया। आ० महावीर प्रसाद द्विवेदी का स्मरण 'साकेत' के निवेदन में करते हुए लिखा है कि 'आचार्य पूज्य द्विवेदी जी महाराज के प्रति कृतज्ञता प्रकट करना मानो उनकी कृपा का मुल्य निर्धारित करने की ढिठाई करना है! वे मुझे न अपनाते तो मैं आज इस प्रकार आप लोगों के समक्ष खड़े होने में समर्थ होता या नहीं कौन कह सकता है।'" गुप्त जी का यह कथन मात्र विनयोक्ति भर नहीं है—इसमें उस प्रेरणा का अहसास है जो अन्यत्र उनसे कहलाती है 'करते तुलसीदास भी कैसे मानस नाद। महावीर का यदि उन्हें नहीं मिलता प्रसाद।' आ० द्विवेदी के प्रति 'प्रणाम' शीर्षक कविता में विस्तार से कहा—

> हरे-भरे आंखों को शीतल लगने वाले, तुम्हें प्रणाम।
> छाया देकर श्रमिकों का श्रम हरने वाले, तुम्हें प्रणाम।
> विस्तृत शतभुज शाखाओं से देने वाले वीर, प्रणाम।
> हिमकण से प्रभुदत्त वज्र लेने वाले धीर, प्रणाम।
> विविध कालदर्शी साक्षी-सम-बहुमूल, गम्भीर प्रणाम।
> सभी दिशाओं में सदैव ही, परहित हेतु-शरीर, प्रणाम।
> क्रम-क्रम से सर्वस्व त्याग के स्थाणुमूर्ति चिरकाल प्रणाम।
> भव-भूतल को भेद गगन में उठने वाले शाल, प्रणाम।

गुप्त जी की गुरु-भावना का यह आदर-भाव उनके दो निबन्धों में भी

दृष्टव्य हैं –'आचार्य देव' तथा 'मेरे कवि का आरम्भ' । कवि ने अपना कंठ सर्व-प्रथम ब्रजभाषा में खोला था । ब्रजभाषा की कविता 'सरस्वती' में छपने को भेजी तो आचार्य द्विवेदी का दो टूक उत्तर अस्वीकृति के साथ आया । आचार्य द्विवेदी ने लिखा—'आपकी कविता पुरानी भाषा में लिखी है । 'सरस्वती में हम बोलचाल की भाषा में ही लिखी गई कविताएँ छापना पसन्द करते हैं । यहाँ बोलचाल से तात्पर्य है—खड़ी-बोली । गुप्तजी ने खड़ी बोली में पद्य लिखने की कोशिश की और 'हेमन्त' शीर्षक पद्य लिखे । ये पद्य सन् 1904 की 'मोहिनी' पत्रिका (कन्नौज) में छपे भी । पर 'हेमन्त' के इन्हीं पद्यों को भारी परिष्कार-संशोधन के साथ आ०द्विवेदी ने जनवरी-1905 की 'सरस्वती में छापा । यथा—'तो भी करें हैं सब लोग सीसी । हेमन्त में हाय, कँपे बतीसी ।' आचार्यजी ने इसे संशोधित-सम्पादित रूप में किया—'तो भी नहीं बन्द अमन्द सीसी । हेमन्त में है कँपती बतीसी, बोलचाल की खड़ी बोली का कैसा 'मॉडल' आ०द्विवेदी के मन में था उसकी एक बानगी, इस सुधार में साफ दिखाई दे जाती है । यह बात भी साफ है कि गुप्त जी प्रतिभा से ज्यादा अभ्यास के कवि रहे हैं । बल्कि यह कहना अधिक संगत होगा कि अभ्यास ने ही उनकी प्रतिभा को चमकाया है । मराठी के लेखक विष्णु शास्त्री चिपलूणकर का हवाला देकर गुप्त जी ने एक बार लिखा था—'भानु जी अभ्यास को प्रधानता देते हैं । पर मेरी राय में कविता विशेषकर शक्ति या प्रतिभा पर ही अवलम्बित रहती है । अभ्यास तो होता ही है, पर यदि प्रतिभा नहीं है तो कवि होना कठिन ही नहीं, असम्भव है । और प्रतिभा ईश्वर-दत्त होती है । वह उत्पाद्य भी होती है, पर असल असल ही है । असल और नकल में बड़ा भेद है । जो लोग प्रतिभावान होते हैं, उन्हें अनायास ही निपुणता प्राप्त हो जाती है । वे थोड़े में ही बहुत कुछ कर दिखाते हैं । अतएव यदि पंडित विष्णु शास्त्री चिपलूणकर महाशय ने कविता के लिए प्रतिभा को ही प्रधानता दी तो यह सर्वथा उचित है । हमारे आचार्यों ने भी प्रतिभा को ही प्रधानता दी है । प्रतिभा को उन्होंने पहले लिखा है, निपुणता और अभ्यास को पीछे ।" (काव्य-प्रभाकर की आलोचना से) इस कथन से जाहिर है कि गुप्त जी काव्य-परम्परा के साथ भारतीय शास्त्र-परम्परा से भी अनभिज्ञ न थे । शास्त्र-परम्परा में भी उनका अच्छा-खासा दखल था । यह बात उनकी 'मेघनाध-वध' के अनुवाद की भूमिका से और ज्यादा पुष्ट हो जाती है रीतिवादी अलंकार-शास्त्र की कमियों से वे पूरी तरह सावधान थे और उसके अन्धानुकरण में उनकी आस्था न थी ।

नये युग की माँगों के अनुकूल कविता लिखने की समझ उनमें जन्मजात थी। आचार्य शुक्ल के शब्दों में कहे तो "गुप्त जी की प्रतिभा की सबसे बड़ी विशेषता है—कालानुसरण की क्षमता । अर्थात् उत्तरोत्तर बदलती हुई भावनाओं

और काव्य-प्रणालियों को ग्रहण करते चलने की शक्ति। इस दृष्टि से हिन्दी-भाषी जनता के प्रतिनिधि कवि ये निःसन्देह कहे जा सकते हैं। भारतेन्दु के समय से स्वदेश प्रेम की भावना जिस रूप में चली आ रही थी उसका विकास 'भारत भारती' में मिलता है। इधर के राजनीतिक आन्दोलनों ने जो रूप धारण किया उसका पूरा आभास पिछली रचनाओं में मिलता है। सत्याग्रह, अहिंसा, मनुष्यत्ववाद, विश्वप्रेम, किसानों और श्रमजीवियों के प्रति प्रेम और सम्मान, सबकी झलक हम पाते हैं।" (हि० सा० का इतिहास)भारत ही नहीं, भारत से बाहर गए 'फीजी' के किसान-आन्दोलन पर 'किसान' उन्होंने लिखा है और 'अनघ' 'तिलोत्तमा' 'चन्द्रहास' नामक उनके नाटकों में भी वर्तमान किसान-आन्दोलन की चेतना को वाणी मिली है। गुप्त जी की कृतियों की सूक्ष्म जाँच-पड़ताल करने के बाद आचार्य शुक्ल ने यह निष्कर्ष ठीक ही निकाला है कि "गुप्त जी वास्तव में सामंजस्यवादी कवि हैं; प्रतिक्रिया का प्रदर्शन करने वाले अथवा मद में झूमने (या झींमने) वाले कवि नहीं। सब प्रकार की उच्चता से प्रभावित होने वाला हृदय उन्हें प्राप्त है। प्राचीन के प्रतिपूज्य भाव और नवीन के प्रति उत्साह, दोनों इनमें हैं।" (हि० सा० का इतिहास) गुप्तजी के समसामयिक कवियों में श्रीधर पाठक, मुकुटधर पाण्डेय, अयोध्यासिंह उपाध्याय हरिऔध भी खड़ी बोली में ही काव्य-रचना कर रहे थे। साथ ही इन सभी में जागरण सुधार युग की राजनीतिक चेतना भी पर्याप्त थी। लेकिन इनमें से कोई भी कवि ऐसा नहीं है ? जो गुप्त जी भाँति साफ और लोक-साहित्य भाषा लिख सके। लोक-व्यवस्था और लोकानुभूति की पकड़ भी गुप्त जी में इन सभी की तुलना में ज्यादा प्रखर और प्रभावी तेवर में व्यक्त हुई है। इसका एक कारण तो यह है कि गुप्त जी अपने काव्यारम्भ से ही यह संकल्प लेकर चले थे कि "कविता की भाषा इतनी सरल-सहज, स्पष्ट और प्रवाहयुक्त होनी चाहिए कि वह लोकजागरण का मन्त्र फूंक सके। आज का कवि काव्य में जिए सम्प्रेषण की समस्या को लेकर बेचैनी से चीख रहा है—वह समस्या ही उनके सामने न थी। उनके सामने समस्या का महत्वपूर्ण पहलू यही था कि कैसे उसे रीतिवादी-अलंकरण, भद्दे चमत्कार-प्रदर्शन से हटाकर लोक-हृदय में स्थापित किया जाये। रीतिकालीन कविता की आलोचना करते हुए और अपनी कवि-दृष्टि की मूल्य-चेतना को लेकर उन्होंने लिखा—"नूपुरों का रव ही उसमें अधिक सुन पड़ता है; और तरह की ध्वनियाँ उसमें कम सुनाई देती हैं। उसमें आवेग हो सकता है, पर संयम नहीं। असंयम अवश्य है। ऊपर से वह मधुर अवश्य हुई, पर उसके भीतर ही भीतर एक ऐसी चीज है जो हृदय को अवश कर देती है। उससे हमारी नाड़ियों में जीवनी शक्ति नहीं दौड़ती। हाँ, रक्त-संचालन का वेग वह अवश्य बढ़ा देती है। शब्द-सम्बन्धिनी विभूति उसमें अवश्य हैं, पर उच्च भावों

की सहानुभूति विरल है। लोकानुभूति तो और भी विरल है। फिर कहिए कोरी विभूति को लेकर क्या करें ? आप बड़े सम्पतिशाली हैं, परन्तु यदि जनसाधारण के साथ आपके हृदय में सहानुभुति नहीं तो उस सम्पत्ति से उन्हें क्या लाभ ? इसी कारण से हमारी कविता का सम्बन्ध सर्वसाधारण के साथ न रह सका।" (हिन्दी कविता किस ढंग की हो—सरस्वती-दिसम्बर 1914) इस कथन से स्पष्ट है कि गुप्त जी कविता का सम्बन्ध जन साधारण से जोड़कर उसे सर्व-साधारण की आशाओं-आकांक्षाओं को व्यक्त करने वाली जीवन-संजीवनी शक्ति बनाने के इच्छुक रहे हैं। गुप्त जी ने यह मन्तव्य दूसरों को कोरा उपदेश देने के लिए व्यक्त नहीं किया है बल्कि अपनी काव्य-यात्रा में इस कथन का अक्षरश: पालन भी किया है। गुप्त जी को यह पहचान बराबर रही है कि सूर तुलसी-जायसी-कबीर की कविता जनसाधारण के हृदय में किस शक्ति के कारण कंठहार बन सकी है और रीतिकाल की कविता क्यों कुछ रसिकों तक सीमित होकर कलावाद की कवायद बनती गयी है। भक्तिकाल के कवि लोक-हृदय में उतर कर अपने हृदय को लीन कर देते हैं और लोक-हृदय में हृदय को लीन करने की दशा ही रसदशा है—इसी अर्थ में 'कविता को हृदय की मुक्तावस्था' आचार्य शुक्ल ने 'कविता क्या है ? निबन्ध में कहा भी है।

रायकृष्णदास उर्फ सरकार जी जैसे कला-मर्मज्ञ के सम्पर्क ने गुप्त जी को चित्र और वास्तुकला की बारीकियों से परिचित कराया। सरकार जी की प्रेरणा से ही गुप्त जी ने 'रूबाइयात उमर खय्याम' का अनुवाद किया। इन दोनों मित्रों ने साहित्यकार संसद्-प्रयाग को साहित्यकारों की केन्द्रस्थली बना दिया। इसके सरकार जी कोषाध्यक्ष बने और गुप्त जी सभापति। गुप्त जी के काव्य-संग्रह 'झंकार' की गीतियाँ इसी स्नेह-बन्धन के तारों से झंकृत हो उठी हैं। उन्होंने रायकृष्णदास रचित 'साधना' की भूमिका लिखी। रायसाहब के माध्यम से ही गुप्त जी का परिचय जयशंकर प्रसाद से हुआ तथा महाकवि रवीन्द्रनाथ की ओर गुप्त जी को खींच कर वे ही ले गए। किन्तु गुप्त जी प्रगीत-कला के निष्णात कवि नहीं है ? उनकी कला की मूल भूमि प्रबन्ध ही है। प्रबन्ध-कला में ही उनकी कृतियाँ रमती हैं—प्रगीत वे छायावादी प्रभाव में लिखते अवश्य रहे हैं किन्तु प्रगीतों में उनकी काव्य-कला की गहराई नहीं है। गुप्त जी के इस शताब्दी वर्ष पर विद्वानों-आलोचकों ने बहसों-तर्कों से जूझकर यह निष्कर्ष ठीक ही निकाला है कि गुप्त जी हमारी इत्तिवृत्त काव्य-परम्परा के अन्तिम बड़े कवि हैं। छायावाद की प्रगीतकला में अन्तर्मुखता प्रबल थी और प्रसाद जी का 'आँसू' इस क्षेत्र का विशिष्ट काव्य-प्रयोग था। जिसका प्रकाशन गुप्त जी ने ही पहली बार किया था। गुप्त जी तथा प्रसाद में बड़ी अन्तरंगता रही; किन्तु जब कृष्णानन्द पन्त की पुस्तक 'प्रसाद के दो नाटक' गुप्त के चिरगाँव प्रेस से प्रका-

शित हुई तो दोनों के बीच कई भ्रान्तियाँ जन्मी। पर गुप्त जी का मन साफ था उनके भीतर प्रसाद जी को नीचा दिखाने की भावना न थी। प्रसाद जी की असमय मृत्यु होने पर गुप्त जी का हृदय दुःख से फूट पड़ा—

'जयशंकर कहते-कहते अब भी काशी जावेंगे।
किन्तु प्रसाद न विश्वनाथ का मूर्तिवन्त हम पावेंगे।
तात, भस्म भी तेरे तनु की, हिन्दी की वि[illegible] होगी।
पर हम जो हंसते जाते थे, रोते-रोते आवेंगे।

गुप्त जी को साहित्यकारों ने 'दद्दा' कहकर आदर दिया और दद्दा ने सभी को मुक्त मन से अपनाया। राजा रामपालसिंह हों या बदरीनाथ भट्ट, बालकृष्ण शर्मा नवीन हों या माखनलाल चतुर्वेदी, महादेवी वर्मा या डॉ० नगेन्द्र, रायकृष्ण दास हों या अज्ञेय, प्रसाद हों या पन्त सभी के साथ उनके सम्बन्ध बड़े घनिष्ठ रहें। पुरुषोत्तमदास, हजारीप्रसाद द्विवेदी, वासुदेवशरण अग्रवाल, बनारसीदास चतुर्वेदी, जैनेन्द्र आदि से भी उनकी निकटता रही। सबसे बड़ी बात यह है कि दद्दा साहित्यिक दलबन्दी से दूर रहकर छायावाद, प्रगतिवाद, प्रयोगवाद, नयी कविता के सभी बड़े-छोटे कवियों को आशीर्वाद देते रहे। उनका कहना था कि—'जो पीछे आ रहे उन्हीं का मैं आगे का जय-जयकार।'

माखनलाल चतुर्वेदी ने कहा है कि—'और इस तरह छुटाई और बड़ाई की समस्या को उन्होंने समाधि दे दी।' एक ऐसा व्यक्ति, जिसमें हर पीढ़ी का विश्वास धरोहर की तरह रह सका—एकदम निष्कपट, भोला, पारदर्शी व्यक्ति।' 'लोक-जीवन की सरलता ने मुझे दो ही बार जोर के झटके दिए हैं। एक गुप्त जी को अत्यन्त सरल पाकर और एक बार दुपल्ली टोपी, घुटने तक धोती तथा सिकुड़ती हुई सूती मिरजई पहने हुए स्वर्गीय कवि सत्यनारायणजी को भाई बनारसीदास चतुर्वेदी के साथ देखकर। उस समय राजनीति पर अत्यन्त क्रोधित ब्रिटिश-युग के दारुण अपराधी के नाते छिपकर जीवन बिताना ही चोरों और बदमाशों के सिवाय क्रान्तिकारियों का पेशा हो रहा था। ऐसे समय 'प्रताप' का जन्म मानो क्रान्ति की बलवान् अभिलाषा का जन्म था और गुप्त जी का उस परिवार में सम्मिलित रहना नयी पारिवारिकता का अत्यन्त उज्ज्वल रूप था।"

गुप्त जी की यह पारिवारिकता साहित्यिकों के साथ-साथ राजनीतिज्ञों, क्रान्तिकारियों के लिए कम न थी। गुप्त जी की राष्ट्रीय-सांस्कृतिक विचारधारा तिलक और गांधी की भावना का प्रतिफलन थी। रवीन्द्रनाथ का जादू बहुतों पर जोर से चला—पर गुप्त जी उससे दूर रहे। गांधी के प्रति गुप्त जी में असीम अनुराग था। यह अनुराग इतना प्रबल था कि जब वे अफ्रीका में थे—तब से ही वे रचनाएँ अवलोकनार्थ भेजते रहे थे। गांधी ने उन्हें 'मैथिली काव्य-

मान' ग्रन्थ, भेंट किया था जो अभी तक प्रकाशित नहीं है। गुप्त जी पर गांधी विचार धारा का ऐसा गहरा प्रभाव पड़ा है कि 'अनघ', 'साकेत' 'विश्ववेदना' 'यशोधरा' और 'अजित' पर उसका रंग साफ दिखाई दे जाता है। 'भारत-भारती' पर आर्य-समाज आन्दोलन का प्रभाव था किन्तु बाद की कृतियों में गांधी-विचार-दर्शन ही उन्हें भाया है। गांधी जी के प्रशस्तिगान में 'अंजलि' और अर्घ्यं' लिखकर उन्होंने अपनी श्रद्धा का खुला प्रमाण दिया।

महामना मदन मोहन मालवीय उनके समय में नवजागरण के प्रतीक पुरुष थे। मालवीय जी के साथ भी गुप्त जी के आत्मीय सम्बन्ध रहे। विनोबा के भूदान यज्ञ-आन्दोलन के प्रभाव से गुप्त जी ने 'भूमि-भाग' की रचना की। गुप्त जी मूलतः किसान-संवेदना के कवि हैं। उनका सम्बन्ध पं० जवाहरलाल नेहरू, सर-दार पटेल जी से रहा। किन्तु उन्हें डा० राजेन्द्र प्रसाद ही अधिक भाये। कारण, उनके व्यक्तित्व और कवि मानसिकता की काफी निकटता डा० राजेन्द्र प्रसाद से बैठती थी। कांग्रेस के कोषाध्यक्ष श्री सदाशेव कानोजी पाटिल ने अपनी अप्रकाशित आत्मकथा में (जिसका इलस्ट्रेटिट वीकली नवम्बर, 1986 21 अंश प्रकाशित) साफ कहा है कि जवाहरलाल नेहरू तथा राजेन्द्र प्रसाद दो अलग अलग विचार धाराओं के व्यक्तित्व थे। नेहरू जी, राजेन्द्र प्रसाद को न तो राष्ट्रपति बनाना चाहते थे और न उनके ग्रामीण संस्कारों को पसन्द करते थे। ऐसे ही नेहरू जी स्व० पुरुषोत्तम दास टण्डन को भी कांग्रेस अध्यक्ष के रूप में कभी स्वीकार न कर सके, विवश होकर टण्डन जी को त्याग-पत्र देना पड़ा। टण्डन जी राष्ट्रभाषा के सम्मान के लिए तन-मन अर्पित किए थे पर नेहरू जी को यह स्वीकार न था। वे चक्रवर्ती राजगोपालाचारी की अंग्रेजी भक्ति-भावना के कायल थे। अन्ततः नेहरू जी की अंग्रेजी भक्ति-भावना और उनके सहयोगी विधायकों को सम्बोधित करते हुए गुप्त जी ने कविता लिखी 'अंग्रेजी के सब समर्थकों लो अंग्रेजी बनी रही।' अंग्रेजी की इस राजनीति से वे बड़े पीड़ित हुए थे। आज पता चलता है कि उस समय अंग्रेजी लादने की नीति के परिणामों को गुप्त जी कितनी अच्छी तरह समझते थे और उनकी दृष्टि की दूरदर्शिता कैसे आगे के सत्य को पकड़ लेती थी। गुप्त जी कांग्रेसी दल में होकर भी पिछलगू किस्म के कांग्रेसी कभी नहीं रहे। उनका हृदय उन लोगों से भी मिला रहा है जो कांग्रेस दल में न थे। इसका ज्वलन्त उदाहरण है—उनका डा० नरेन्द्र देव से स्नेह सम्बन्ध। आचार्य जी विरोधी दल समाजवाद के पक्षधर नेता थे किन्तु गुप्त जी उनके ज्ञान से अभिभूत उनके शिष्य बने रहे। ऐसे ही गुप्त जी का गणेशशंकर विद्यार्थी के प्रति भी एक लगाव था। गणेश जी के कहने से गुप्त जी अपने को जोखिम में डालकर क्रान्तिकारियों की जमानतें करवा सकते हैं और 'प्रताप' पत्र के ट्रस्ट बोर्ड की सदस्यता निर्भीकता से स्वीकार कर सकते हैं। इसलिए गुप्त जी की

वैष्णवता केवल तुलसी कंठी की भीरु वैष्णवता न थी उसके भीतर से प्रचण्ड ज्वाला फूटते देर न लगती थी। उनका सम्बन्ध क्रान्तिकारियों से खुला सम्बन्ध था जिसमें कोई लुका-छिपी का ढोंग नहीं था। कवि ने क्रान्तिकारियों की इसी विश्वास-भावना के प्रति अपना आदर व्यक्त करते हुए 'अजित' लिखा। 'स्वदेश संगीत' की अनेक रचनाएँ 'प्रताप' में छपी हैं जिन्हें कवि ने 'मानवीय-हृदय' नाम से लिखा था। अतः आचार्य महावीर प्रसाद द्विवेदी, गुप्त जी की साहित्यिक-प्रेरणा के विधाता थे और गणेश शंकर विद्यार्थी उनकी नवजागरणमूलक क्रान्तिकारियों की भूख-तृप्ति। गणेश शंकर की यही स्मृति चिरगाँव में 'गणेश-हृदय तीर्थ' के रूप में स्मारक बनकर मौजूद है। सबसे बड़ी बात है कि वैष्णव सन्त राम-भक्त गुप्त जी का सम्बन्ध साम्प्रदायिक मठाधीशों-महन्तों से कभी नहीं रहा। विशिष्टाद्वैतवादी, रामानुज मत के अनुसरणकर्त्ता वैष्णव गुप्तजी तुलसीदास की परम्परा के पालक-साधक रहे हैं। धर्म, उनका एक ही है—मानव-धर्म और संकल्प भी यही है कि सांस्कृतिक समन्वय भावना से विश्वास-परिष्कार।

गुप्त जी के अभिन्न-हृदय रायकृष्ण दास ने प्रतीक, पावस 1948 के अंक में लिखा है—'मैथिलीशरण की रचनाएँ पढ़कर लोग उनके कवि रूप की जो कल्पना करते होंगे, प्रत्यक्ष दर्शन में उन्हें उससे बिल्कुल भिन्न पाते हैं। प्रायः ऐसा हुआ है कि जब लोगों ने उनका परिचय पाया है तो आश्चर्यचकित रह गए हैं कि 'ऐं, यही मैथिलीशरण गुप्त जी हैं। अपरिचित के लिए सहसा उन्हें देखकर यह कल्पना कर लेना असम्भव है कि यह व्यक्ति वही मैथिलीशरण गुप्त है, जिसे काशी प्रसाद जायसवाल ने 'द्विवेदी-युग की सबसे बड़ी देन' कहा था और जिसका काव्य-शरीर पिछली तिहाई शताब्दी से साहित्यिक कर्तृत्व पर अविच्छिन्न रूप से छाया हुआ है।" ठीक इसी तरह का विचार महादेवी वर्मा ने 'पथ के साथी' पुस्तक में संकलित रेखाचित्र 'मैथिलीशरण गुप्त' में लिखा है—"गुप्त जी के बाह्य-दर्शन में ऐसा कुछ नहीं है जो उन्हें असाधारण सिद्ध कर सके। साधारण मझोला कद, साधारण छरहरा गठन, साधारण गहरा गेहूँआ या हल्का साँवला रंग, साधारण पगड़ी, अंगरखा, धोती या उसका आधुनिक संस्करण गांधी टोपी, कुरता, धोती और इस व्यापक भारतीयता से सीमित साम्प्रदायिकता का गठ-बन्धन सा करती हुई तुलसी कंठी। अपने रूप और वेश में वे इतने अधिक राष्ट्रीय हैं कि भीड़ में मिल जाने पर शीघ्र ही खोजकर नहीं निकाले जा सकते।" भारतीय जन का राष्ट्रीय व्यक्तित्व ही मानो गुप्त के रूप में सशरीर साकार हो गया था और यह व्यक्ति अपनी मुक्तता में उस भारतीयता का प्रतिनिधि था जिसे हमारी ऋषि-परम्परा ने प्राण दाँव पर लगाकर अर्जित किया था। तभी तो वैष्णवता उनके लिए धार्मिक बोझ नहीं थी भीतर का उजला संस्कार थी जिसमें डूबकर उनका 'कवि' बना था। 'सरस्वती' जब उन पर बरसती थी तब

वे सब कुछ भूलकर उसे ही पाते थे। मुंशी अजमेरी ने 'गुप्त जी और मेरा सम्बन्ध' में इस बात का संकेत देते हुए लिखा है—"नहीं लिखते तो महीने नहीं लिखते, पर जब लिखने बैठते हैं, तब उन पर एक नशा-सा चढ़ जाता है फिर उन्हें खाने-पीने तक की परवाह नहीं रहती।" कवि की 'समाधि' लग जाती —और वह डूबकर रचता था। स्लेट पर इस शिशु को सरस्वती जीवन के अक्षर सिखाती थी। महादेवी ने लिखा है—""पर कविता लिखने के लिए रखी हुई दो-तीन स्लेटें और एक छोटा डेस्क देखकर गाँव की प्राथमिक पाठशाला की भ्रान्ति हो जाना स्वाभाविक ही है। उनकी काव्य-साधना के लिए वह कच्चा घर उपयुक्त ही है, पर स्लेट पेन्सिल देखकर भ्रम होता है कि वे असमय स्कूल छोड़ने का स्मरण कर रहे हैं।" इस कवि ने लगातार यही प्रार्थना की है—

आयि, दयामयि देवि ! सुखदे ! शारदे।
इधर भी निज वरद पाणि प्रसार दे।

पर सरस्वती ने उन्हें ज्ञान का गर्व नहीं दिया है—सहजता ही उनकी वाणी का वरदान बनी है। इसी सहजता ने उनकी कविता को जनता तक पहुँचाया है। विश्वविद्यालयों के हिन्दी पाठ्क्रम में पढ़ाये जाने पर भी वे प्रसाद, पन्त, निराला, महादेवी की भाँति विश्वविद्यालयों के कवि नहीं हैं। रमेशचन्द्र शाह ने "छाया-वाद की प्रासङ्गिकता' नामक पुस्तक में प्रसाद को विश्वविद्यालयों का कवि काफ़ी सोच-समझकर ही सिद्ध किया है। प्रसाद की गहन दार्शनिकता, काव्यात्मकता और संस्कृति-बोध की तात्त्विकता उन्हें जनता से सीधे नहीं जुड़ने देती। गुप्त जी पढ़ने पर कोई चुनौती नहीं देते—प्रसाद लगातार चुनौती देते हैं। विश्वविद्यालय छोड़ने के बाद ही प्रसाद समझ में आना शुरू होते हैं और प्रबुद्ध पाठक को लगातार अपनी ओर खींचते हैं। प्रसाद जी जैसी शक्ति गुप्त जी में एकदम नहीं है। प्रसाद जी की इसी शक्ति ने मुक्ति-बोध जैसे प्रखर प्रतिभावान कवि को बीस वर्ष तक 'कामायनी' के विचार-मन्थन में तल्लीन रखा। 'कामायनी पुर्नविचार' इसी मन्थन का अमृत-फल है। पर गुप्त जी ने इस तरह के विचार-मन्थन के लिए अपने बाद की पीढ़ी को निमन्त्रित नहीं किया। क्यों नहीं निमन्त्रित करते ? उनकी सपाट वर्णनात्मकता ही उनकी काव्यात्मकता को चरती जाती है।

मैथिलीशरण गुप्त : प्रासंगिकता के अन्तःसूत्र

आधुनिक हिन्दी-साहित्य में पिछले तीन-चार दशकों से रचना और रचनाकार की प्रासंगिकता-अप्रासंगिकता पर विचार करने की माँग तेजी से उठी है। इस माँग के भीतर यह मान्यता अन्तर्भूत रही है कि पुराने या नये रचनाकार की अर्थवत्ता या प्रासंगिकता की खोज के लिए उस पर नये सिरे से नयी दृष्टि के साथ पुर्नविचार, पुर्नर्निधारण पुर्नमूल्यांकन या पुनर्परीक्षण किया जाए। इस दृष्टि से प्रासंगिकता का सवाल समसामयिकता का सवाल न बनकर रचना और रचनाकार की ऐतिहासिकता, नवीनता, मौलिकता और आधुनिक दृष्टि सामर्थ्य को परखने का केन्द्रीय मुद्दा बन जाता है। पर प्रासंगिकता रचना या रचनाकार को जाँचने-परखने का मूल्य कम प्रक्रिया ही अधिक है। यहाँ ध्यान देने की बात यह है कि प्रत्येक भाषा के साहित्य में कुछ रचनाकार ऐसे होते हैं जो कभी पुराने नहीं पड़ते, जिनसे हर पीढ़ी का रचनाकार और पाठक अनिवार्य रूप से अपना सम्बन्ध जोड़ता है। हिन्दी के मध्यकाल में जायसी, कबीर, सूर, तुलसी और आधुनिक काल में भारतेन्दु, जयशंकर प्रसाद, निराला, मैथिलीशरण गुप्त, पन्त, मुक्तिबोध और अज्ञेय ऐसे ही रचनाकार हैं जिनके पास सृजनात्मक काव्य-बोध और विचार-बोध की एक ऐसी सांस्कृतिक-सामाजिक दृष्टि-सम्पन्नता है जो हमारी 'समझ' को लगातार—विकसित-संशोधित करती चलती है। रचनाकार अपनी परम्परा में ही बड़ा होता है, परम्परा से ही उसका महत्व बनता है और परम्परा ही उसमें नये रूपों और बोधों के साथ उभरकर उजली और अनेकार्थी हो जाती है। इसलिए परम्परा वह इतिहास-बोध है—जिसमें कवि के सृजन से युग के साथ हमारे पुरखे बोल रहे होते हैं। इसी दृष्टि और सन्दर्भ में यहाँ मैथिलीशरण गुप्त की प्रासंगिकता पर विचार करने का प्रयास किया गया है।

आधुनिक भारतीय सांस्कृतिक नवजागरण की सृजनात्मक शक्तियों की सर्वाधिक प्रबल अभिव्यक्ति का प्रथम कलात्मक विस्फोट मैथिलीशरण के व्यक्तित्व और कृतित्व में देखने को मिलता है। भारतेन्दु की काव्यात्मकचेतना से जो भाव

और विचार-बिन्दु उमड़-घुमड़ रहे थे उनका क्रमबद्ध निकास मैथिलीशरण गुप्त के राष्ट्रीय-सांस्कृतिक भाव-बोध में नयी अर्थच्छायाओं के साथ प्रकाश में आया। भारतीय जनता और संस्कृति का संघर्ष और आत्ममन्थन राष्ट्रकवि के पाँच-छः दशकों में फैले सृजन में नया अर्थ-सन्दर्भ पाता जाता है, यह अकेला तथ्य गुप्तजी की प्रसंगिकता को उजागर करने के लिए काफी है। गुप्तजी के परिवेश की चुनौतियाँ, समस्याएँ, शंकाएँ, मर्यादाएँ, प्रश्नाकुलताएँ उनके सृजन में इतनी गहरी भिद जाती हैं कि यह कवि-कर्म कवि-दायित्व में युग के सभी सरोकारों को कवि-दृष्टि में बाँध लेता है। चाहे रीतिवाद-कलावाद के तिरस्कार और खण्डन की चुनौती हो, चाहे नये काव्य और नयी प्रबन्धात्मकता को महत्व-प्रतिष्ठा देने का प्रश्न हो, चाहे ईश्वरत्व के स्थान पर मानव के ईश्वरत्व की बात हो, चाहे पुरानी भाषा की अभ्यास-जड़ लीकों से हटकर नयी काव्य-भाषा के संस्कार-निर्माण का जरूरी विचार-बिन्दु हो, चाहे पूरे काव्य की तकनीक में बदलाव की बहस हो—इन सभी में गुप्त जी अपने कवि-कर्म की प्रासंगिकता बराबर बनाये रखते हैं। द्विवेदी-युग की साहित्य प्रवृत्तियों से गुजरते हुए जब हम छायावाद तक राष्ट्र कवि गुप्त जी के साथ आते हैं तो पाते हैं कि उनके काव्य का आस्वाद और विश्लेषण हमें अनिवार्य रूप से प्राचीन इतिहास-पुराण की ओर देखने को बाध्य करता है। दिलचस्प बात यह है गुप्त जी अतीत में जाकर भी अतीतोपजीवी कवि नहीं रहते, वे अतीत के भीतर से वर्तमान को दुधारू गाय की तरह दुह लेते हैं। अपनी चेतना में वे एक दम आधुनिक संवेदना के रचनाकार हैं—जो हर किस्म की समस्याओं से जूझते हुए खड़ीबोली को काव्य-भाषा बनाकर काव्य-मुक्ति हासिल करते हैं। भारतेन्दु अपनी तमाम नवीनता के साथ काव्य-भाषा में ब्रजभाषा के पक्षधर थे और यह उनकी प्रतिगामिता थी। इस प्रतिगामिता को गुप्त जी ने काव्य-भाषा के रूप में खड़ीबोली की सृजनात्मक-काव्यात्मक सम्भावनाओं को उजागर करते हुए तोड़ा है और विरोधों को झेलते हुए गुप्त जी ने खड़ी बोली हिन्दी को अंगुली पकड़ कर पैदल चलना सिखाया है—यह महान ऐतिहासिक कार्य आज ठीक से समझने की जरूरत है। इसी संघर्ष में गुप्त जी की प्रासंगिकता और ऐतिहासिकता का पूरा इतिहास हंसता-खेलता-फलता अपनी जीवन्तता में देखा जा सकता है।

ब्रजभाषा और ब्रजभाषा के छन्दों को छोड़कर गुप्तजी ने जब नये युगबोध की संवेदना को वहन करने में सक्षम खड़ी बोली में छन्द से नया काव्य-गुण लाने में तुक का सहारा लिया तो युग की व्यथा-कथा को कहानियों में सहज प्रवाह से निकास मिला। और वे इस कार्य से अपना ही नहीं आगे आने वाले कवियों का मार्ग प्रशस्त कर रहे थे। गुप्त जी के इस मार्ग के बिना प्रसाद निराला और पन्त कथ्य और काव्य-भाषा का वह सूक्ष्म-गहन विकास न कर सकते थे जो

छायावाद के काव्य में गरिमा के साथ हुआ । अतः मैथिलीशरण गुप्त का प्रसाद और निराला से और फिर प्रसाद, निराला के माध्यम से मुक्तिबोध, केदार, अज्ञेय, भवानी प्रसाद मिश्र आदि के साथ जो सम्बन्ध बना है वह मूल्यवान है । खड़ीबोली काव्य-भाषा के आधार निर्माताओं में हैं—मैथिलीशरण गुप्त और उसके विकास में हैं—आज अज्ञेय जी । अज्ञेय जी के इसी रिश्ते को ठीक से पहचान कर और पहिचानवाकर ही गुप्त जी को मुक्त-हृदय की कृतज्ञता के साथ अपना 'कव्य-गुरु' स्वीकारते हैं। अज्ञेय जी के सृजन का मैथिलीशरण गुप्त के सृजन से जो ऐतिहासिक-सांस्कृतिक सम्बन्ध है उसे समझे बिना आधुनिक कविता की हमारी समझ अधूरी तो रह ही जाती है । एक गलत दिशा की ओर भी मुड़ जाती है । यह भी समझ में ठीक सन्दर्भों के साथ समझने पर आने लगता है कि गुप्त जी की कविता से अज्ञेय की कविता या नयी कविता किस प्रकार और कितने बड़े ऐतिहासिक संघर्ष के बाद अपनी भिन्नता स्थापित करती है। मैथिलीशरण गुप्त के 'साकेत' के गीत 'निरख सखी ये खंजन आए' और अज्ञेय जी के 'ओ पिया पानी बरसा' में लय का कैसा बदलाव और स्फूर्तप्रवाह आया है । तुलना करके देखिए बिना इस सूक्ष्म 'विचलन' और काव्य भाषा की 'विडम्बना' के ये दोनों कैसे अपना अलग प्रभाव अंकित करती हैं । दोनों की वाक् प्रतिपत्ति में कैसे नयी लय और अर्थ-संवेदन का सूक्ष्म प्रभाव-विस्तार हुआ है । कविता में जो भी जब भी नयापन आता है ऐसे ही धीरे-धीरे आता है—ऐसे ही परम्परा नयी बनती चलती है, ऐसे ही नया रचा जाता है—जो पुराने से विच्छिन्न नहीं होता । पुराने के साथ नये की यह खोजपूर्ण पर सार्थक पहचान ही प्रासंगिकता की सच्ची समझ का एक पहलू है । गुप्त जी के प्रगीतों-गीतों-कविताओं की यही ताकत निराला में जटिल-से-जटिल भाव-विन्यास को साध लेती है और गुप्त जी की तुकबन्दी हटकर मुक्त-छन्द में ढल जाती है । 'भारत भारती' की काव्य-भाषा से 'कुकुरमुत्ता' का रिश्ता चौंकाने लगता है ।

उन्नीसवीं शताब्दी के नवजागरण में खड़ी बोली राष्ट्रीय क्रान्ति की भाषा के रूप में उभरकर सामने आ गयी । साहित्य में खड़ी बोली को नवीन बौद्धिकता और लौकिकता की महत्व-प्रतिष्ठा का कार्य करना पड़ा । रीतिकालीन साहित्य की लौकिकता घोर-शृंगारिक मांसलता में जहाँ अपना तेज खो बैठी थी वहाँ खड़ी बोली की लौकिकता ने मनुष्य को उसकी सम्पूर्ण महिमा के साथ स्थापित किया । मानवत्व के भीतर से निखरता देवत्व खड़ी बोली का वरदान है जिसे हिन्दी की द्विवेदी-युगीन कविता ने आदर के साथ व्यक्त किया । मध्यकालीन मूल्यों को पीछे धकेल कर आधुनिक काल में नवीन मूल्य एकदम आगे नहीं आ गए । उन्हें बड़ा भारी संघर्ष करना पड़ा । भारतीय जनता ने अपनी स्वाधीनता के लिए ब्रिटिश साम्राज्यवाद, उपनिवेशवाद और सामन्तवाद से जो खुली लड़ाई

छेड़ी थी उसके पीछे भारतीय इतिहास और संस्कृति की ताकत भी कम न थी। स्वाधीनता की सांस्कृतिक चेतना ने पश्चिमी 'कला-कला के लिए' साहित्य का नारा यहाँ पर न दिया। इस क्षेत्र में भारतेन्दु और उनके सहयोगियों की भूमिका सदैव स्मरणीय रहेगी। भारतेन्दु ने भारतीय जनता की निर्धनता के कारणों पर साहस से लिखा। भारत में सबसे बड़ा जमींदार ब्रिटिश साम्राज्यवाद बन गया और उसने शोषण के अनेक रास्ते निकालकर देश में लूट मचा दी। जनता को हर तरह से उजाड़ा और भारत के परम्परागत कलाकारों, शिल्पकारों और खेतिहरों को चूसकर बर्बाद कर दिया। भारतेन्दु ने 'लेवी प्राणलेवी' अपने लेख में भारतीय धन के विदेश जाने की व्यथा व्यक्त की है। भारतीय व्यापार और उद्योग-धन्धों को नष्ट करने वाली ईस्ट इण्डिया कम्पनी सरकार का विरोध ही सन् 1857 ई० के प्रथम स्वाधीनता संग्राम में दिखाई दिया। उस संग्राम में राजाओं-नवाबों ने तो मात्र सहारा दिया सच्चे अर्थों में यह युद्ध किसान-मजदूर ने फौजी वर्दी में लड़ा। भारतेन्दु ने गरीबी को लेकर लिखा —"कपड़ा बनाने वाले, सूत निकालने वाले, खेती करने वाले आदि सब भीख माँगते हैं—खेती करने वालों की यह दशा है कि लँगोटी लगाकर हाथ में तुम्बा ले भीख माँगते हैं—"(9 मार्च 1974 कवि वचन सुधा) जनता की इसी विपत्ति और व्यथा को समझाते हुए काव्य-परम्परा में आगे बढ़कर राष्ट्र कवि मैथिली शरण ने 'किसान' काव्य प्रस्तुत किया। सन् 1917 में प्रकाशित 'किसान' की कथावस्तु कृषक-कुटुम्ब की दयनीय दशा का आठ-प्रसंगों में चित्रण है। यह काव्य पढ़ने से ऐसा लगता है कि मानो भारतेन्दु की आत्मा ही राष्ट्रकवि गुप्त में प्रवेश कर गई हो। कहना न होगा राष्ट्रकवि गुप्त जी जीवन-भर भारतेन्दु के अधूरे कार्यों को ही पूरा करते रहे। स्वभाषाभिमान, स्वदेशाभिमान और स्व-संस्कृति गर्व को लेकर तो ये दोनों कवि जैसे जन्मे ही थे। भारतेन्दु युग की सभी लोक जागरणवादी प्रवृत्तियों और विशिष्टताओं का गुप्तजी के सृजन-कर्म में पुष्ट विकास इस विश्वास को सहसा सही सिद्ध कर देता है।

भारतेन्दु दरबारी साहित्य की विकृतियों से मुक्तकर, साहित्य को व्यापक-लोकभाव-भूमि में लाए। इसी लोक-भावभूमि के गुप्तजी साधक प्रवक्ता बने। यहां ध्यान देने की बात यह है कि हमारा नवजागरण पश्चिम की देन न होकर (जैसा कि पश्चिमी मानसिकता के इतिहासकार और विद्वान मानते रहे हैं।) हमारी अपनी परिस्थितियों के भीतर से फूटा था। जिसमें आत्म-उद्धार, आत्म-सुधार, आत्म-परिष्कार और आत्मालोचन के साथ आत्मान्वेषण की भावना काफी प्रखरता रखती है। प्रार्थना-समाज, ब्रह्मसमाज और आर्य-समाज आन्दोलनों की सुधार चेतना ने भी देश की मानसिकता को मथकर बदल दिया था और राष्ट्रीय सांस्कृतिक जागरण के नेताओं ने—विशेषकर केशवचन्द सेन, रानाडे, पाल,

लाला लाजपतराय, ईश्वरचन्द विद्यासागर, लोकमान्य तिलक, अरविन्द, रामकृष्ण परमहंस, विवेकानन्द, सुभाष और महात्मागांधी आदि की एक गौरवशाली परम्परा अपने विचार-प्रकाश से जनता को दिशा-दृष्टि दे रही थी। नवजागरण की इसी मानसिकता ने गद्य में प्रेमचन्द, पद्य में मैथिलीशरण गुप्त और आलोचना में आचार्य रामचन्द्र शुक्ल को जन्म दिया। राष्ट्रीय-सांस्कृतिक नवजागरण के नेता और समाज-सुधारक, कवि और कलाकार पराधीनता की बेड़ियों को काटकर मुक्ति-भावना की ओर प्राण-प्रण से बढ़ रहे थे उनमें युग-परिवर्तन की अदम्य आकांक्षा बहुत गहरे तक पैठ गई थी। वे लकीर के फकीर न रह गए थे। वे सभी रूढ़ियां तोड़कर लोक-जागरणवादी साहित्य रचना चाहते थे। इसलिए अपनी समृद्ध और प्राचीनतम लोक-जागरण की परम्परा से जुड़ना अनिवार्य था पर इतिहास-संस्कृति आदि के ज्ञान के बिना यह परम्परा नही मिल सकती थी। इस ज्ञान-परम्परा को विकासवाद, समाजशास्त्र, इतिहास और नृतत्वशास्त्र से खोजा जाने लगा था। फिर साहित्य मनुष्य को उसकी आदिमता मे सामने ला देता है—उसका सामूहिक अवचेतन इसी इतिहास की कथा कहता है। ठीक से देखा जाय तो साहित्य, मनुष्य का इंद्रिय बोध, भावनाएँ, प्रेरणाएँ भी लाता है और उस विचारधारा को भी जो मानव को गतिमान और विकासमान रखती हैं। उन्नीसवीं-बीसवीं शताब्दी के भारतीय नवजागरण ने अपनी सांस्कृतिक साहित्यिक परम्परा को पहचाना। इसी परम्परा को पहचान कर ही तिलक ने 'गीता रहस्य' लिखा। और इस वैष्णव-परम्परा के भीतर से ही गांधीजी उदित हुए। भारतीय स्वाधीनता-आन्दोलन के दिनों में ही इस देश ने अपने इतिहास धर्म, दर्शन, भक्ति, पुराण, कला साहित्य आदि की भीतरी शक्ति को पुनः पहचाना। इसी पहचान ने हिन्दू-मुस्लिम एकात्मकता को दृढ़ किया। हमारे इतिहास के अखण्ड प्रवाह ने नये राष्ट्रवाद, देशभक्तिवाद और स्वदेशी आन्दोलन को नयी दिशा दी। वाल्मीकि ने उस काव्य-परम्परा को जन्म दिया था—जो देवोपासक न होकर मानवोपासक और मानवतावादी थी। राम-काव्य की इसी परम्परा का मानवतावादी तेज मैथिलीशरण गुप्त के 'पंचवटी' और 'साकेत' जैसे काव्य में स्फुटित हुआ। काव्य में मनुष्य को अमर करने का यह सपना रवीन्द्रनाथ को इसी परम्परा की पहचान से मिला था—और इसी से निराला की 'राम की शक्ति पूजा' में आधार मिला है। 'महाभारत' में प्रथम वार भारतराष्ट्र की एक व्यापक कल्पना का नक्शा मिलता है। यही नक्शा हमारे साहित्य का प्रेरक आधार बना। अन्य समर्थ भारतीय कवियों की भांति गुप्तजी ने इसी तथ्यान्वेषण को शास्त्र-धर्म-परम्परा के साथ 'जयद्रथ बध' तथा 'जयभारत' जैसे काव्यों मैं नया अर्थ-सन्दर्भ दिया। गुप्तजी ने अपने चिन्तन-मनन की गहराई से यह सत्य कमाया है कि रामायण-महाभारत और पुराणों का

प्रभाव संस्कृति पर लगातार गहरा होता गया है। इतना ही नहीं, ये ही भारतीय अस्मिता और राष्ट्रीयता के आदि स्रोत हैं। यह विश्वास ही गुप्तजी में 'चन्द्रहास' (1916 ई०), 'प्रश्नावली'(1617),'अनघ'(1925), 'स्वदेश-संगीत' (1925), 'हिन्दू' (1927), 'शक्ति' (19‹7), 'सैरन्ध्री'(1927), 'वन वैभव' 1927,'वकसंहार' (1927), 'विकट भट'(1928), 'गुरुकुल' 'द्वापर'(1936), 'मंगलघट' (193), 'नहुष' (1940 ई०)' कुणालगीत' (1942 ई०) 'अर्जन-विसर्जन' (1942 ई०), काबा कर्बला (1942),'विश्व-वेदना' (1943),'अजित' (194‿), 'प्रदशिणा' (1650), पृथ्वीपुत्र (1650), 'हिडिम्बा' 'रत्नावली' (1966), विष्णुप्रिया, (1957), जैसी कृतियों का सृजन कराता है। बौद्धकाल में घूमकर गुप्तजो नारी-सुधार आन्दोलन की आवश्यकता के अनुकूल 'यशोधरा' रच सकते हैं, तो राजपूत इतिहास के युग में घुसकर वे 'सिद्धराज' की रचना कर देते हैं।

राष्ट्रीय-सांस्कृतिक नवजागरण की ऊर्जा का तनाव गुप्तजी की अन्तर्मानसिकता को वर्तमान की निरन्तरता में केन्द्रित कर देता है। राष्ट्रकवि लोक-जागरण के स्वर में 'भारत भारती' 'झंकार' 'भूमिभाग' 'राजा प्रजा' 'वैतालिक' जैसी रचनाओं से नया विचार-आलोक प्रकट करता है। अब 'रंग में भंग' और 'शकुन्तला' का संसार रूपान्तरित हो जाता है और कवि वर्तमान की हर साँस को काव्यबद्ध कर उठता है। राम, कृष्ण और मुहम्मद की प्रेरणा एकाकार होकर समग्र भारतीय संस्कृति को झंकृत कर देती है। हिन्दुत्व का आतंक समाप्त हो जाता है और कवि, मानव मात्र की करुणा-वेदना का गायक बन जाता है। भवभूति का यह हिन्दी में नया रूप आ जाता है। विश्व-चेतना और विश्व-वेदना की यह भूमि गुप्त जी को विचार की सीमाहीन परिधि मे ले जाती है। कला के उदात्त-क्षणों में वे हिन्दू कवि नहीं रह जाते, विश्व-राग के मानवतावादी कवि वनते जाते हैं। एक प्रकार से यह उनके वैष्णव-संस्कारों की भी आधुनिकता है और नवजागरण की उदात्त-भावभूमि का रस-रूप में मुक्त-ग्रहण भी। गांधी विचार-दर्शन का परमोज्ज्वल काव्यात्मक संस्कार भी कोई चाहे तो इसे कह सकता है। नर में छिपे नारायण की खोज ही गुप्त जी की काव्यात्मक प्रासंगिकता है। तिलक-युग का विचार-वैभव और गांधी-युग की विवेक-वयस्कता गुप्त जी के काव्य के रेशे-रेशे में मिदा हुआ है। यही कारण है कि इस उपदेशात्मक-इतिवृत्तात्मक-आदर्शात्मक और नैतिक-मर्यादामूलक काव्य की चरम परिणति जीवन के सर्वोच्च मूल्य-मुक्ति-भावना में होती है। वे किसी भी अन्याय और व्यथा को चुप नहीं झेल सकते। अन्याय के प्रतिकार में उनकी लेखनी असिधार बन जाती है।

महत्वपूर्ण बात यह है कि भारतीय इतिहास और संस्कृति की नारी-व्यथा

को गुप्त जी ने लोक-हृदय में अपना हृदय मिलाकर पहचाना है। यशोधरा, उर्मिला, कैकेयी, सीता और विष्णु प्रिया को गुप्त जी आधुनिक भारतीय नारी-जागरण की चेतना से ही सृजित नहीं करते—उस नारी-तत्व के दर्शन को गह-कर रखते हैं—जो प्रकृति की सृजनात्मकता के रूपक में नारी-तत्व को व्यक्त करता रहा है। नारी की 'शक्ति' पहचानना परम्परा का नया संस्कार है। यह नारी-तत्व ही मातृभूमि में साकार है। गुप्त जी की नारियाँ मध्यकालीन नारियों की तरह-विरह-दग्धा, स्मरण प्रसन्ना मात्र नहीं है वे कर्म-सौन्दर्य की उपासिका और अपने स्वतन्त्र व्यक्तित्व की खोजी शक्तियाँ हैं। विरह में भी वे लोक-चिन्ता से विरत नहीं होती और दायित्व-बोध उनके समग्र व्यक्तित्व का सौन्दर्य बना रहता है। 'साकेत' की उर्मिला में, हैं करों में भूरि-भूरि मलाइयाँ, लचक जाती अन्यथा न कलाइयाँ' जैसी उक्ति मात्र कवि-कथन नहीं है—आधुनिक नारी का नया जीवन-बोध हैं। 'यशोधरा' का व्यक्तित्व 'सिद्धि मार्ग की बाधा नारी' की चिन्तन-परम्परा पर प्रश्नचिह्न तो है ही, उन प्राचीन अवधारणाओं का प्रहारात्मक ढंग से खण्डन है जो नारी-शक्ति को ठीक से समझ-समझा नहीं सका। मनुस्मृति और उस दर्शन-परम्परा पर सीधे चोट है—जो नारी को माया कह कर भ्रमाती रही है और जिसकी विकृतियों ने हमारी संस्कृति के उत्कर्ष-मूलक पक्ष को उभरने नहीं दिया। गुप्त जी की यही नारी-चेतना प्रसाद में नया रंग लाई और राजनीति की आग में कूद पड़ने वाली फूल-सी सुकुमारियाँ वज्रादपि कठोर बन गईं। कर्म-सौन्दर्य की शक्ति ने उन्हें भीतर से बहुत बड़ा कर दिया, उनकी असहायता देखते-देखते विराट्-शक्ति का पर्याय हो गई। मूल बात यह कि गुप्त जी के नारी-विषयक दृष्टिकोण की प्रगतिशीलता को सही सन्दर्भों में समझना निहायत जरूरी है।

गुप्त जी के काव्य-सृजन-संघर्ष की प्रासंगिकता का सबसे बड़ा आधार है—उनका रीतिवाद विरोधी अभियान। यह अभियान भारतेन्दु-युग के रचनाकारों ने शुरू कर दिया था—लेकिन इसमें विकासात्मक धार आ० महावीर प्रसाद द्विवेदी और मैथिलीशरणगुप्त ने ही दी। और इस रीतिवाद-विरोधी-क्षेत्र में गुप्त जी के प्रेरणा-गुरु रहे हैं--स्वनाम धन्य आचार्य महावीर प्रसाद द्विवेदी। यह रूढ़ि कि मधुर, श्रुतिपरक काव्यात्मकता, कविता में ब्रजभाषा से ही आ सकती है। अतः कविता तो ब्रजभाषा में ही हो सकती है खड़ी बोली में नहीं। खड़ी बोली में तो नीरस, भुरभुरा गद्य ही लिखा जा सकता है। इस प्रकार भारतेन्दु युग में गद्य की भाषा अलग, पद्य की भाषा अलग चलती रही। इस समस्या को निपटाने के लिए आचार्य द्विवेदी ने गद्य-पद्य की भाषा एक होनी चाहिए का जोरदार अभियान चलाया। जिसे व्यापक समर्थन मिला। इस क्षेत्र में मैथिलीशरण गुप्त ने अग्रणी बनकर उनका साथ दिया और व्यावहारिकता में

वे गद्य-पद्य की जीवन्त भाषा खड़ी बोली को लेकर चल पड़े। खड़ीबोली कविता ने ब्रजभाषा के सामन्तवादी चरित्र को भी पहचाना और उससे भरसक दूर हटने का प्रयास भी किया। गुप्त जी, द्विवेदी-युग के पद्य-लेखक ही नहीं, समर्थ गद्य लेखक और समीक्षक हैं। डा० रामविलास शर्मा ने सही लिखा है कि—"वे द्विवेदी-युग के समर्थ गद्य-लेखक और आलोचक थे। गणेश शंकर विद्यार्थी पर उनका संस्मरण लेख उनके कलात्मक गद्य का सुन्दर नमूना है। 'काव्य-प्रभाकर' की आलोचना उनके विवेचनात्मक गद्य की मिसाल है।" (—महावीर प्रसाद द्विवेदी और हिन्दी नवजागरण, पृ० 297) जगन्नाथप्रसाद 'भानु' की पुस्तक 'काव्य प्रभाकर' के नायिका-भेद से खिन्न होकर गुप्त जी ने लिखा—"उसे पढ़-कर आप देखेंगे कि रेत में से सोना निकाला गया है—अर्थात् मृत्तिका में से मणि का अन्वेषण किया गया है। साधु, साधु, पाठकों को आपके दादरे पढ़ने से कुतूहल होगा। अतएव, इच्छा न रहते हुए भी मैं इस 'मृत्तिका' में मणि के अन्वेषण का नमूना नीचे दिखलाता हूँ। परन्तु मैं सिर्फ चार-छः मणियों का ही परिचय दूंगा। यदि इनसे पाठकों का कुतूहल न शान्त हो तो मैं लाचार हूँ। लीजिए।

—'गोरा गाल तिल काला मुनइयाँ ने क्या जादू कर डाला' (नायिका)

—'सवतिया काहे को जरी जाय' (प्रेमगर्विता)

—'कुआँ पानी न जैहौं नजर लागे'

—'बलम कजरौटी लइयो रे ये नैना बिगरे जायें' (रूपगर्विता)

—'आली रे बरतोर भयो है' (अज्ञात यौवना)

'काय रँगरेजा रँगी मोरी अँगिया' (ज्ञातयौवना)

बस, अब और नहीं। पाठक इतने से ही उस रेत में से निकाले गए सोने की उन्मता की जाँच करलें! इसकी मैं और समालोचना नहीं करना चाहता; भानु जी स्वयं ही इसकी आलोचना कर चुके हैं। यदि दादरों में नायिका-भेद का वर्णन किया जा सकता है तो क्या स्वांग में नहीं? फिर उसे क्यों आपने छोड़ दिया? गजलों और ठुमरियों में भी तो नायिका-भेद किया जा सकता है। कहाँ किस राग-रागिनी या छन्द में नहीं किया जा सकता? परन्तु क्या इस विषय की इन चीजों से हिन्दी-साहित्य का भारी अनिष्ट समझा जा सकता है।" इस कथन से जाहिर है कि गुप्त जी पुराने काव्यशास्त्र की रचना में नया मौलिक चिन्तन भरना चाहते थे। नवजागरण के काव्यशास्त्र में नायिका-भेद का विरोध स्वयं आचार्य द्विवेदी ने 1901 जून सरस्वती में प्रकाशित 'नायिका भेद' शीर्षक लेख में दिया था। "दस वर्ष की अज्ञात यौवना से लेकर पचास वर्ष की प्रौढ़ा तक के सूक्ष्म से सूक्ष्म भेद बतलाकर और उनके हाव-भाव, विलासादि की सारी दिनचर्या वर्णन करके ही कविजन सन्तोष नहीं करते थे। व्यभिचार में सुकरता

होने के लिए स्त्री कैसी होनी चाहिए; मालिन, नाइन, धोबिन इत्यादि में से इस काम के लिए कौन अधिक प्रवीण होती है; इन बातों का भी वे निर्णय करते थे।" आचार्य महावीर द्विवेदी के साथ आचार्य रामचन्द्र शुक्ल ने भी इस नायिका-भेदी पतित-विलासवाद की खुलकर निन्दा की है। इस विलासवादी नायका-भेद का सम्बन्ध विकृत सामन्तवादी अलंकारशास्त्र से था। इसलिए इस काल में कवि तथा आलोचकों ने एक मत से रीतिवाद का खण्डन किया। कविता में नये विषयो की खोज की और काव्य-प्रयोजन, मनोरंजन से ज्यादा लोकमगल, लोक-जागरण की प्रेरणा को घोषित किया। गुप्त जी ने कहा ही है—'अर्पित हो मरा मनुज काय बहुजन हिताय बहुजन हिताय।' कहना न होगा कि इसी मूल-चेतना से राष्ट्रकवि गुप्त जी की समस्त सृजनात्मकता ओत-प्रोत है।

रीतिवादो, नायिका-भेद के पीछे ही नहीं थे। वे सभी रसों में शृंगार को ही रसराज मानकर उसकी श्रेष्ठता को हजार कमीने तर्कों से प्रतिपादित करते थे। इस चिन्तन-परम्परा के प्रतिगामी पहलुओं का भी गुप्त जी को अपने काव्यगुरु आचार्य द्विवेदी के साथ कन्धे से कन्धा मिलाकर प्रतिवाद करना पड़ा। गुप्त जी के सृजनात्मक साहित्य का समग्रता में अंगीरस देश-भक्ति-रस है। यह देशभक्ति-रस करुणा पर टिका है और मानव-मात्र को वेदना-करुणा से कर्म की प्रेरणा देता है। 'यशोधरा' आदि कुछ रचनाओं में विप्रलम्भ शृंगार को अंगीरस यदि बनाया भी है तो वह विप्रलम्भ शृंगार-रीतिवादी-विलासी घेरे से एकदम मुक्त है। इस विरह-दग्ध जीवन में 'सिंहनी-सी वन में विहंगिनी-सी व्योम में' जाकर करने-खोजने की प्रेरणा-शक्ति है। अतः रीतिकालीन विप्रलम्भशृंगार से गुप्त जी के लोक-जागरणवादी विप्रलम्भ-शृंगार का पार्थक्य अवश्य ध्यान में रखना चाहिए। इन्हीं विचार-बिन्दुओं से पाठक की समझ में आ सकता है कि गुप्त जी कैसे प्राचीनता के भीतर से नये भाव-बोध को विकसित करना चाहते थे।

मैथिलीशरण गुप्तजी का रचना-कर्म जिस युग में अंकुरित हुआ था, वह एक प्रकार से रचना के क्षेत्र में समस्या-पूर्ति का युग था। यह एक ऐसी रीतिकालीन रूढ़ि थी जो प्रतिभा को पूरी तरह नष्ट कर रही थी। एक लम्बा संघर्ष गुप्तजी को इस क्षेत्र में करना पड़ा। समस्या-पूर्ति कवि की स्वच्छन्द-भावधारा में बाधक बनती है और कवि आंलकारिक उक्ति-वैचित्र्य में भटकता रह जाता है। समस्यापूर्ति की कोरी रसिकता सहज काव्यात्मकता को निगल जाती है। गुप्त जी ने रस और अलंकार की पुरानी रूढ़ियों को भी ललकारा और नये काव्य-विषयों की बात उठाते हुए लिखा—"काव्य का प्राचीन इतिहास वर्तमान समय में काव्यावनति का कारण तथा काव्य के लाभ और काव्य-निर्माण के कारण इत्यादि।" आगे चलकर गुप्त जी ने काव्यांग की बात उठाते हुए

मराठी लेखक चिपलूणकर का हवाला देते हुए कहा—"भानुजी अभ्यास को प्रधानता देते हैं। पर मेरी राय में कविता विशेषकर शक्ति या प्रतिभा पर ही अवलम्बित रहती है। अभ्यास तो होता ही है; पर यदि प्रतिभा नहीं है तो कवि होना कठिन ही नहीं, असम्भव है। अतएव यदि पण्डित विष्णु शास्त्री चिपलूनकर महाशय ने कविता के लिए प्रतिभा ही को प्रधानता दी तो यह सर्वथा उचित है। हमारे आचार्यों ने भी प्रतिभा को ही प्रधानता दी है। प्रतिभा को उन्होंने पहले लिखा है, निपुणता और अभ्यास को पीछे।" इस कथन से ध्वनित है कि गुप्त जी ने भारतीय काव्यशास्त्र का मन्थन भी मनोयोगपूर्वक किया था और आधुनिक भारतीय भाषाओं में वे बंगला-मराठी आदि के साहित्य-ज्ञान से पूरी तरह परिचित थे। बंगला का नवजागरण और मराठी-साहित्य का तेजोदीप्त रूप इसी कारण वे एक साथ आत्मसात कर सके। बंगला से गुप्त जी ने क्रान्ति धर्मी कवि माइकेल मधुसूदन दत्त के 'विरहिणी ब्रजांगना' 'वीरांगना' और 'मेघनाद वध' का अनुवाद किया। इस अनुवाद-कर्म का हिन्दी-नवजागरण की साहित्यिक-सांस्कृतिक चेतना आदि पर बड़ा भारी प्रभाव पड़ा। इसने सोचने-समझने की दिशा बदल कर रचना-कर्म को नयी दृष्टि दी। नवीन चन्द्रसेन के 'प्लासी का युद्ध' नामक काव्य का भी गुप्त जी ने अनुवाद किया और भारतीय इतिहास के प्रति अपना रुझान दिखाया। बाद में यह रुझान उनके कवि-धर्म की धर्म-भूमि ही बन गई। हेमचन्द बनर्जी के 'वृत्र-संहार' का अनुवाद हिन्दी भाषी क्षेत्र में नया आस्वाद था।

सांस्कृतिक-नवजागरण के आधुनिक दौर में अनुवाद-कार्य सभी भारतीय भाषाओं में तेजी से हुआ। नये ज्ञान-विज्ञान को लाने की ललक ही इस कार्य के मूल में थी। हालांकि यह सच है कि अनुवाद-कार्य का महत्व हम भारतीयों ने मिशनरियों से ही जाना। कुछ भी हो इस दौर में अनुवाद-कार्य ने हमारी चेतना को समृद्ध भी किया और हमें चेताया भी। एशिया के नवजागरण और विश्वनवजागरण से हमारा परिचय अनुवाद के माध्यम से ही हुआ। स्वयं भारतेन्दु अनुवाद-कर्म की इस महत्ता को समझकर अपने समकालीनों के साथ अनुवाद में प्रवृत्त हुए थे। आ० महावीरप्रसाद द्विवेदी, श्रीधर पाठक, रामचन्द्र शुक्ल ने भी अनुवाद-कार्य की शक्ति को पहचान कर अनुवाद किए। इसी परम्परा को गुप्त जी ने आगे बढ़ाया। उन्होंने संस्कृत में भास रचित 'स्वप्न-वासवदत्तम' और 'दूतघटोत्कच' का अनुवाद खड़ी बोली में किया। फिट्जररेल्ड कृत उमर-खैय्याम की रूबाइयों का अंग्रेजी से हिन्दी में गुप्त जी ने प्रसिद्ध कला-मर्मज्ञ रायकृष्णदास की सहायता से अनुवाद किया। लेकिन बंगला अनुवादों ने गुप्त जी को भीतर से झकझोरा है। इन अनुवादों का प्रभाव-संस्कार उनीक सृजनात्मकता पर काफी दूर तक पड़ा। एक प्रकार से नायिका-प्रधान रचनाओं

की प्रेरणा-भूमि यही अनुवाद-कर्म कहा जा सकता है। उर्मिला, यशोधरा, विष्णुप्रिया आदि की दिशा का संकेत 'विरहिणी ब्रजांगना' 'वीरांगना' ही थे। 'रत्नावली' और 'लीला' की मनोभूमिका भी इन्हीं रचनाओं के आस-पास रही है।

नवजागरण का काव्य कैसा हो ? इस चिन्ता ने गुप्त जी को शुरू से ही बेचैन रखा है। उनके लेख 'हिन्दी कविता किस ढंग की हो ?' सन् 1914 ई० 'सरस्वती' पत्रिका से ज्ञात हो जाता है कि वे लोक-जीवन को प्रबुद्धता प्रदान करनेवाली कविता चाहते थे। अपनी इसी इच्छा को प्रकट करते हुए लिखा है कि हिन्दी की प्राचीन कविता में "नूपुरों का रव ही उसमें अधिक सुन पड़ता है और तरह की ध्वनियाँ कम सुनाई देती हैं। उनमें आवेग हो सकता है, पर संयम नहीं। असंयम अवश्य है। ऊपर से वह मधुर अवश्य हुई, पर उसके भीतर ही भीतर एक ऐसी चीज है जो हृदय को अवश कर देती है। उससे हमारी नाड़ियों में जीवनी-शक्ति नहीं दौड़ती। हाँ, रक्त-संचालन का वेग वह अवश्य बढ़ा देती है। शब्द-सम्बन्धिनी विभूति उसमें अवश्य है पर उन भावों की सहानुभूति विरल है। लोकानुभूति तो और भी विरल है।" इस कथन में गुप्त जी का पूरा जोर 'लोकानुभूति' पर है—काव्यानुभुति, जीवनानुभूति का पर्याय है जिसमें 'सर्वसाधारण' की व्यथा-कथा कही गई है। गुप्त जी के काव्य का यही आदर्श उनके सृजन में सर्वत्र रहा। इसी विचार-भूमि को छायावादोत्तर कविता में व्यापकता से आदर मिला है। आज की कविता 'सम्प्रेषणीयता' की समस्या से (जटिल भाव-विधान) से जूझ रही है—पर गुप्तजी ने भाषा की सहजता और भाव की साधारणीकरण क्षमता से सम्प्रेषणीयता की इस समस्या को हल कर लिया था। गुप्त जी की लोकप्रियता का सबसे बड़ा कारण था—उनकी कथ्यगत स्पष्टता, अभिव्यक्तिगत उज्ज्वलता और लोक-भाव-भूमि का दृढ़ता से ग्रहण। इस काव्य की साधारणीकरण-क्षमता अद्‌भुत है। 'साकेत' में प्रबन्ध-वक्रता, प्रकरण-वक्रता का कमाल दिखाने पर भी गुप्तजी लोक-भाव से से निष्पन्न रस पर ही केन्द्रित रहे। फिर प्रबन्धात्मकता में यह कवि कथान्विति खण्डित नहीं होने देता। कथा-रस की पहचान उन्हें काफी गहरी थी और इस पहचान को खोकर आज की कविता अपना बड़ा नुकसान कर रही है। प्रसाद की कामायनी' कितनी ही उदात्त-कृति क्यों न हो, पर वह कुछ बौद्धिकों के लिए ही है—जबकि गुप्तजी के कथाकाव्य 'पंचवटी' 'जयद्रथवध' सिद्धराज' 'यशोधरा' और 'साकेत' पर जन-सामान्य का मन बहुत-बहुत रीझता रहा है। गृहणियों ने इन कथाकाव्यों पर अपने हाथ की हल्दी के निशान लगाए हैं—चाव से पढ़कर जीवन को जीने की नयी शक्ति पाई है। 'भारत-भारती' और 'साकेत' ने हिन्दी को जितने पाठक दिए हैं उतने पाठक आधुनिक कविता के बहुत कम कवि दे

सके हैं। क्रान्तिकारी हो या कम शिक्षित व्यक्ति वह आज भी गुप्त को समझता-सराहता है। अतः प्रेमचन्द और मैथिलीशरण गुप्त की लोकप्रियता आज भी अपनी विशेष अर्थवत्ता रखती है।

आधुनिक भारतीय कविता पर गुप्त जी ने पूरी तरह ध्यान दिया था और उनकी दृष्टि में बंगला की आधुनिक कविता का महत्व कौंधता रहा है। उन्होंने लिखा है कि "कवियों ने थोड़े ही समय में मेघनादवध, वृत्रसंहार और पलासीर युद्ध जैसे काव्य-ग्रन्थ लिख डालें हैं। यही नहीं, श्री रवीन्द्रनाथ ठाकुर ने अपने कवित्व बल से सारे सभ्य संसार को चकित करके दिखला दिया है कि यदि भारतीय कवित्व-शक्ति का प्रयोग उचित रीति पर हो तो अब भी उसकी समता कोई देश नहीं कर सकता। उद्योग से हम भी ऐसा ही कर सकते हैं। परन्तु हम तो अभी यही विचार कर रहे हैं कि हिन्दी कविता किस ढंग से हो! खैर, यही गनीमत है।" गनीमत इसलिए कि हिन्दी के रचनाकारों में नये ढंग से सोचने और रचने का जोश तो पैदा हुआ ही था। इसी जोश ने मैथिलीशरणगुप्त की पीठ पर निराला और प्रसाद को पैदा किया। इन कवियों ने हिन्दी के भक्त-कालीन कवियों की शक्ति को पहचानते हुए परम्परा को आगे बढ़ाया। गुप्त जी यह सब देखकर ही रीतिकाल के भाव-बोध से समझौता न कर सके। रीतिकाल का वीररस भी उन्हें लुभाता न था। गुप्त जी का मत है कि "कितने ही कवियों ने अपने आश्रय दाताओं के विषय में वीर रस की कविता की है, पर वे प्रायः शब्दाडम्बर के पीछे ही पड़े रहे हैं। उनकी भाषा बनावटी है। कानों को कोंचने वाली परुष पदावली उसमें अधिक दिखाई देती है, पर हृदय को उत्तेजित करने वाली सामग्री उस में बहुत कम। वही वागाडम्बर वही घटाटोप और वही कृत्रि-मता उनके वीरों के कार्य कौतुकी वीरों के से कार्य जान पड़ते हैं। शस्त्रों की झंकार आपको बहुत सुन पड़ेगी, पर क्या हृदय की वास्तविक हुंकार भी सुनाई देगी। बहुत कम। ××× उसमें कौशल हो तो हो, पर सरलता और कृत्रिमता नहीं। वाक्य-विन्यास हो पर स्वाभाविकता नहीं। इसी से जीवनी शक्ति भी नहीं।" कविता की वागाडम्बर, जटिलता, कृत्रिमता, आलंकारिता आदि कला-वादी-सामन्तवादी प्रवृत्तियों से गुप्तजी ने शिक्षा यह ली थी कि वे अपनी कविता को इन दोषों से भरसक बचाते रहे। गुप्त जी के काव्य-मर्म की यह पहचान आ० शुक्ल को बहुत अच्छी तरह से रही है। उन्होंने श्रीधर पाठक के लिए लिखा—"पाठक जी का सम्बन्ध भी लोग खड़ीबोली के साथ ही अकसर बताया करते हैं। पर खड़ीबोली की कविताओं की अपेक्षा पाठक जी की ब्रजभाषा की कवि-ताएं ही अधिक सरस हृदयग्राहिणी और उनकी मधुरस्मृति को चिरकाल तक बनाये रखने वाली हैं।" (हि० सा० इतिहास-पृ 559 ते० सं०) और महावीर प्रसाद द्विवेदी में शुक्ल जी को 'खड़ी बोली के पद्य विधान में' भाषा की 'बहुत

कुछ' सफाई दिखाई दी। पर काव्य-भाषा 'गद्यवत' ही रही। मैथिलीशरण गुप्त के प्रथम काव्य-संग्रह 'रंग में भंग' पर ध्यान देकर आचार्य शुक्ल ने लिखा— "पहले पहल हिन्दी-प्रेमियों का सबसे अधिक ध्यान खींचने वाली उनकी 'भारत भारती' निकली।" उसने व्रजभाषा-प्रेमियों के सामने खड़ीबोली की उपयुक्तता अच्छी तरह सिद्ध कर दी।" आगे लिखा—"गुप्त जी की प्रतिभा की एक बड़ी विशेषता हैं—कालानुसरण की क्षमता। अर्थात उत्तरोत्तर बदलती हुई भावनाओं और काव्य-प्रणालियों को ग्रहण करते चलने की शक्ति। इस दृष्टि से हिन्दी भाषी जनता के प्रतिनिधि कवि ये निसन्देह कहे जा सकते हैं। भारतेन्दु के समय से स्वदेश की भावना जिस रूप में चली आ रही थी उसका विकास 'भारत-भारती' में मिलता है। इधर के राजनीतिक आन्दोलनों ने जो रूप आज धारण किया उसका पूरा आभास पिछली रचनाओं में मिलता है। सत्याग्रह, अहिंसा, मनुष्यत्ववाद, विश्व-प्रेम, किसानों और श्रम जीवियों के प्रति प्रेम और सम्मान, सबकी झलक हम एकसाथ पाते हैं।" (हि० सा० का इतिहास पृ 5 ‧8)

गुप्त जी के काव्य-विकास के चरण हिन्दी-काव्य-भाषा के विकास और अभिव्यक्तिगत सफाई का अन्तः प्रमाण जुटाते हैं। इन विकास-चरणों में खड़ीबोली के पद्यों की मसृणबन्ध रचना पाठक को सम्मोहित कर लेती है। रूखी, गद्यवत, इतिवृत्तात्मकता का 'भारत-भारती के बाद की रचनाओं में विघटन हो जाता है। 'साकेत' और 'यशोधरा' का प्रबन्धत्त्व निर्दोष नहीं है पर इन में सृजनात्मक काव्यात्मकता और काव्य-भाषा की रचना-धर्मिता का विकास दृष्टिगत होता है। ध्यान रखना होगा कि इसी प्रबन्धत्व की नींव पर बाद में निराला ने 'तुलसीदास' लिखकर प्रबन्धत्व-काव्यत्व और नाटकीयत्व तीनों का कीर्त्तिमान स्थापित किया ! गुप्त जी के 'साकेत' और 'यशोधरा' की प्रबन्धात्मकता इसलिए भी टूटती रही कि इस काल में गुप्त जी के भीतर छायावाद के प्रगीत भारी जोर मार रहे थे। इन प्रगीतों की आत्माभिव्यक्ति ने कथाभिव्यक्ति को हर बार इन कृतियों में पछाड़ कर रख दिया है। पर इसमें दोष गुप्त जी के कवि से ज्यादा उस परिवेश का है –जिसमें इन कृतियों का जन्म हुआ था। कविता इसी अर्थ में परिवेश की पुकार होती है और परिवेशगत तनाव की ऊर्जा से ही फूट-फूट पड़ती है। 'साकेत' के प्रगीतों में चाहे छायावादी रंगत से व्यंजना-वैचित्र्य आया हो—पर वियोग की 'नाना अन्तर्वृतियों का विस्तार' बड़ा आकर्षक है। जीवन-जगत के व्यक्त सौन्दर्य की यह झलक शुक्ल जी को भाती रही है। "गुप्त जी वास्तव में सामञ्जस्यवादी कवि हैं, प्रतिक्रिया का प्रदर्शन करने वाले अथवा मद में झूमने (या झुमाने) वाले कवि नहीं। सब प्रकार की उच्चता मे प्रभाविन होने वाला हृदय उन्हें प्राप्त है। प्राचीन के प्रति पूज्यभाव और नवीन के प्रति उत्साह, दोनों इनमें है।" परम्परा और आधुनिकता का यह

मधुर सामञ्जस्य ही गुप्त जी की सच्ची प्रासंगिकता है।

'साकेत' 'यशोधरा' 'जयभारत' आदि कृतियों के अमर रचनाकार गुप्त जी इतने सिद्धहस्त रसयुक्त कथाकार है कि पाठक का ध्यान लगातार कथा की ओर आकृष्ट रहता है। फिर वे कथा मात्र नहीं कहते, कथा के माध्यम से वह सब कुछ भी कहते हैं जिसकी एक समर्थ रचनाकार से सदैव अपेक्षा रहती है। वे ऐतिहासिक-पौराणिक कथा और पात्रों को अनाड़ीपन से विकृत नहीं करते, उन्हें नया व्यक्तित्व दे देते हैं। उर्मिला, कैकेयी, सीता, यशोधरा, विष्णुप्रिया, रत्नावली आदि उनके ऐसे ही पात्र हैं—इन पात्रों में वर्तमान सुधार-आन्दोलनों की छाया के साथ मानवत्व का बड़ भारी विकास पाया जा सकता है। इनका आदर्शवाद, व्यक्तिवाद की उपज न होकर व्यापक मानववाद की ओर उन्मुख रहता है। अपने व्यक्तिगत हितों और स्वार्थो के बलिदान के लिए इन पात्रों में सदैव एक संकल्प शक्ति पाई जाती है। मूलतः यह संकल्प-शक्ति ही भारतीय सांस्कृतिक बोध का परिष्कार जान पड़ती है।

कथ्य और काव्य-रूप के साथ कोई भी कविता छन्द से ही अपना नयापन निष्पन्न कर पाती है। छन्द कविता के कान होते हैं और इनमें अभाव या त्रुटि आ जाने से पूरा काव्य बहरा हो जाता है। यह बहरापन गूंगेपन को जन्म देता है। ऐसी स्थिति में कवि को छन्द के प्रति बड़ा ही सावधान रहना चाहिए। तुलसी दास ने 'विनय पत्रिका' में नये से नये छन्द प्रयोग किए थे जो काव्य की महिमा का विस्तार करते थे। आधुनिक काल के आरम्भ में यही कार्य भारतेन्दु ने किया। इसी परम्परा को आ० महावीर प्रसाद द्विवेदी ने नये चिन्तन से महत्व-प्रतिष्ठा दी, जिसका सर्वाधिक अनुमोदन उन्हें मैथिलीशरण गुप्त और निराला से प्राप्त हुआ। आ० द्विवेदी ने लिखा—"हम समझते हैं कि दोहा, चौपाई, सोरठा, घनाक्षरी, और सवैया आदि का प्रयोग हिन्दी में बहुत हो चुका। कवियों को चाहिए कि यदि वे लिख सकते हैं तो इनके अतिरिक्त और छन्द भी वे लिखा करें।" आ० द्विवेदी अतुकान्त छन्द के लिए जीवन भर आन्दोलन चलाते रहे। संयोग और सौभाग्य की बात यह है कि मधुसूदन दत्त पर आ० द्विवेदी से कम आस्था गुप्त जी की नहीं है। यह सच है कि गुप्त जी की इस आस्था के मूल में प्रेरणा गुरु आ० द्विवेदी ही हैं। आ० द्विवेदी की प्रेरणा से ही गुप्तजी ने अनुकान्त-छन्द में 'वीरांगना' और 'पलाशेर युद्ध' का अनुवाद किया था। बंगला का पयार छन्द चौदह वर्णों का था—पर गुप्तजी ने पन्द्रह वर्णों की पंक्ति को अतुकान्त का आधार बनाया। बाद में निरालाजी ने घनाक्षरी को तोड़कर मुक्त-छन्द लिखा। छन्द-प्रयोग के काव्य-इतिहास में यह सबसे बड़ी क्रान्ति थी। किन्तु गप्त जी का छन्द-प्रयोग-कार्य भी कम प्रगतिशील नहीं था। गुप्त जी ने लिखा—"हिन्दी में अतुकान्त कविता का कुछ-कुछ प्रचार हो चला है; पर शायद

अब भी एक बड़ा समुदाय उसे पाने के लिए प्रस्तुत नहीं। अभ्यास से ही उसकी ओर लोगों की रूचि बढ़ेगी। ××× बंगाल की बात ही क्या, जिस मिल्टन कवि के आदर्श पर मधुसूदन ने इस तरह की कविता लिखी है, सुना है, पहले-पहल अंग्रेजी के साहित्य सेवियों ने उसका भी विरोध किया था।" मिल्टन का प्रभाव ही मधुसूदन पर आया था। मधुसूदन का विरोध बंगला में भी हुआ। किन्तु ईश्वरचन्द विद्यासागर और रामकृष्ण परमहंस जैसे भारतीय नवजागरण के सांस्कृतिक दूतों ने मधुसूदन का साथ दिया था। हिन्दी में आ० द्विवेदी के साथ थे—मैथिलीशरण गुप्त। गुप्त जी ने तुकान्त कविता की रूढ़ परम्परा का विरोध करते हुए लिखा—"जो लोग यह कहते हैं कि अनुप्रास नई सूझ पैदा करते हैं, वे कृपा कर इस विषय में फिर विचार करें। अनुप्रास नई सूझ पैदा करते हैं—यह कहना किसी कवि का अपमान करना है।" "बहुधा ऐसा होता है कि अनुप्रास के लिए भाव भी बदल देना पड़ता है। शब्दों के तोड़-मरोड की तो कोई बात ही नहीं। कभी-कभी अनावश्यक और अनर्थक पद का प्रयोग करने के लिए भी विवश होना पड़ता है। यह कविता के लिए ठीक प्रतिकूल होता है। जो बात गौण होती है उसे प्रधानता देनी पड़ती है और और जो प्रधान होती है उसे गौण बनाना पड़ता है। कवि के स्वाभाविक धारा-प्रवाह को धक्का लगता है कि सारा रस चल विचल हो जाता है।" इस अनुभव से गुजरकर ही गुप्त जी ने यह सत्य पाया था। गुप्त जी तो तुकबन्दी के चक्कर में 'तुकाराम' नाम से बदनामी भी सहते रहे हैं। पर वे सत्य के सामने झूठ नहीं बोल सकते थे। कारण—"तुक एक कृत्रिमता है, जहाँ तक कानों का सम्बन्ध है वह भले ही अच्छी मालूम हो; किन्तु हृदय को हिला देने वाली वस्तु दूसरी ही होती है। जो अतुकान्त कविता को बेतुकी कहकर उसकी हँसी उड़ाते हैं उन्हें याद रखना चाहिए कि वाल्मीकि, व्यास और कालिदास ने क्या तुकबन्दी नहीं की।"

'रंग में भंग' की काव्यात्मकता में जो आरम्भिक अनगड़पन था। उसमें 'साकेत' तक आते-आते भराव और मँजाव आया है। धीरे-धीरे गुप्तजी का सांस्कृतिक संवेदन जड़ से हरा-भरा हो उठता है और भारतीय इतिहास और काव्य-बोध की जातीय-प्रतिभा कवि-कर्म को भीतर से संस्कारित कर उठती है। 'भारत-भारती' की राष्ट्रीय संवेदना का ताप घटता नहीं, उत्तरोत्तर उसमें तीखापन आता जाता है। उसमें हमारा समूचा सांस्कृतिक-राष्ट्रीय नवजागरण कवि-संवेदना की नोक में सीधे विंधने लगता है। यह प्रक्रिया 'साकेत' 'यशोधरा' तथा 'जयभारत' में ज्यादा गहराई से अनुभव की जा सकती है। हरिऔध, श्रीधर पाठक, रामनरेश त्रिपाठी, नाथूराम शर्मा शंकर और सियारामसरण गुप्त में युग-परिवेश की संवेदना, मैथिलीशरण गुप्त जितनी पकाव-मँजाव के साथ नहीं आ पाती। इस काव्य-संवेदना का विकास माखनलाल चतुर्वेदी, बालकृष्ण शर्मा

नवीन, प्रसाद और निराला में अवश्य दिखाई देता है। मैथिलीशरण गुप्त का मन युग की हर घटना से रगड़ खाकर आग पैदा करना है—वह आग जिसकी खुराक पर पलकर प्रासंगिक कविता बड़ी होती है। गुप्तजी का 'सांस्कृतिक-बोध और इतिहास-बोध द्विवेदी-युगीन सभी कवियों में सबसे ज्यादा उत्तेजक, उर्बर और प्रभावी है। फलतः संवेदना, चिन्तना और कवि-कर्म की स्थितियाँ एक-दूसरे से विच्छिन्न नहीं होने पाती। जिस आत्म-विश्वास के साथ भारतेन्दु के बाद मैथिलीशरण गुप्त और गुप्तजी के बाद छायावाद के कवि जातीय-प्रतिभा से अपना रचनात्मक-सृजनात्मक रिश्ता कायमकर सके। वह आज की कविता में विशेषकर स्वतंत्रना-प्राप्ति के बाद की कविता में बहुत कम नसीब होता है। नयी कविता, साठोत्तरी कविता मोहभंग, अनास्था, विसंगति विद्रूपता, आत्मनिर्वासन और आत्मपराथेपन के चक्कर में फँसकर कराहते मानव की कविता है। इस नयी कविता के विपरीत गुप्तजी की कविता मानव की जय-यात्रा है, आस्था का रम्यलोक है। मैथिलीशरण गुप्त और जयशंकर प्रसाद ने अपनी संस्कृति के आत्म-साक्षात्कार से जो केन्द्रीय-स्थिति हिन्दी-कविता और कवि को दिलाई थी, उसे अज्ञेय, भवानी प्रसाद मिश्र, मुक्तिबोध आदि कुछ कवियों को छोड़कर अन्य कवि सम्हाल नहीं सके। अधिकांश की जेबें तो पश्चिमी संस्कृति की भागती रेलगाड़ी में ही कट गईं।

नवजागरण ने धक्के से आत्मालोचन की ओर जीवन और काव्य को एक साथ प्रवृत्त कर दिया था। पुनरुत्थानवादी, संशोधनवादी दृष्टियाँ भी अपना मोथरापन खोकर धार दमकाने लगीं। स्वामी दयानन्द, तिलक और गान्धी इतिहास के प्रवाह को ठीक से समझाना चाहते थे—वही चिन्तन-शक्ति में मैथिलीशरण गुप्त में काव्य-प्रेरणा बन गया। आर्य-गौरव-गान के मूल में श्रेष्ठता से ज्यादा जातीय-जागरण का स्वर था और यही स्वर 'भारत-भारती' के सांस्कृतिक-छिद्रों में बाँसुरी बनकर बजता है। इसी स्वर पर गुप्त जी के बाद रामधारीसिंह दिनकर और माखनलाल चतुर्वेदी फिदा हो जाते हैं।

नवजागरण में रामकृष्ण परमहंस, विवेकानन्द और अरबिन्द ने उपनिषद्, गीता, रामायण-महाभारत, वैष्णव और शाक्त परम्पराओं को ज्यादा टटोला और पाया कि अभी भी उनमें नया-विचार-स्पन्दन धड़क रहा है। इसीलिए अपनी उस परम्परा के पुनर्विचार का ध्यान उन्हें बार-बार मथता रहा और इसी ने उन्हें नया ज्ञान-प्रकाश भी दिया। समूची परम्परा से समग्रता में साक्षात्कार का जो प्रश्न था—उसने मैथिलीशरण गुप्त को भी खूब मथा। परिणाम यह हुआ कि वे भारतीय-संस्कृति के नवव्याख्याकार-रचनाकार के रूप में सामने आए। इसलिए एक ठेठ भारतीय भाव-बोध मैथिलीशरण गुप्त के काव्य में जज्ब होता गया और इस भाव-बोध की प्रासङ्गिकता आज भी अक्षत

है। पराधीन देश में सवाल अपनी भारतीय-अस्मिता की खोज और इतिहास की आत्मीयता में रमने का था, जिसे गुप्त जी ने एक खास ढंग से पूरा किया। भारतीय इतिहास-पुराण की पुराण कथाओं से भारतीय कवि कितना लाभ उठा सकता है यह मिसाल भी गुप्त जी ने अपने सृजन से पेश की। मजेदार बात है कि वे प्रश्नों के सिंहासन पर प्रश्नों को उत्तर के सिंहासन पर उत्तर के औचित्य-विचार के साथ बैठाते गये।

आधुनिक हिन्दी-कविता के संस्कारक और निर्माता के रूप में मैथिलीशरण गुप्त का ऐतिहासक योगदान स्मरणीय रहेगा। उनकी आरम्भिक काव्य-चेतना पर परिवार से प्राप्त वैष्णव-भावना की छाप रही है। आ० महावीर प्रसाद द्विवेदी और युग के राजनीतिक सामाजिक आन्दोलनों को निकटता से देखने और पचाने पर उनमें नैतिक-सांस्कृतिक-संवेदना के मानव-मूल्य प्रबल हो उठे। इस सामाजिक-सांस्कृतिक, राजनीतिक-नैतिक जागृति को ही उन्होंने अपनी काव्य में अभिव्यक्ति के लिए वरण किया। उनके कवि का युग-बोध इनता सर्जनात्मक रहा कि युग की प्रत्येक हलचल को काव्य-बोध में स्थान सहज ही मिल गया। परम्परागत काव्य-मूल्यों पर उन्होंने नयी विचार-दृष्टि से टिप्पणी की और उसे ही ग्रहण किया जो सामाजिक लोक-मंगल और लोक-जागरण के लिए शुभ प्रतीत हुआ। उनका युग भारतीय इतिहास-धारा के प्रवाह का सबसे तेज दौर था। जिसमें राजनीति के अनेक गरम-नरम, अराजकता से भरे नदी-नद कलकल कर उठे थे—उस युग को अपने भीतर उतार कर गुप्त जी ने युग की नैतिक चेतना को राष्ट्रीय-सांस्कृतिक आधार प्रदान किया।

मैथिलीशरण गुप्त के चेतन-अवचेतन मन में रामायण-महाभारत के लिए गहन आकर्षण है। बौद्ध-युग और पुराण-युग में भी उनका मन रमता है। मुगल-राजपूत काल उनकी चेतना में खिचता चला आता है। एक प्रकार से पूरी भारतीय इतिहास और संस्कृति की परम्परा बिजली की तरह कौंध-कौंध जाती है। यह भारतीय संस्कृति ही गुप्त जी के सृजन की संस्कारात्मक परिणति है। किन्तु यह संस्कृति 'कल्चर' का पर्याय नहीं है और न किसी आर्थिक-भौतिक, आध्यात्मिक लाभ से प्रेरित है। मैथिलीशरण गुप्त संस्कृति को वैदिक-संस्कृति, बौद्ध-संस्कृति पौराणिक, संस्कृति या आर्य-अनार्य संस्कृति में बांट कर खण्ड-खण्ड नहीं देखते। वे भारतीय-संस्कृति की ऐतिहासिकता को समझते हुए उसे एक समग्र भारतीय-संस्कृति के रूप में देखते हैं जिसमें वैदिक, बौद्ध, जैन, भारतीय न जाने कितनी संस्कृतियां मिलकर एक रूप हो गई हैं। संस्कार की प्रक्रिया से एक का दूसरे में रूपान्तरण हो गया है। हमारी निरन्तर रूपान्तरण की सांस्कृतिक प्रक्रिया एक अखण्ड प्रवाह के रूप में रही है। इसी अखण्ड धारा का प्रबाह प्रत्येक कवि-कलाकार, चिन्तक को एक बौद्धिक बल देता रहा है। इस धारा से तटस्थ

रहकर कोई भी धारा का अंग नहीं हो सका। इस बात की गहराई को मैथिलीशरण गुप्त अच्छी तरह समझते हैं। उनका कवि अपनी संस्कृति के अतीत को वर्तमानता देता है, चाहे वह वैदिक-युग की ओर जाएं या बौद्ध युग की ओर। वर्तमान के कई चरण गुप्त जीं ने देखे थे उनका शैशव पुनरुत्थान काल में बीता, यौवन सुधार-आंदोलनों के विचार-ताप से उदीप्त हुआ, प्रौढ़ावस्था गांधी के जन-जागरण में और शेष-जीवन नेहरू-युग के प्रजातान्त्रिक मूल्यों में व्यतीत हुआ। इस प्रकार वर्तमान उनके गले से ही पुकार लगाकर शांत नहीं हुआ। उसने हृदय की गहराई में जाकर भी आधुनिक भाव-बोध निष्पन्न किया था। बीसवीं शताब्दी के भारत में जिस सांस्कृतिक राष्ट्रवाद की उत्साह-उमंग जागृत हुई थी—गुप्त जी का काव्य उसका एक समग्र और मुकम्मल बिम्ब है। किसान-आंदोलन हो या विधवा-विवाह की सुधार भावना, नारी-जागरण का प्रश्न हो या अतीत का गौरव गान, ब्रिटिश-साम्राज्यवाद-विरोध हो या गांधी या प्रचलित आन्दोलन, स्वाधीनता-प्राप्ति का उल्लास हो या राजभाषा का प्रश्न, चीन का आक्रमण हो या मजदूरों की आर्थिक-समस्या, साम्प्रदायिकता के विरुद्ध आवाज हो या हरिजन समस्या या कोई भी सामाजिक बुराई गुप्तजी का रचनाकार उससे पूरे दायित्व के साथ जूझता रहा। 'इस भूतल को ही स्वर्ग बनाने आया' का काव्योंचार ही इस राष्ट्रकवि के प्राणों की पुकार रही हैं। भारतीय जीवन के तीर्थ-त्यौहार, पर्व, प्रथाएं, गाहर्स्थ परम्पराएं, भक्ति, ज्ञान, कर्म चर्चा, सगुण-निर्गुण, अवतारवाद वैष्णव-चिन्तन आदि सभी पर वे गहन सांस्कृतिक कार्य से विचार करते हैं। उनके लिए रचना-कर्म सांस्कृतिक-प्रक्रिया का सहज पर्याय है। 'भारत-भारती' के रूप में वे एक आधुनिक गीता ही रच गए हैं। कहना न होगा कि गुप्तजी का सृजन कर्म भारतीय-अस्मिता और जातीयता का वृहत्तर-विस्तार है। इतना व्यापक-विस्तार-भारतीय भाषाओं में राष्ट्रीय सांस्कृतिक चेतना के समृद्ध कवियों में बहुत कम मिलता है। आज पश्चिमी विचार-धारा के प्रभाव-दबाव, और आधुनिकता के अन्धेपन में जो लोग गांधी विचार-दर्शन को पलायन कहकर हंसते और व्यंग्य करते हैं वे ही गुप्त जी के शब्द में रचे-बसे गांधी-विचार से सहमत नहीं होते। उन्हें ही इसमें सब कुछ गया गुजारा दिखाई देता है। ऐसे लोगों को भारत का कुछ भी प्रासङ्गिक नहीं लगता। पश्चिम का हर कच्चा माल सोना दिखाई देता है। अत: पश्चिमी निगाह से भारत और गांधी को देखने की जरूरत नहीं है। जरूरत है हम भारत की निगाह से भारत तथा पश्चिम पर विचार करें। क्योंकि गांधी-युग की चेतना ने गुप्त जी को ही नहीं, प्रेमचन्द और प्रसाद को भी मथा है। छायावाद तो गांधी-विचार दर्शन की काव्याभिव्यक्ति ही है छायावाद के प्राणों की मुक्ति आकांक्षा युग-परिवेश के भीतर से ही प्रस्फुटित हुई थी और इसी मुक्ति

आकांक्षा ने 'साकेत', 'यशोधारा' की रचना प्रक्रिया को, चरित्र-योजना और प्रगीतकला को सीधे प्रभावित किया है। गुप्त जी के साथ यहां गांधी का रिश्ता आवेगात्मक होने के साथ-साथ चिन्तनात्मक भी है। इसलिए यह भाव-ऊष्मा का सृजनात्मक रिश्ता है। युग-संवेदना और इतिहास के जीवन्त-पात्रों से इस कविता का रिश्ता धड़कते प्रतीकों-बिम्बों का आत्मीय संसार वाला है। केवल सुधारवादी आन्दोलनों की बाढ़ में यह कविता अपने पाठक को गर्क नहीं कर देती, बल्कि हमारी जातीय प्राण-शक्ति को भीतर-बाहर से आन्दोलित-उद्वेलित करती है। पर गुप्त जी ने कविता से आत्मोद्बोधन का आत्म-विश्वास सम्पन्न जो सरोकार कायम किया था—वह समकालीन कविता तक आते-आते सूख गया यह अलग बात है और इसके बहुत से अलग कारण भी हैं। यह ठीक बात है कि हमारी आज की परिस्थितियां ज्यादा जटिल और फुफकारभरी हैं—पर हमने समकालीन कविता में अपनी परम्परा पर ठीक से भरोसा भी तो नहीं किया। उसे कमाया नहीं है, पश्चिम का ही अधिक ढोया है। परम्परा एक कल्पवृक्ष है—जो उससे श्रद्धा से मांगा जाता है—वह उसे देता है। इस बात को एक समय में मैथिलीशरण, प्रसाद और निराला ने समझा था और इधर के कवियों में अज्ञेय और भवानीप्रसाद मिश्र ने।

आज भी गुप्त जी के सृजन में ऐसा बहुत कुछ है जो हमारी कल्पना को उत्तेजित कर सके। हमारी युवा भावनाओं को स्फूर्ति दे सके। 'किसान' लिखने के बाद गुप्त जी में भावनाओं का झंझवात थमने लगता है। और 'साकेत' तक आते-आते कवि सपाट बयानी से खिसक कर दूर हुई काव्यात्मकता को लाने लगता है। प्रवृत्ति के द्वारा वह अपनी चेतना को परिभाषित करता है—'अरुण पट झट पहन ऊषा आ गई। मुख कमल पर मुस्कराहट छा गई।' फिर यही कमल ज्ञानात्मक-संवेदना में खिलता जाता है और यही कबि को अनुभूति की एकाग्रता और अर्थान्वेषण की प्रेरणा देता है। गुप्त जी के कथन की सरलता-सहजता ऊपर से थोपी हुई नहीं है, वह उनके अन्तर्जीवन की अनिवार्यतः का संकेत है। वे प्रतीकों से कम, सीधे कथन से अधिक काम लेते हैं। इसलिए काव्यार्थ अमूर्त्त न रहकर मूर्त और गाढ़ा रहता है। अभिव्यक्ति में एक साफ गरिमा रहती है और कला में अंलकरण प्रवेश नहीं कर पाता। शब्दों के रूप-रंग में दिलचस्पी कम होने से शब्द ठोस और चरित्रवान हैं। समकालीन कविता चरित्रभ्रष्ट शब्दों का ढेर लगा रही है पर गुप्त जी इन शब्दों के शोर से एकदम अछूते कवि हैं। उनके शब्दों की आंखों में, व्यक्तिवाद की घृणा नहीं है, करुणा और शील का ममत्वभरा है। वे हमें देखते हैं और अपना बना लेते हैं। गुप्त जी अन्तर्मुखी नहीं होते, बहिर्मुखी रहते हैं। इसलिए उनकी कविता आत्माभिव्यक्ति से ज्यादा आत्म-परिष्कार और आत्मोद्बोधन की कविता है।

वह संवेनात्मक अनुभूति और भावनात्मक-संवेनात्मक संवेदना का निचुड़ा हुआ आत्म-रस है जो अन्तर्वृत्तियों को गहरा आत्म-तोष देता है। वे न रहस्यवादी कवि हैं, न बौद्धिक कवि, न कोरे राजनीतिक कवि हैं, न धार्मिक कवि—वे अपने देश और काल में परिव्याप्त सच्चे अर्थों में राष्ट्रकवि हैं। उनमें भारत और भारतीयता की भ्रान्ति या भाव और भाषा की दुरुहता नहीं है, पात्रों में खलनायकों की मक्कारी भरी धूर्तता नहीं है। उनमें तो भावनाओं-संवेदनाओं और विचारों का रसायन हैं। यह रसायन 'मुक्ति-भुक्ति मांगे क्या तुमसे हमें भक्ति दो हे अमिताभ' की चाह से उपजा अमृत-रस है। अतः हमें पाते हैं कि हमारे जातीय-सांस्कृतिक इतिहास की सबसे प्रखर चेतना गुप्त जी में मिलती हैं। 'राम' तुम्हारे इसी लोक में रूप-नाम, गुण 'लीला लाभ' की भारतीय आकांक्षा गुप्त जी को 'इतिहास-बोध' में स्थायी-भाव देती है। यह है कवि रूप में गुप्तजी की महत्वाकांक्षा। आप चाहे तो इसे इतिहास-बोध की सर्जनात्मक प्रेरणा का नाम दे सकते हैं। गुप्त जी कविता नहीं करते—कविता में वस्तु-संवेदना को बोध-संवेदन में अर्थान्तारित करते चलते हैं। सीता, कैकेयी, यशोधरा, लक्ष्मण, राम को बदलते हैं—पर क्यों ? केवल नये जीवनानुभावों के आलोक से मानव को बड़ा बनाने के लिए। संघर्ष करने की जीवन-शक्ति देने के लिए और देवता से ज्यादा मानव की महत्वाकाँक्षी बनाने के लिए। इसीलिए 'साकेत' 'यशोधरा' बासी नहीं पड़ते—उनका एक अर्थवान प्रयोजन आज भी महसूस किया जा सकता है। उनके पात्रों में हमारी संस्कृति का बहुत कुछ निजी। पर संस्कारी-बोध से छन कर आया है। यही उनकी शक्ति है और सीमा भी। किन्तु सीमा, शक्ति से बड़ी नहीं है। भारतीय मनीषा का बोझ गुप्त जी ने प्रसाद, निराला, रवीन्द्रनाथ और अज्ञेय से कम नहीं उठाया है और इस कार्य में उनके चरण डगमगाये नहीं हैं, बल्कि हर डगमगाते चरण को उन्होंने सहारा दिया है। जिस व्यक्ति को आ० महावीर द्विवेदी जैसे धाकड़ प्रेरक गुरु ने तपाया हो, जागरण ने जिसकी आत्मा में आलोक-भरा हो—उसकी कविता मानव-मुक्ति की घोषणा बन कर ही जियेगी।

आज भी यह कविता अनास्था के इस युग में आस्था और स्वाधीनता की मशाल वनकर हर तरह के अंधेरे से जूझने की शक्ति रखती है। इससे बड़ी प्रासङ्गिकता की कसौटी और क्या हो सकती है।

मैथिलीशरण गुप्त : परम्परा और आधुनिकता

हिन्दी-साहित्य में तुलसीदास के बाद मैथिलीशरण गुप्त ही एक ऐसे कवि रहे हैं जिन्हें जनता ने अपना कंठहार बनाया है। आधुनिक भारत के नव-जागरण की चेतना ने उनकी काव्य-संवेदना में भिदकर नया काव्य-संस्कार पाया है। युगप्रवर्तक भारतेन्दु बाबू की सृजनात्मकता से आधुनिक हिन्दी कविता ने कवि-कर्म की एक सही दिशा प्राप्त की थी। भारतेन्दु की राष्ट्रीय-सांस्कृतिक काव्य-दृष्टि का विस्तार और प्रसार मैथिलीशरण गुप्त में हुआ और उनका काव्य नये युग की नयी चेतना का सच्चा वाहक बना। कारण, लोक हृदय में अपने हृदय को लीन कर देने की शक्ति गुप्त जी में जन्मजात रही है। युग की विचारधाराओं, समस्याओं, प्रश्नाकुलताओं और साहित्यिक चुनौतियों ने गुप्त जी को उन्मथित किया है। छः दशकों में फैला उनका कृतित्व लोक-चिन्ता की काव्यभूमि से प्रस्फुटित है और लोक-करुणा की विचारधारा से आप्लावित। सच्चे अर्थों में, गुप्त जी की काव्य-संवेदना में एक पूरी जाति की संवेदना को प्रतिनिधित्व मिला है। इस दृष्टि से यह सृजन भारतीय संस्कृति का महाकाव्यात्मक इतिहास कहा जा सकता है। इस सांस्कृतिक इतिहास को आधुनिक दृष्टि से प्रस्तुत करने के लिए जिस सांस्कारिता, संवेदनशीलता और विवेक-वयस्कता की जरूरत थी वह गुप्त जी में प्रचुर मात्रा में मौजूद रही है।

खरे भारतीय जीवन-मूल्यों की पहचान कराने के लिए उन्हें भारतीय अतीत के समुद्र की गहराई में उतरकर सागर-मन्थन करना पड़ा। वर्तमान की मथानी से उन्होंने प्राचीन काव्य-समुद्र का मन्थन किया और नये से नये काव्य-रत्न पाये। गुप्तजी की काव्य-प्रतिभा की बनावट को समझने के लिए रामायण-महाभारत युग, बौद्ध-जैन-युग, भारतीय इतिहास का मध्ययुग विशेषकर राजपूत-युग तथा आधुनिक भारत के सम्पूर्ण स्वाधीनता-आन्दोलन को बारीकी से समझने की आवश्यता है। भारतीय-संस्कृति और इतिहास की गहन काव्य-समझ के कारण उनके काव्य का फलक बहुत लम्बा-चौड़ा है। अतीत में

उनका मन घूमता रहता है, पर वे अतीत के नहीं हो जाते। वे अतीत को छानकर, कूटकर, पीसकर वर्तमान को देते हैं। अतीत से वर्तमान का इतना घनिष्ठ संवाद उनकी कविता में निरंतर मिलता है कि वे दोनों को मिलाने वाले सेतु हैं महाभारत-काल इस कवि के लिए कथा-प्रेरणा स्रोत होने के साथ ही काव्य-संस्कार दिखाई देता हैं और रामायण भी। रामायण-महाभारत के साथ उनका इतना गहरा अनुराग हैं कि वह एक पल के लिए भी ढीला नहीं होता। वह तो जहां तक संस्कारिक चेतना का संबंध है अवचेतन और सामूहिक अवचेतन के संस्कारों से उमड़-घुमड़कर बादल की तरह तनता-बरसता रहता है। वैदिक-युग, बौद्धकाल और राजपूत-काल का मोह भी उनके साथ रहता है और वर्तमान की युग चेतना का आधार तो उनकी संवेदना के केन्द्र में रहता ही है। वर्तमान को साथ लेकर ही वे गौरवमय अतीत की झांकियां दिखाते हैं।

उनका कवि-कंठ ब्रजभाषा में फूटा था और 'रसिकेन्द्र' तथा 'मधुप' उप नामों से उन्होंने कविताए लिखी हैं। किन्तु उन्हें शीघ्र ही यह बोध हो गया कि नवयुग की चेतना को वाणी देने में ब्रजभाषा सर्वथा असमर्थ हो गई है। नये युग की चेतना और वेदना को नयी काव्य-संवेदना में ढालने का कार्य ब्रजभाषा नहीं, खड़ीबोली ही कर सकती है। खड़ीबोली ही नये लोक-जागरण की काव्य-भाषा बन सकती है, इस पहचान के साथ वे पूरी शक्ति से खड़ीबोली में काव्य-रचना की ओर प्रवृत्त हुए। खड़ीबोली को लेकर उनका बड़ा विरोध और उपहास भी किया गया। किन्तु अपने विरोधियों का उन्होंने बड़े धैर्य से सामना किया। अन्तत: जीत गुप्त जी की ही हुई। खड़ीबोली गुप्त जी के कन्धों पर बैठकर पली और उनकी ही अंगुली पकड़कर पैदल चली, दौड़ी-समर्थ बनी। अत: आधुनिक हिन्दी के काव्य-निर्माता के रूप में गुप्त जी का ऐतिहासिक महत्त्व सदैब अमर रहेगा। भारतेन्दु कालीन सृजनात्मकता में नवजागरण के देश व्यापी प्रभाव के कारण जिस आधुनिकता का बीजारोपण हुआ था उसका पल्लबन और विकास गुप्त जी की काव्य-संवेदना में हुआ। भारतेन्दु-कालीन सृजनात्मकता में सामन्ती रीतिवाद के जो अवशेष रह गए थे उन्हें गुप्त जी के रीतिबिरोधी अभियान ने ही निस्तेज किया। उन्होंने क्रोध में गरजते हुए लिखा—

"प्रिय चन्द्रवदन की चटक नहीं हो जिसमें,
नागिन-सी लट की लटक नहीं हो जिसमें,
भ्रू और दृगों की मटक नहीं हो जिसमें,
मन्मथ महीप का कटक नहीं हो जिसमें,
उसको कविता ही नहीं आप बतलाते,
कविराज आपके चरित न जाने जाते।

कविता द्वारा जो बीज आप बोते हैं,
फल उनके विष से अधिक विषम होते हैं।"

गुप्त जी की इन काव्य-पंक्तियों की कवि-दृष्टि ने नयी पीढ़ी कीं आंखें खोल दी और यह कविता इतनी प्रसिद्ध हुई कि राष्ट्रप्रेमी तरुण इसे गाकर झूम उठते रहे। गुप्त जी की ऐसी ही कविताएं 'सरस्वती' पत्रिका में छपकर जन-जन तक पहुंची। आ० महावीर प्रसाद जी ने गुप्त जी की काव्य-प्रतिभा को पनपने का पूरा अवसर दिया। तुलसी के साथ भी महावीर थे और गुप्त जी के साथ भी महावीर रहे। अतः प्रत्येक कठिन पथ ने अपने आप इन्हें रास्ता दिया। क्रांतिकारियों से भी गुप्त जी का आरंभ में सबंध रहा। 'प्रताप' के यशस्वी संपादक गणेश शंकर विद्यार्थी भी गुप्त जी को प्रोत्साहित करते रहे। गुप्त जी की धाक ऐसी जमती गई कि माखनलाल चतुर्वेदी, बालकृष्ण शर्मा नवीन, दिनकर, महादेवी आदि सभी ने उनसे बहुत कुछ सीखा। स्वयं नयी कविता के प्रवर्तक अज्ञेय जी मुक्त-हृदय से गुप्त जी को अपना काव्य-गुरु मानते रहे। ज़ाहिर है कि गुप्त जी ऐसे कवि हैं कि उन्होंने अपने समकालीन कवियों को प्रभावित करने के साथ परवर्ती कवियों को भी बहुत तरह से प्रभावित किया है। रवीन्द्रनाथ ने बंगला में जैसा युगान्तरकारी कार्य किया है—वैसा ही गुप्त ज़ी ने हिन्दी में। आज यह कहना अतिशयोक्ति नहीं है।

गुप्त जी की काव्य-मानसिकता की बनावट में बंगला की नव-जागरण कालीन काव्य-प्रवृत्तियों का सीधा हाथ रहा है। हालांकि इस ओर उन्हें प्रवृत्त आचार्य महावीर प्रसाद द्विवेदी ने ही किया था। माइकेलमधुसूदन ने काव्य के क्रांतिकारी प्रयोगों से लोगों के संस्कारों और अभिरूचियों को बदलने का कठिन काम किया। पर गुप्त जी के मन में भी इस इच्छा के बीज विद्यमान थे और उसी इच्छा से प्रेरित होकर गुप्त जी ने बंगला से 'मेघनाद वध', 'विरहिणी ब्रजांगना' 'प्लासी का युद्ध' 'वीरांगना' का अनुवाद किया। अनुवाद से हम वर्तमान को ही नहीं, अपने अतीत को भी पा सकते हैं। ऐसी स्थिति में उस युग के आगे-पीछे के सभी रचनाकारों ने अनुवाद के महत्व को पहचाना और इस अनुवाद कार्य ने नव जागरण में बड़ी महत्वपूर्ण भूमिका अदा की है। गुप्त जी ने अनुवाद कार्य डटकर किया। उन्होंने संस्कृत के नाटककार भास के 'दूत-घटोत्कच', 'अविमारक', 'अभिषेक' प्रतिमा', 'स्वप्न वासवदत्ता' नामक पांचों नाटकों का हिन्दी अनुवाद किया। व्यास रचित श्रीमद्‌भगवत् गीता का दूसरा अध्याय 'गीतामृत' नाम से हिन्दी में सुलभ कराया। श्री प्रकाश जी के 'सच्ची नागरिकता' विषयक लेखों का पद्य-रूपान्तरण किया। 'रूबाइयात उमर खैयाम' को हिन्दी अनुवाद में ढाला और नयी तर्ज दी। लेकिन इन सभी अनुवादों में गुप्त जी ने सबसे ज्यादा असर माइकेल मधुसूदन दत्त के महाकाव्य 'मेघनाद

वध' का ग्रहण किया। साथ ही इस अनुवाद की एक लम्बी भूमिका भी लिखी। जिसका महत्व आ० शुक्लजी के 'विश्व प्रपंच' की भूमिका की तरह ऐतिहासिक है। 'मेघनाद वध' की भूमिका मैथिलीशरण गुप्त के रीतिविरोधी आंदोलन की धुरी है। बहुत कम लोग जानते हैं कि गुप्त जी एक समर्थ गद्य लेखक और पैने आलोचक भी थे। गुप्त जी का गद्य 'मुंशी अजमेरी' तथा 'श्रद्धांजलि संस्मरण' पुस्तकों में—भारतेन्दु हरिश्चन्द्र, राजेन्द्र बाबू, पंडित नेहरू, नरेन्द्र देव, जयशंकर प्रसाद, बालकृष्ण शर्मा नवीन, अजमेरी और जायसवाल पर लिखे संस्मरणों में संकलित हैं। गुप्त जी ने 'गणेश शंकर विद्यार्थी' पर भी एक सस्मरण लेख लिखा था और जगन्नाथ प्रसाद भानु की काव्य-शास्त्रीय पुस्तक 'काव्य प्रभाकर की 'सरस्वती' में प्रखर आलोचना की थी। यह आलोचना 1912 में 'सरस्वती' के अप्रैल और मई अंकों के छपी थी। दिसंबर 1914 की 'सरस्वती' में गुप्त जी ने लेख लिखा 'हिन्दी कविता किस ढंग की हो?' गुप्त जी के इस प्रकार के संस्मरणों-लेखो को समझने-पढ़ने से उनकी मानसिकता की बनावट का काफी कुछ पता मिलता है कि व आधुनिक चिन्तन की ओर कितनी तजो से प्रवृत्त हुए थे।

'हिन्दी कविता किस ढंग की हो?' शीर्षक लेख में रीतिवादी प्रवृत्तियों का खण्डन करते हुए गुप्त जी ने नवीन युग-बोध के अनुकूल काव्य-सृजन का निवेदन करते हुए लिखा 'नुपूरों का रव ही उसमें अधिक सुन पड़ता है, और तरह की ध्वनियां कम सुनाई देती हैं। उसमें आवेग हो सकता है, पर संयम नहीं। असंयम अवश्य है। ऊपर से वह मधुर अवश्य हुई पर उसके भीतर ही भीतर एक ऐसी चीज है जो हृदय अवश कर देती है। उससे हमारी नाड़ियों में जीवनी शक्ति नहीं दौड़ती। हां, रक्त संचालन का वेग वह अवश्य बढ़ा देती है। शब्द-संबंधिनी विभूति उसमें अवश्य है, पर उच्च भावों की सहानुभूति विरल है। लोकानुभूति तो और भी विरल है।" गुप्त जी ने सर्वसाधारण के साथ कविता का सबंध जोड़ने के लिए 'लोकानुभूति' पर बल दिया है। वह लोकानुभूति एक प्रकार से अध्यात्मवाद-रहस्यवाद से दूर बुद्धिवाद से प्रेरित है। बात यह है कि हिन्दी-प्रदेशों में उमड़ने वाला नवजागरण बुद्धिवाद से प्रेरित रहा है जिसमें रहस्यवाद के चिन्तन का प्रवेश वर्जित था। गुप्त जी इसी बुद्धिवादी नवजागरण की शक्ति से सम्पन्न चिन्तक और रचनाकार हैं। फिर गुप्त जी जिस राष्ट्रीय-सांस्कृतिक भावभूमि पर नवयुग की कविता का लाना चाहते थे—उसका कार्य जनसाधारण क वगैर पूरा होना सभव ही नहीं था। रीतिवाद का खण्डन और नवीन काव्य-चेतना की महत्व-प्रतिष्ठा इसलिए भी जरूरी थी कि रीतिवादी कविता एक विशिष्ट वर्ग की विलासी रूचियों की पूर्तिभर थी—उसमें जनता के प्रति घोर अवहेलना का भाव था। इसी तथ्य

को संकेतित करते हुए गुप्त जी ने लिखा—'कितने ही कवियों ने अपने आश्रय राजाओं के विषय में वीररस की कविता की है, पर वे प्राय: शब्दाडम्बर के पीछे ही जुड़े रहे हैं। इनकी भाषा बनावटी है। कानों को कोंचने वाली परुष पदावली इसमें अधिक दिखाई देती है, पर हृदय को उत्तेजित करने वाली सामग्री बहुत कम। वाह्याडंबर, वही घटाटोप और वही कृत्रिमता।" इसलिए रीतिकालीन कविता में वे शक्ति का अभाव पाते थे। अपने युग की धड़कन को सुन-समझकर गुप्त जी ने कलावाद, सौन्दर्यवाद का खण्डन किया है। 'कला कला के लिए' का नारा उन्हें कभी स्वीकार्य न हुआ। उनके मत से कविता में जीवन को आगे बढ़ाने वाली, मानवता का उद्धार करने वाली नैतिक प्रेरणा अवश्य ही रहनी चाहिए। अंग्रेजी कविता में मैथ्यू आर्नोल्ड ने नैतिकता और क्लासिकल संवेदना के ग्रहण की बात को लगभग इसी ताकत से उठाया है जिस ताकत से हिन्दी में आ० महावीर प्रसाद द्विवेदी ने। इस विचार-प्रेरणा की छाप इस युग के कवियों में गुप्त जी पर सर्वाधिक दिखाई देती है।

गुप्त जी अपने आसपास निगाह डालकर यह भी समझ रहे थे कि बंगला की कविता ने कितनी जोरों से रीतिवाद से मुक्ति का आन्दोलन चलाया है और वह नवजागरण की नवीन स्फूर्ति से नयी दिशा की ओर अग्रसर है। गुप्त जी ने लिखा—"कवियों ने थोड़े ही समय में मेघनाद वध, वृत्र संहार जैसे काव्य ग्रंथ लिख डाले हैं। यही नहीं श्री रवीन्द्रनाथ ठाकुर ने अपने कवित्व बल से सारे सभ्य संसार को चकित करके दिखला दिया है कि यदि भारतीय कवित्व-शक्ति का प्रयोग उचित रीति पर हो तो अब भी उसकी समता कोई देश नहीं कर सकता। उद्योग करने से हम भी ऐसा ही कर सकते हैं। परंतु हम तो अभी यही विचार कर रहे हैं कि हिन्दी कविता किस ढंग की हो। खैर यह भी गनीमत है।' रवीन्द्रनाथ की 'गीतांजलि' का प्रकाशन 1910 ई० में हुआ और इसके दो वर्ष बाद हिन्दी में 'भारत-भारती' का प्रकाशन हुआ। इनसे पूर्व गुप्त जी 'रंग में भंग' और 'जयद्रथ वध' जैसे राष्ट्रीय-सांस्कृतिक चेतना के प्रबंध काव्य प्रकाशित कर चुके थे। हिन्दी-कविता की रीतिवादी रूढ़ियों के प्रति 'भारत-भारती' सबसे बड़ी चुनौती थी और इसलिए इसके प्रकाशन से हिन्दी और हिन्दीतर प्रदेशों में इतनी भारी हलचल हुई कि इसे आधुनिक भारत की गीता कहा जाने लगा। 'भारत-भारती' अंग्रेजी साम्राज्यवाद पर एक प्रकार से वज्र प्रहार थी। जिससे क्रांति की लपट इतनी ऊंची उठी कि फिरंगी शासन भीतर ही भीतर झुलसन महसूस करने लगा। कविता से सामाजिक, राजनीतिक जागृति की शक्ति का इतना प्रबल अहसास 'भारत भारती' से हुआ था कि परवर्ती कवियों के लिए वह दिशा-दृष्टि बन गई। वे ब्रजभाषा प्रेमी जो खड़ीबोली की कविता सुनने को तैयार न थे; विवश होकर 'भारत भारती' की ओर लपके और उसे

सराहा भी। अतः ब्रजभाषा के स्थान पर खड़ीबोली कैसे काव्य-भाषा बन सकी है इसका इतिहास 'भारत भारती' के प्रकाशन के इतिहास से गहराई के साथ जुड़ा हुआ है। गुप्त जी ने सावधानी के साथ लिखा 'राष्ट्रीयता और व्यापकता के लिहाज से बोलचाल की भाषा में कविता लिखना विशेष उपयोगी है। खुशी की बात है कि इसका प्रचार दिनोंदिन बढ़ रहा है और इसके विरोधियों की संख्या घट रही है।" विरोधियों की संख्या क्यों न घटती गुप्त जी खड़ीबोली की सहज काव्यात्मकता को तप से सिद्ध जो कर रहे थे।

हिन्दी-कविता में नवीन विषय-वस्तु के साथ नयी काव्य-भाषा हो और नयी काव्य-भाषा में नया छन्द-विधान जन्म ले, यह प्रयास गुप्त जी ने पूरी शक्ति से जीवन भर किया है। अतुकान्त कविता का समर्थन इसी दिशा की ओर कदम था—"हमारी भाषा में कुछ दिनों से बेतुकी कविता भी होने लगी है। ऐसी कविता यद्यपि अभी बहुत थोड़ी प्रकाशित हुई है, किन्तु यह बात भावी अभ्युदय की सूचक है। अतएव ऐसी कविता लिखने वालों को उत्साह मिलना चाहिए।" छन्द-प्रयोगों की स्वच्छन्दता के प्रति गुप्त जी का उत्साह यहां तक बढ़ा है कि वे साफ कह सकते हैं—"हम समझते हैं कि दोहा, चौपाई, सोरठा, घनाक्षरी, छप्पय और सवैया आदि का प्रयोग हिन्दी में बहुत हो चुका। कवियों को चाहिए कि वे लिख सकते हैं तो इनके अतिरिक्त और छन्द भी वे लिखा करें।" यह कथन मात्र उपदेश नहीं था। स्वयं गुप्त जी ने नये-नये छन्दों का प्रयोग किया। गीतिका-हरिगीतिका आदि छन्द तो गुप्त जी के व्यक्तित्व से इतने जुड़े कि उन्हीं का पर्याय रूप हो गये। गुप्त जी के मन में बेतवा नदी का वेग और विन्ध्य की मुक्तता संस्कार से थी—बुन्देलखण्डी आल्हा के मारू छन्द से वे छके पड़े थे। परिणाम यह हुआ कि आल्हा की लोक लय और चेतना की गति धार ने इनके काव्य में नयी छवियों से जन्म लिया। गुप्त जी के छन्दों में भारत का गांव बोलता है, बुन्देलखन्ड के नदी-वन-पर्वत, लता-पुष्प पादक का संगीत बजता है। वह मस्ती गुनगुनाती है जो इस देश के किसान-मजदूर की आदिकाल से साथी रही है। नये उर्दू छन्दों की बहार भी गुप्त जी को भाती है और वे कहते हैं "आजकल के बोलचाल की हिन्दी (खड़ी बोली) की कविता उर्दू के-से एक विशेष प्रकार के छन्दों में अधिक खुलती है, अतः ऐसी कविता लिखने में तदनुकूल छन्द प्रयुक्त होने चाहिए।" इस प्रकार नये छन्दों के लिए गुप्त जी बड़ा संघर्ष करते हैं। "हमारा यह मत है कि पादान्त में अनुप्रासहीन छन्द भी भाषा में लिखे जाने चाहिए। इस प्रकार के छन्द जब संस्कृत, अंग्रेजी और बंगला में विद्यमान हैं, तब कोई कारण नहीं कि हमारी भाषा में न लिखे जायें। संस्कृत ही हिन्दी की माता है। संस्कृत की सारी कविता-साहित्य इस तुकबन्दी के बखेड़े से बहिर्गत है।

बिना तुकवाली कविता के लिखने अथवा सुनने का अभ्यास होते ही वह भी अच्छी लगने लगेगी, इसमें सन्देह नहीं।" खड़ी बोली कविता के आरम्भ में गुप्त जी ने तुकबन्दी की है और गुप्त जी के जो विरोधी उनका "तुकाराम" कहकर मजाक भी बनाते रहे हैं, उन्हें यह बात समझ लेनी चाहिए कि गुप्त जी चाहे तुकबन्दी में उलझे रहे हों पर वे अतुकान्त कविता की शक्ति से अपरिचित न थे।

नवीन से नवीन कथा-उद्भावना में गुप्त जी बड़े सिद्ध कवि हैं। परिणाम यह हुआ है कि भारतीय नवजागरण की प्रवृत्तियों को काव्यात्मक अभिव्यक्ति में ढालने में उन्हें किसी कठिनाई का सामना नहीं करना पड़ा। भारतीय वैष्णव परंपरा के चिन्तन को नवीन काव्य-बोध में उनकी सृजनात्मक कल्पना ने बड़े ही कौशल से प्रस्तुत कर दिया है। गुप्त जी से पूर्व भारतेन्दु बाबू ने हमारे साहित्य को नवजीवन दिया और उसमें समानुकूल नये-नये भाव भर दिये। भारतेन्दु की इसी शक्ति का अनुकरण गुप्त जी में मिलता है। परिणामतः उनमें कालानुसरण की शक्ति का जन्म हुआ तथा स्वदेशाभिमान और स्वभाषाभिमान का आत्म-गौरवभाव भी आया। गुप्त जी जनजीवन से हीनता के भावों को हटाकर नया तेज लाना चाहते थे। उन्होंने भारतेन्तु हरिश्चन्द्र संस्मरण में लिखा है कि 'परन्तु सैकड़ों वर्षों की पराधीनता ने हमें आत्मग्लानि से भर लिया था। हम पराजित थे और हमें अपना सब कुछ तुच्छ दिखाई देता था। परन्तु किसी भिन्न भाषा के द्वारा इसका निराकरण नहीं किया जा सकता था। अपने भाव भाषा के द्वारा ही हमें अपने विस्मृत रूप का ज्ञान हो सकता था और वही हम में स्वाभिमान जगा सकती थी। हरिश्चन्द्र ने इसे समझा और हिन्दी पर अपना सब न्योछावर कर दिया, यहां गुप्त जी ने जो बात भारतेन्दु हरिश्चन्द्र के लिए कही है वह गुप्त जी लिए भी पूरी तरह से सच है। क्योंकि गुप्त जी ने भी पराधीनता की हीन-ग्रन्थि से जनमानस को मुक्त करने के लिए भारतेन्दु की भांति ही अपना जीवन अर्पित कर दिया। इस दृष्टि से भारतेन्दु की विरासत के सच्चे उत्तराधिकारी गुप्त जी ही ठहरते हैं। भारतेन्दु पर भी अपने पिता श्री की वैष्णव-भावना का रंग गहरा था। दोनों ही संभ्रांत वैश्य परिवारों की उपज थे और दोनों को ही भारतीय नवजागरण की स्वाभिमान तथा मुक्ति भावना ने नये युग का कवि बनाया था। सार-संक्षेप यह कि भारतेन्दु और गुप्त जी में बहुत सी समानताएं हैं, जिनके मूल को समझना चाहिए। आरम्भ में गुप्त जी ने अपने पिता के प्रभाव-प्रेरणा से काव्य-सृजन किया और सूर, तुलसी वाली काव्य-परंपरा में अपने को दीक्षित किया। यह परम्परा दरबारी काव्य-परम्परा से एकदम भिन्न लोकजागरण वाली परंपरा का विस्तार थी जिसमें आत्म-सम्मान की चेतना प्रबल थी। कुछ समय बाद वे आ० महावीर

प्रसाद द्विवेदी के सम्पर्क में आये और उनके व्यक्तित्व का इतना अधिक प्रभाव पड़ा कि उन्हें ही अपना काव्य-गुरु मान लिया। आ० द्विवेदी की प्रेरणा से गुप्त जी रीति-विरोधी अभियान में कूद पड़े। आ० द्विवेदी ने रीतिवाद से चौतरफा युद्ध घोषित किया हुआ था और साहित्य में नवीन निर्माण की चेतना को वे दिशा-दृष्टि दे रहे थे। गुप्तजी ने अनुभव किया कि कविता ऐसी लिखनी चाहिए जो मुरझाए मनों को सींचकर नया बोध दे सके। बस, यही संकल्प गुप्त जी की काव्य-प्रेरणा का मूलाधार बना है। युग के नैतिक-सामाजिक मूल्यों को स्वीकार कर वे देश और काल के अनुरूप सृजन करने लगे। इस समय के राजनीतिक-सामाजिक आंदोलन अपनी पूरी शक्ति से देश को बदल रहे थे। परिणामतः शृंगारी कविता को दबाकर राष्ट्रीय-सांस्कृतिक काव्य-धारा उमड़ पड़ी थी। हिन्दी-कविता में देश-प्रेम का स्वर अन्य सभी स्वरों की तुलना में अधिक शक्तिशाली था। वास्तव में, यह बड़े भारी बदलाव और मंथन का काल था। सामाजिक-राजनीतिक क्षेत्रों के नेता दयानन्द, रामकृष्ण परमहंस, विवेकानन्द, अरविंद, केशवचन्द्र सेन, दादा भाई नौरोजी, विपिनचन्द्र पाल, लाला लाजपतराय, बालगंगाधर तिलक, गोखले और गांधी आदि में नया भारत लाने की पुकार मची थी। दयानन्द के प्रभाव से अयोध्यासिंह उपाध्याय ने 'प्रिय प्रिवास' में समाजसुधार,चेतना को वाणी देने का प्रयास किया, परन्तु वे युग की सम्पूर्ण मानसिकता को काव्यार्थ के स्तर पर शब्द-मूर्त न कर सके। युग के सम्पूर्ण बोध को काव्यात्मक बोध में ढालकर रचने का कार्य गुप्त जी की लेखना से ही संभव हुआ। अपने सभी समसामयिक कवियों की तुलना में गुप्त जी का सृजन युग-बोध के दायित्व को अधिक संभावनाओं से उजागर करता है। राष्ट्रीय सांस्कृतिक चेतना को ही गुप्त जी ने (प्राचीन कथानकों में) काव्य-विषय बनाया। प्राचीन के भीतर से नवीन को उगाना गुप्त जी की प्रतिभा का सबसे बड़ा वरदान था। इसी शक्ति से उन्होंने युग की प्रत्येक नवीन चेतना और प्रवृत्ति को काव्यात्मक अभिव्यक्ति में निखार कर रख दिया। प्रत्येक इतिवृत्त को चाहे वह रामायण-महाभारत से लिया गया हो या पुराण-इतिहास से उसे इतना मार्मिक बना दिया कि पाठक का हृदय रसमय हो उठा। द्विवेदी-युग की नैतिक-दृष्टि का प्रभाव उन्होने अवश्य लिया किन्तु वे कोरे नैतिक-मूल्यों के कवि कभी नहीं रहे। उनकी लेखनी की नोक से युग बोलता रहा, भाषा खेलती-बढ़ती रही और नये पाठक जन्म लेते रहे। उनकी इसी शक्ति को पहचानते हुए महात्मा गांधी ने उन्हें 'राष्ट्रकवि' की सम्मानित उपाधि से विभूषित किया। सच्चे अर्थों में गुप्तजी ने युग-मूल्यों की स्थापना का कार्य कविता में एक लम्बे समय तक किया है। आज समय ने सिद्ध कर दिया है कि उनका कार्य अपने समय के किसी भी सामाजिक-सांस्कृतिक नेता के कार्यों से कम महत्वपूर्ण न था। देश

की राष्ट्रीय-सांस्कृतिक चेतना के विकास और परिष्कार में उनका ऐतिहासिक योगदान है। काव्य-भाषा के रूप में खड़ीबोली की महत्व-प्रतिष्ठा उनके बिना सभंव ही न थी। सच बात यह है कि वे व्यक्ति नहीं, संस्था थे। भारतीय इतिहास के अतीत से वर्तमान का संवाद स्थापित करने में गुप्त जी ने कोई कसर न छोड़ी। इतिहास की शव-साधना ने उन्हें शिव-शक्ति की सिद्धि दी। परिणामता इतिहास-पुराण से उन्होंने जो चाहा, जब चाहा, जहां जैसे चाहा, उन्हें मिलता रहा। उनके भक्त ने उनके कवि को आदर दिया और उनके कवि ने भक्त को। दोनों ही एक दूसरे में समा गए, अभिन्न हो गए। फिर अतीत गरिमा के गायक इस कवि ने भारतीय वर्तमान के कई चरण देखे-जिए थे। उनका बचपन तिलक-युग में बीता-जिसमें स्वतंत्रता और स्वदेशी की पुकार मची थी। इस काल में स्वराज्य, स्वभाषा, स्वदेशी और स्वतंत्रता जैसे शब्द मात्र नारे नहीं थे, बल्कि कर्म-सौन्दर्य और कर्म-पूजा के सिद्धांत-व्यवहार दर्शन थे। इस कवि का यौवन जागरणयुग में आभा मंडित हुआ और प्रौढ़ावस्था गाँधी युग में जीवन का चौथा चरण नेहरू युग में व्यतीत हुआ। आजादी मिलने का उल्लास भी इस कवि को मिला और नेहरू-युग का मोह-भंग भी झेलना पड़ा। आजाद भारत में अंग्रेजी मानसिकता का बना रहना उन्हें भीतर ही भीतर खाता रहा। व्यथित होकर उन्होंने राष्ट्रभाषा के प्रश्न पर अंग्रेजी की वकालत करने वालों को धिक्कारते हुए लोकसभा में एक कविता पढ़ी-अंग्रेजी के सब समर्थकों लो अंग्रेजी बनी रही।' यह कविता कवि-व्यथा के विस्फोट का ऐतिहासिक दस्तावेज है। आरम्भ से अन्त तक गुप्त जी की काव्य-चेतना में संघर्ष का स्वर बुलन्द रहा। लोकसभा के मनोनीत सदस्य हो जाने पर भी उन्होंने सरकार की जन-विरोधी नीतियों से समझौता नहीं किया। जनता की आवाज़ को संसद और सड़क दोनों में उन्होंने भुजा उठाकर फैलाया। एक प्रतिनिधि जनकवि की कड़ी से कड़ी कसौटी पर गुप्त जी इतने खरे उतरते हैं कि श्रद्धा से माथा झुक जाता है। निराला की 'राम की शक्ति पूजा' के हनुमान की भांति वे युग की जानकी को निराशा के चरम क्षण में भी आशान्वित बनाये रहे। अज्ञेय जी ने ठीक कहा है कि 'गुप्त जी संवेदना से ज्यादा निष्ठा और आस्था के कवि हैं।' उनके काव्य में राष्ट्रीय-सांस्कृतिक, धार्मिक-सामाजिक, नैतिक-राजनैतिक सभी पहलुओं का विस्तार से अंकन है। इस कविता में एक छोर पर देश गौरव, अतीत महिमा, फिरंगी शासन के अत्याचार, राजनीतिक आंदोलन की धमक और झंकार, किसान-मजदूर व्यथा आदि है तो दूसरे छोर पर जातिवाद, क्षेत्रीयतावाद, हरिजन समस्या, पश्चिमी नकल के कुपरिणाम, सामाजिक सुधार आंदोलनों का वैविध्यपूर्ण इतिहास है। युग का ऐसा काव्यात्मक इतिहास लिखने वाला कवि आज के समाजशास्त्री, अर्थशास्त्री, इतिहास और संस्कृत-

वेत्ता को उस युग के लगभग सभी संदर्भों और आंदोलनों की नयी सूझ दे सकता है। यही मूल बात है कि गुप्त जी के काव्य की प्रासंगिकता आज भी समाप्त नहीं हुई है। भारतीय जीवन के सांस्कृतिक पक्षों से यह सृजनात्मकता पोर-पोर रंगी हुई है। भारत के तीज-त्योहार, पर्व, परंपराएं, प्रथाएं, लोक-मान्यताएं, वैभव-चिन्तन-धारा के मूल बिन्दु, अवतारवाद, भक्ति, ज्ञान, कर्म की विचारणा, निरकार-साकार-ब्रह्म की साधना भावना, हिन्दू-धम की चिन्तन-भूमि और सभी भारतीय-धर्मों के प्रति आदर-भावना का इस काव्य-चेतना में समग्रता से निवास है। अभिप्राय यह है कि यह काव्य हमारे जातीय इतिहास का रम्यलोक है। भारतीय भाषाओं में रवीन्द्रनाथ, सुब्रह्मण्य भारती, केशवसुत की भांति ही गुप्त जी के काव्य का फलक अत्यन्त व्यापक और भरोसे का है।

गुप्त जी राष्ट्रीय-सांस्कृतिक आंदोलन के प्रतिनिधि रचनाकार हैं। भारतीय मुक्ति-आंदोलन की प्राय: सभी प्रवृतियाँ उनके काव्य में प्रचुरता से विद्यमान हैं। 'रंग में भंग' उनकी प्रथम मौलिक रचना है। इसमें इतिहास से सामग्री लेने के साथ कवि ने उन किंवदन्तियों का भी प्रचुर प्रयोग किया है जो जन-जीवन में लम्बे समय से व्याप्त थी। राजपूत इतिहास की इस कथा में बूंदी और चित्तौड़ नरेशों की कथा को खड़ी बोली में शक्ति से प्रस्तुत किया है। यह खण्डकाव्य अपनी रचना-धर्मिता से 1909 ई० में उनकी काव्य-प्रतिभा और काव्य-भाषा-निर्माण क्षमता का उदाहरण प्रस्तुत करता है। 'विकट-भट' का कथानक भी जोधपुर राज्य के इतिहास से गृहीत है। 'यशोधरा, बौद्ध-इतिहास की अमर गाथा है और नारी-जागरण की प्रेरणा से प्रसूत आख्यानात्मक खण्डकाव्य। 'सिहराज' की ऐतिहासिक कथा में गुजरात के राजा जयसिंह सिद्धराज की कीर्त्ति का यशोगान है। 'कुणालगीत' सम्राट् अशोक के पुत्र कुणाल की करुण कहानी है। इन ऐतिहासिक कृतियों से स्पष्ट है कि गुप्त जी में भारतीय इतिहास के प्रति आरम्भ से अन्त तक बड़ा आकर्षण रहा है। इतिहास को सृजनात्मक कल्पना से वे ऐसे संजोते हैं कि वह वर्तमान की समस्याओं को सामने लाने में समर्थ हो जाता है।

देश की तत्कालीन स्थितियों को प्रत्यक्ष वाणी देने के लिए गुप्तजी ने'भारत-भारती', 'वैतालिक', ,किसान', 'स्वदेश संगीत', 'हिन्दू', गुरुकुल', 'विश्ववेदना', 'अजित', 'अंजलि और अर्घ्य', 'भूमिभाग' और 'राजा प्रजा' जैसी रचनाओं की सृष्टि की है। 'भारतभारती' में भारतीय नव-जागरण का काव्य-सूर्य उदित हो गया है। ध्यान देने की बात यह भी है कि इस रचना के पीछे 'मुसद्दसे हाली' की प्रेरणा भी सक्रिय थी। कवि हाली के इस नव-जागरण-काव्य ने युग को हिला दिया। इस प्रेरणा के साथ ही गुप्त जी ने कैफी के 'भारत दर्पण'

से भी राष्ट्रीयता का नया विश्वास पाया। इन दोनों कौमी नज्मों ने गुप्त जी के देश-प्रेमी मन को नयी दृष्टि दी और वे 'भारतवर्ष में गूंजे हमारी भारती' का आह्वान करने लगे। भारत-भारती' इतनी प्रसिद्ध हुई कि इसे 'आधुनिक भारत की गीता' कहा जाता रहा है। यहां कवि ने अपने पूरे परिवेश को वाणी देकर राष्ट्रकवि के दायित्व का सफल निर्वाह किया। नव जागरण की इसी मानसिकता ने 'वैतालिक' जैसे सौ छन्दों के जागरण गीत को जन्म दिया और किसान के शोषण और उत्पीड़न को 'किसान' काव्य ने खुलकर सामने रख दिया है। एक प्रकार से 'किसान' किसान-समस्या का काव्यात्मक इतिहास है। 'फिजी' द्वीप में बसे भारतीय किसानों की व्यथा ने कवि को कितना आकुल किया होगा आज इसका अनुमान 'किसान' से सहज ही लगाया जा सकता है। ऐसे हीं 'हिन्दू' में जातीय-भावना संकीर्णता से बहुत ऊपर उठकर बोली है और 'स्वदेश संगीत' में भारतीय राष्ट्रवाद का यौवन लहराता है। गुप्त जी हिन्दुओं पर ही ध्यान केन्द्रित नहीं करते हैं, वे युग वैतालिक की भांति 'गुरुकुल' में सिक्ख-गुरुओं का पुण्य स्मरण करते हैं। गुप्त जी के कवि ने मानववाद को सर्वोपरि स्थान दिया है। इसका प्रमाण यह है कि उन्होंने हिन्दू-सिक्ख, मुसलमान आदि सभी के बीच एकता का मंत्र फूका है। 'गुरुकुल' लिखने के लिए गुप्त जी ने डा० वेणी प्रसाद कृत 'महाराज रणजीतसिंह' भाई परमानन्द रचित 'वीर वैरागी' ज्यालादत्त शर्मा कृत 'सिक्खों के दस गुरु' गोकुलचन्द्र नारंग कृत 'सिक्खों का परिवर्तन' शिवनन्दन सहाय कृत 'सिक्ख गुरुओं की जीवनी' आदि का मनोयोग-पूर्वक अध्ययन-मनन किया था। उन्होंने लिखा :—

किन्तु हिन्दुओं से सिक्खों का मुझे विरोध नहीं है इष्ट,
सम्प्रदाय है एक उन्हीं का तत्व खालसा वीर विशिष्ट।
सिक्ख-संघ हिन्दू कुल का ही निजरक्षार्थ संगठन मात्र,
गुरुओं ने समयानुसार ही किए सुशिक्षित अपने पात्र।

'गुरुकुल' पर गांधी-विचार-दर्शन का भी चटक रंग है। गांधी जिस मानव धर्म की स्थापना पर बल देते थे वह यहां रेशे-रेशे में भिदी मिलती है। प्रथम विश्वयुद्ध की लपटों से जो हाहाकार उठा था उसने गुप्त जी से 'विश्व वेदना' लिखवा डाली है। और 'अजित' आत्मकथात्मक शैली में जैन-जीवन के चित्रों का भण्डार भी बड़ी व्यथा से लिखा गया है। 'अंजलि और अर्घ्य' में गांधी जी के निधन पर अश्रु-भीगी विदाई का आत्म-चीत्कार है। गुप्त जी, गांधी विचार चेतना के अटूट कवि रहे हैं। व्यथा से भरे हृदय ने लिखा—

"अरे राम, कैसे हम झेलें अपनी लज्जा उसका शोक ?
गया हमारे ही पापों से अपना राष्ट्रपिता परलोक।"

यह एक ऐसी शोक-गीति है जो गांधी जी के व्यक्तित्व की लगभग सभी

विशेषताओं को सामने ला देती है। गुप्त जी गांधी के साथ सन्त विनोबा के सर्वोदय आंदोलन के भी बड़े समर्थक थे। यह विचार-प्रवाह 'भूमिभाग' के इक्कीस प्रगीतों में उमड़-घुमड़ उठा है। लोकतंत्र के प्रति कवि की निष्ठा का प्रबल विचार 'राजा-प्रजा' काव्य में हुआ है। कवि यहां लोकतंत्र की चिन्ता में प्रजातंत्र में चोरी, अपराध, घूसखोरी, पाप-वृद्धि, अन्याय, नैतिक ह्रास की समस्या को उठाता है। इस कृति से स्पष्ट है कि गुप्त जी जैसे अपने वर्तमान से अतीत को देखते थे वैसे ही अपने वर्तमान से भविष्य को भी देख सकते थे। आज के लोकतंत्र में वे तमाम भविष्य वाणियाँ सच हुई हैं—जो गुप्त जी ने बहुत पहले की थीं।

रामायण और महाभारत के प्रति गुप्त जी का अनुराग इतना अधिक है कि उनका पूरा काव्य-सस्कार इन्हीं के आसपास घूमता प्रतीत होता है। गुप्तजी के काव्व-संस्कारों की मूल धुरी रामकथा के आदर्शवाद में दिखाई देती है। राम-कथा की खोज में वे वाल्मिकि रामायण, महाभारत, बौद्ध जैन गंथ, पौराणिक धार्मिक रामायणों के साथ ललित साहित्य की रामकाव्य-परंपरा में अवगाहन करते हैं। 'साकेत' महाकाव्य में रामकथा का ऐसा नवीनीकरण दृष्टिगत होता है कि आश्चर्यचकित रह जाना पड़ता है! 'उर्मिला' को कवि-कल्पना से नया व्यक्तित्व मिला है और 'कैकेयी को पश्चाताप की अग्नि से पवित्र उज्ज्वल माता का। सीता-राम के चरित्र में युगानुरूप नये संदर्भों-प्रसंगों की मार्मिक व्यंजना की गई है। गुप्त जी ने ईश्वर को लीलावतारी मानव न दिखाकर मानव को ही ईश्वरत्व की शक्ति से मंडित कर दिया है। मानव की महत्व-प्रतिष्ठा दृष्टि ने गुप्त जी को आधुनिक दृष्टि से सम्पन्न कवि बना दिया है। यहां प्रबन्ध-कला और गीत-प्रसंगों की उद्भावना में वे इतने प्रवीण दिखाई देते हैं कि पाठक मोहित होता रहता है। राम-कथा का एक तेजोदीप्त रूप 'पंचवटी' काव्य में अन्तर्व्याप्त है। 'साकेत' की सूर्पनखा-लक्ष्मण कथा का यहां नवीन संवादों से विस्तार है। रामकथा पर ही 'प्रदक्षिणा' की रचना हुई है। यहां राम-जन्म से लेकर राम-राज्याभिषेक तक की कथा है और ऐसा लगता है कि मर्यादा पुरुषोत्तम राम के श्रीचरणों मे अपने भक्तिभाव से निवेदित करने के लिए ही इसे अलग से लिखा गया है। 'साकेत' की सृजन-प्रेरणा में उर्मिला लक्ष्मण की कथा प्रधान थी राम-सीता की कथा गौण। राम-सीता को गौण बनाकर उनका मन जैसे न माना हो और उसकी पूर्ति 'प्रदक्षिणा' से की हो, ऐसा प्रतीत होता है।

महाभारत को आधार बनाकर गुप्त जी ने 'नहुष,' 'जयभारत,' वृक संहार 'जयद्रथ वध,' 'सैरन्ध्री, 'वन वैभव,' 'हिडिम्बा,' 'युद्ध' जैसे छोटे-बड़े काव्य सृजित किए हैं। इनमें 'जयभारत' को तो महाकाव्य पद का अधिकारी माना

जाता है। शेष काव्यों की प्रबंध-पटुता आकृष्ट करती है और वे खण्ड-काव्य के अंतर्गत ही आते हैं। रामायण-महाभारत, ऐतिहासिक-पौराणिक काव्यों के साथ ही गुंप्त जी बहुत सी अन्य कथाओं को भी अपने काव्य का विषय बनाते हैं। ऐसी कृतियों में 'शकुन्तला' 'पृथ्वीपुत्र,' द्वापर,' अर्जन और विसर्जन,' 'काबा और कर्बला' 'रत्नावली' आदि का नाम उल्लेखनीय है। गुप्त जी ने इस्लाम के इतिहास पर दृष्टि डालकर 'काबा और कर्बला' काव्य लिखा है। काव्यन्कला की दृष्टि से यह एक अत्यन्त साधारण कृति है, पर कवि की धार्मिक सहिष्णुता और हृदय की विशालता को व्यक्त करने में बहुत आगे है। हजरत मुहम्मद साहब की कथा का गायन करने से पहले इस काव्य की भूमिका में गुप्त जी ने लिखा-अपने "देश की आन्तरिक सुख-शांति के लिए हमको हिलमिल कर ही रहना होगा। हमें एक दूसरे के प्रति उदार और सहिष्णु होना होगा, एक दूसरे से परिचय और प्रेम बढ़ाना होगा।" इसी प्रेम-सिद्धांत दृष्टि से 'अर्जन और विसर्जन' में मुहम्मद साहब और इमाम हुसैन के पश्चाताप का वृतांत वर्णित किया है। 'अर्जन' में घटित ऐतिहासिक घटनाओं को उठाया है और 'विसर्जन में' उत्तरी अफीका में घटित ऐतिहासिक घटनाओं को।

गुप्त जी का ध्यान सर्व-धर्म समन्वय पर बराबर रहा है। सिक्ख-गुरुओं का पुण्य-स्मरण, इस्लाम के धर्मवीरों का स्तवन, कार्लमार्क्स की सहचरी जैना की स्मृति, चैतन्य महाप्रभु की पत्नी विष्णुप्रिया, तुलसीदास की पत्नी रत्नावली सभी में यह धर्म-भावना मुखर हुई है। गुप्त जी की दृष्टि में एक ही धर्म है—मानव धर्म। मानववाद-विकासवाद जैसी विचारधाराओं से जो नयी दृष्टि उत्पन्न हुई थी गुप्त जी ने उसे आत्मसात किया था। उपेक्षित नारी पात्रों के प्रेम-करुणा के भाव में उनके मानववाद की ही उच्चभूमि है। राष्ट्रकवि वही हो सकता है जो सभी को मिलकर चले सके। और इस शक्ति का गुप्त जी में अपार भण्डार है। यद्यपि गुप्त जी की वैष्णव-भावना घूमफिर कर सामन्ती संस्कारों की ही देन थी किन्तु वे अपने देश और काल के सामने इसे आड़े न आने देते थे। अपने समय की प्रत्येक आवाज और आंदोलन की धड़कन को वे सुनते-समझते थे और उसे बड़ी प्रखरता से अपनी कविता में निकास देते थे। अपने युग की समस्याओं पर प्रेमचन्द, प्रसाद, निराला आदि ने भी ध्यान दिया था, इनमें प्रेमचन्द की चेतना युग की समस्याओं मे जमकर संघर्ष करती थी और प्रसाद उसे सांस्कृतिक बोध की ओर ले जाते थे। निराला जी राजनीतिक-सामाजिक मन्थन में गुप्त जी की ही भांति उलझते हैं। पर उस नवीन दृष्टि को नयी पीढ़ी ने ठुकरा दिया है। गुप्त जी में इतिवृत्त परंपरा है इसलिए निराला का काव्य गुप्त जी की काव्य-चेतना का अगला विस्तार है। प्रेमचन्द की बहिर्मुखता और प्रसाद की दार्शनिकता दोनों से गुप्त जी अलग रहे हैं और यह बचाव उनकी

अपनी विशिष्ट शक्ति भी है और सीमा भी। गुप्त जी हर समय—यह याद रखते हैं कि जन-जीवन को पराधीनता की निराशा से उबारने के लिए उनके सर्जक का दायित्व बड़ा है और उस दायित्व भावना ने ही उन्हें कभी चैन नहीं लेने दिया। वे अपनी 'काव्यात्मकता' पर ध्यान न देकर कथ्य की उदात्त दृष्टि पर अधिक केन्द्रित कवि हैं। वस्तुतः गुप्त जी राष्ट्रीय-सांस्कृतिक चेतना के भीतर से उगे और बने कवि हैं। उनके पास प्रेमचन्द की जनधर्मी पकड़ नहीं है और न प्रसाद की भांति सम्पन्न-समर्थ सांस्कृतिक बोध है। फिर भी वे लोक जागरण की दृष्टि से इनमें-से किसी से भी पीछे नहीं हैं।

गुप्त जी की काव्य-प्रतिभा अपने परिवेश के तत्वों को गहने वाली बड़ी परिवर्तनशील, विकासशील थी। उसमें प्राचीन और नवीन, परम्परा और आधुनिकता के तत्व रिलमिल कर इतने भिद गये थे कि वे सहज ही उनके काव्य-संस्कार और काव्य-धर्म के अनिवार्य अंग बन गए थे। गांधी-विचार दर्शन ने जिस नैतिक-सवेदना का बोझ देश की नयी पीढ़ी पर डाला था वह उसे उठा न सकी। शायद गांधी ने भी इस पक्ष पर ज्यादा सोचा न था। इसीलिए गांधी के जाते ही उसे नयी पीढ़ी ने उतार कर फेंक दिया। दूसरे आजादी पाते ही हमने देश के निर्माण की बात को गंभीरता से नहीं लिया, हम तो राष्ट्रीय से ज्यादा-अंतर्राष्ट्रीय बनने की धुन में इधर-उधर भाग खड़े हुए। विचार के स्तर पर जो ट्रेजड़ी गांधी-विचार-दर्शन के साथ आजाद भारत में हुई वही गुप्त जी के साथ। गुप्त जी के आदर्शवाद, मर्यादावाद, नैतिक-मूल्य-भावना, परंपरा नवीनता-दृष्टि को नयी पीढ़ी ने ठुकरा दिया। गुप्त जी की इतिवृत्त परंपरा तो छायावाद ने ही समाप्त कर डाली और नयी परम्पपराएं या परम्पराओं का आरंभ किया। देखा जाए तो इतिवृत्त-परम्परा के गुप्त जी अंतिम कवि हैं। इस इतिवृत्त-परम्परा को छोड़ने से हमें कितना लाभ या हानि हुई यह अलग विचार का विषय है। पर यह सच है कि इतिवृत्त के छूट जाने से जन-सामान्य कविता को ठीक से पकड़ नहीं पाया। हालत यहां तक पहुंची कि गुप्त जी के बाद की कविता कुछ अपवादों को छोड़कर विशिष्ट वर्ग तक सीमित रह गई—उसका विराट् पाठक समुदाय उससे खो गया। कविता में 'संप्रेषणीयता' की समस्या पैदा हुई। जब कि इस समस्या ने गुप्तजी में एक निश्चित समाधान पाया था।

गुप्त जी बदलाव और नवीनता में विश्वास करते थे पर इनके पीछे पागल बन कर घूमना उनके संस्कारों के विरूद्ध था। उन्होंने सहज गति से आने वाले परिवर्तन और आंधी के वेग से आने वाले परिवर्तन को बहुत साफ समझा था। और इस बात को हमें गुप्त जी से समझने की जरूरत थी जिसे उनके अधिकांश वंशधरों ने नहीं समझा है। परिणाम यह हुआ कि उनके बाद की कविता राहों का अन्वेषणात्मक दम्भ पालने पर भी एक प्रकार की अराजकता का शिकार

हो गई है। जीवन के आस्थाबादी मूल्यों को धकेलकर वह अस्तित्ववादी अनास्था के अंधेरे में भटक गई है। गुप्त जी में वैष्णव-चिन्तन-परंपरा के साथ राष्ट्रीय-सांस्कृतिक चेतना की नैतिक मूल्य-दृष्टि का जो संयोग हुआ है वह बहुलांश में मूल्यवान है। इसमें नैतिक-मूल्य मूलतः मानव-मूल्यों की उच्चभूमिका पर ही अवस्थित दृष्टिगत हुए हैं। गुप्त जीं ने कलावादी मूल्यों की अपेक्षा लोकमंगलकारी मूल्यों के दृढ़ाधार को गृहीत किया और 'वहुजनहिताय' की यह भावना उन्हें वाल्मीकि, व्यास, तुलसी-रहीम की काव्य-परंपरा से सीधे जोड़ती है। 'साकेत' तथा 'यशोधरा' में छायावादी प्रगीत-भावना को ग्रहण करने पर भी उन्होंने रोमानी मूल्य-भावना से समझौता नहीं किया। इसलिए उनकी कविता में लोक-रक्षा और लोक-कल्याण का साम्राज्य ही विस्तृत होता रहा है। इस क्षेत्र में उन्होंने देशभक्ति-रस को ही महत्व-प्रतिष्ठा दी है और उनकी शृंगारभावना भी अपने परम उत्कर्ष में देश-भक्ति रस का ही संवरण कर लेती है। भारतीय संस्कृति की विविध भाव-धाराओं के प्रति उनके संस्कारों में श्रद्धा मिश्रित राग है, किन्तु काव्यात्मकता में उसने जीवन की प्रकृत-भावभूमि को ही आत्मसात किया है। इसलिए वे चमत्कारवादी-अंलकारिक रूझानों की ओर न जाकर ऋजु-सरल कथा में ही रमते हैं। आरंभिक कविताओं में वे अभिधा की ओर पूरे मन से प्रवृत्त हैं किन्तु उनका प्रौढ़ काव्य व्यंजना की ओर झुका हुआ है। असलियत यह है कि गुप्त जी काव्य-कला की साज-सज्जा में विश्वास रखने वाले कवि कभी नहीं रहे हैं उनका आदर्शवाद भी एकान्त साधना का आधार न अपनाकर मानववाद का पक्ष ही निर्भयता से ग्रहण करता है। मूलतः यह सर्जना-कुंज मुक्त आस्था का जीवन काव्य है। लोक-जीवन, लोक-संवेदना की संस्कारी प्रवृत्तियों ने उन्हें अभिजात्यवादी आडम्बरों की ओर जाने ही नहीं दिया। बीसवां शताब्दी का भारतीय लोक-जागरण जिस संस्कृतिक-नैतिक मूल्य-दृष्टि को अपने में आत्मसात कर विकसित हुआ था गुप्त जी का काव्य उन्हीं मूल्यों का एक प्रकार से काव्यानुवाद है। मैथिलीशरण गुप्त की वैष्णव-भावना रामानन्दी श्री संप्रदाप के स्रोतों से रस-चूसकर पुष्ट हुई थी और विशिष्टाद्वैत दर्शन उनकी चिन्तनात्मक आस्था का मान्य आधार था। इसलिए किसी भी प्रकार की धार्मिक साम्प्रदायिकता को उन्होंने कभी भी अपने पास भटकने नहीं दिया। आ० शुक्ल ने जिसे 'लोक धर्म' भावना कहा है—वही भाव-चिन्तन गुप्त जी के सृजन में गहराई से व्याप्त रहा है।

निःसंदेह गुप्त जी की सृजनात्मकता एक विशिष्ट अर्थ में राजनीति के साथ व्यापक लगाव को सूचित करती है। इस कवि का अपने परिवेश के साथ राजनीति के माध्यम से ही जीवन्त सम्पर्क बना था। फलतः राष्ट्रीय-सांस्कृतिक

कविता के द्वारा गुप्त जी ने तत्कालीन आंदोलनों, विचारधाराओं, समस्याओं को नए ढंग से परिभाषित करने का प्रयास किया। 'साकेत', 'यशोधरा', 'द्वापर', और 'किसान' आदि कृतियों में वे एक राजनीतिक टिप्पणीकार, पर्यवेक्षक, दृष्टा और आलोचक मात्र नहीं रहे हैं, बल्कि परिवेशगत दवाब से मानव सम्बन्धों को युगबोध के संदर्भ में प्रस्तुत करने वाले महान कवि की भूमिका का निर्वाह भी कर सके हैं। राजनीतिक कर्मी जैसे अपने कार्यों को एक खास सरलीकृत ढंग से सामने लाता है। वैसे कार्य गुप्त जी ने नहीं किए। वे युग के जटिल, समग्र, बहुआयामी और संश्लिष्ट यथार्थ को सृजन-ताप की भट्टी में गलाकर रचते रहें हैं। उस दौर के सभी कवियों की तुलना में गुप्त जी ज्यादा आतमत्सजग और प्रखर आत्मालोचन के कवि रहे हैं। इसलिए उनका सृजन युग के साक्षात्कार का प्रत्यक्ष-बोध निष्पन्न करता है। गुप्त जी के कवि ने युग-बोध की सच्चाई की तलाश में सैद्धांतिक अथवा प्रचारात्मक नुस्खों की बजाए, अपने निजी अनुभव पर ही अधिक भरोसा किया है। प्रगतिवाद, प्रयोगवाद, नयी कविता के तूफानी आंदोलन गुप्त जी के सामने उठे, पर गुप्त जी इन्हें झेलकर अविचल रहे। इस स्थिति में उनकी आवाज को, सिद्धांत या जीवन-दृष्टि को महत्वहीन मान बैठने की संम्भावना और प्रवृत्ति तो मौजूद थी ही। किन्तु खतरों का गुप्त जी ने बड़े संयम से सामना किया अपनी किसान संवेदना को कविता से डिगने तक न दिया। 'यशोधरा' जैसे काव्य और 'काबा और कर्बला' जैसे नाट्यात्मक प्रयोगों से उन्होंने काव्य की परती जमीन को तोड़ा और उसमें नये काव्य-बीज बोये। ग्रामीण काव्य-संवेदना में रची-बसी करूणा ने उन्हें भवभूति-सा द्रवणशील हृदय दिया। वे उर्मिला, यशोधरा, विष्णुप्रिया, रत्नावली जैसी उपेक्षिताओं का दुःख नहीं झेल सके और उनकी करुणा का सागर इन नारी पात्रों के लिए उमड़ पड़ा। इन नारी पात्रों के व्यक्तितव का उन्होंने ऐसी कला से निर्माण किया कि इनका चरित्र आज के मानव को नयी शक्ति देता है।

एक प्रबन्ध-कवि के रूप में गुप्त जी का कलाकार बड़ा निपुण कथा-शिल्पी है। गुप्त जी मानों तुलसीदास की भांति यह मानकर चले हैं कि जीवन के वैविध्य को, जटिलता, तनाव, द्वन्द्व, संघर्ष और गृहस्थ-धर्म को कथा-माध्यम अपना कर ही अधिक भरोसे से चित्रित किया जा सकता है। खूब सोच समझकर उनकी कला कथा के मार्मिक प्रसंगों की उद्‌भावनाओं, प्रकरण-प्रबन्ध-वक्रताओं तथा युग-धर्म के अनुकूल कथा को ढालने-गढ़ने की ओर अग्रसर हुई है। छायावादी ललित कल्पनाओं या फैंटेसी जालों से उन्होंने अपने को 'साकेत' तक में मुक्त रखा है। घटना के मार्मिक विस्तार की क्षमता में नयी और युग-संदर्भ ध्वनियों की निष्पत्ति उनकी कला का आंतरिक धर्म

रहा है। प्राचीन या नवीन 'इतिवृत्त' उनके लिए कच्चा-माल था जिसका उपयोग वे एक कुशल वास्तुकार-मूर्तिकार की भांति करते थे। ध्यान देने की बात यह है, यह प्रबंध-कला कहीं भी 'कौशल' या 'कारीगरी' की अतिरिक्त क्रीड़ा का पर्याय प्रतीत नहीं होती है। क्योंकि प्राचीन कथा को नवीन रूप में ढालने का कवि-व्यापार उन्हें नैसर्गिक काव्य-शक्ति के रूप में मिला था। घटना की अंग-संरचना का औचित्य उनकी विचार-दृष्टि में बराबर रहता था और घटना या पात्र को नवीनता के चक्कर में ऐतिहासिक संदर्भ से काट देना वे एक 'आधुनिक 'बदमाशी' समझते थे। वे कभी भी अपनी भाव-वृत्तियों से ऐसा नहींकरपाये जब कि कथा की नाटकीय संभावनाओं की परख और उसे उजागर करने की कला उनमें पूरी तरह विकसित न हुई हो। 'यशोधरा' का काव्य-प्रयोग प्रगीतात्मक प्रबन्ध-नाट्य का सफल निदर्शन है और 'द्वापर' अनेक एकालापों का कलात्मक नाट्य-प्रयोग। छायावादी प्रगीत-चेतना से प्रभावित होकर प्रगीत-कला की सिद्धि का प्रमाण 'साकेत' 'यशोधरा' देते हैं। पर छायावादी 'इंडियम' में नहीं बंधते हैं। प्रगीत का मुक्त फूलों भरा गुलदस्ता चुनने की बजाय वे प्रबन्ध-काव्य की विस्तृत वनस्थली में रमना ही अधिक पसन्द करते हैं। अपनी जड़ों से जुड़े वृक्षलता-पादप, झरने, नदी आदि उन्हें प्रिय हैं, डालों से टूटे फूल नहीं। इसीलिए उनके प्रगीत के मूल मे किसी कथा का संदर्भ जुड़ा रहता है। वे एकदम कथा-विच्छिन्न प्रगीत नहीं लिखते हैं। काव्य-भाषा, छन्द, लय, नाद, शब्द-भंगिना में भी वे रीतिवादी कला-कौशल से परहेज करते हैं। उनकी शक्ति शब्द-चित्र की तराश में नहीं लगती। वे लोक-जीवन का कोई भी शब्द अपने भाव के उपयुक्त पाकर उठा सकते हैं। उन पर न तो रूपवाद-सौन्दर्यवाद का जादू है—न लक्षणा-व्यंजना के चमत्कार का भूत सवार है। कविता प्रसाद जी की गुप्त जी से बढ़िया है, पर लोकप्रिय उनके बराबर क्यों नहीं है? इसका उत्तर है कि प्रसाद जी प्रकृत-भाव-कला के विकास के कवि नहीं हैं, लोक-संवेदना में गुप्त जी की तरह उगना-भीगना उनके बूते की बात नहीं है। गुप्त जी में प्रसाद गुण और अभिधा-शक्ति के साथ व्यंजना का स्वतः विकास हुआ है—जैसे पौधे में फूल का, रूप-रंग, गंध का। खड़ी बोली का विकास गुप्त जी ने जिस तप-साधना से किया है उसके सहज विकास को उनके काव्यचरणों के सहज विकास के साथ मिलाकर ही समझा जा सकता है। खड़ी बोली के काव्य-माध्यम के रूप में विकसित करने के लिए उन्होंने तो खून पसीना बहाया है उसका महत्व आंक पाना आज सम्भव नहीं है। इस युग-प्रवंतक कवि के सृजन-संघर्ष का आज ठीक से अनुमान कर पाना भी कठिन पडता है।

आज हम गुप्त जी को चाहे किसी भी दृष्टिकोण से परखें, पर घूम-फिर

कर यही बात आती है कि गुप्त जी भारतीय कवि हैं और भारतीयता के सच्चे प्रतीक। हालांकि आज किसी कवि को 'भारतीयता' में घसीटना काफी खतरनाक है, क्योंकि इधर के वर्षों में इस शब्द के भीतर से एक खास तरह की बदबू पैदा हुई है। 'भारतीयता' शब्द से पिछले वर्षों में राजनीतिक, सांस्कृतिक, सामाजिक, साहित्यिक आदि कई स्तरों पर वैचारिक युद्ध किया गया है। प्रश्नाकुल मुद्रा में बार-बार पूछा गया है कि क्या 'भारतीयता' अब भी एक मूल्य-बोध है या सिर्फ इतिहास-बोध मात्र। इस दृष्टि से हम गुप्त जी के काव्य को टटोलने पर पाते हैं कि उन्होंने रामायण-महाभारत के संवेदनात्मक—ज्ञानात्मक रसामृत को आधुनिक भारत में बड़े विश्वास से परोसा है। राम का साथ देने का अर्थ है—असुरों-राक्षसों-अन्यायियों के खिलाफ ऋषियों, तपस्वियों, शोषितों, पीड़ितों, भयभीतजनों और झोंपड़ियों का साथ देना—'भारतमाता पड़ी राक्षसों के बंधन में' से या उपनिवेशवादी-साम्राज्यवादी लुटेरों से राम-जैसा निर्भय जन-नायक ही मुक्ति दिला सकता है। 'महाभारत' का साथ देने का अर्थ—है भारत की सावित्री या न्याय-भावना के लिए युद्ध करना। रामायण-मताभारत के सांस्कृतिक-साहित्यिक मूल्य ऐसे हैं जो मानववाद के लिए धारणीय रहेंगे। भारतीय होने का तात्पर्य है लोक के लिए जीना, नर के नारायण को पाते रहना, मोहन की नित्य लीला में क्रीड़ाभाव से बने रहना। मध्यकालीन भारतीय साहित्य ने इसी 'भारतीयता' को सन्त-परम्परा में रक्षित रखा है। उन्नीसवीं-बीसवीं शताब्दी ने भारत में राष्ट्रीय स्वाभिमान को जागृत किया। फलत: विदेशी ताकतों से निबटने के लिए राष्ट्र को भौगोलिक-ऐतिहासिक आकार दिया गया। इस काल में भारतीयों ने एशिया के जागरण के साथ जुड़कर अपने स्त्रोतों को पहचाना और अपने वीरतापूर्ण इतिहास को नये अर्थों में साकार किया। हमने भारत को पुण्य-भूमि के रूप में प्रतिष्ठा देकर वन्देमातरम् के स्वर में गान गाये। मैथिली-शरण गुप्त ने भारतीयता की सही पहचान करते हुए लिखा—

भूलोक का गौरव, प्रकृति का पुण्य लीलास्थल कहां?
फैला मनोहर गिरि हिमालय और गंगाजल जहां।
सम्पूर्ण देशों से अधिक किस देश का उत्कर्ष है?
उसका कि जो ऋषिभूमि है वह कौन? भारतवर्ष है।
हा, वृद्ध भारतवर्ष ही संसार का सिरमौर है,
ऐसा पुरातन देश कोई विश्व में क्या और है।

अत: गुप्त जी ने शत-शत स्वरों में उस 'भारतीयता' का बोध जागृत किया है जो एक तेजस्वी परम्परा की धरोहर है। जिसमें लड़ाने-भिड़ाने-नष्ट कर देने वाली पश्चिम की नस्लपरक राष्ट्रीयता का भाव नहीं है। जिसमें सबको अपनाने और सबका हो जाने का शिव-भाव ही प्रधान है। आजाद भारत में गलत

नीतियों से हमारी 'भारतीयता' खोखलेपन का शिकार हुई है, उसके रूप का नाश हुआ है, पर उसकी जड़ें अभी सूखी नहीं हैं। हजारों सालों में पनपी जड़ों का इतना जल्दी से सूख जाना सम्भव भी नहीं है। गुप्त जी 'भारतीयता' की जड़ों को पनपते-बढ़ते देखना चाहते थे। इसीलिए मैंने कहा है कि गुप्त जी सच्चे अर्थों में 'भारतीयता' के प्रतीक कवि हैं। उन्होंने भारतीय इतिहास को हिन्दू, बौद्ध, जैन, मुस्लिम, ब्रिटिश काल-खण्डों में बांटकर नहीं देखा। उन्होंने उसे समग्रता में अनुभव से ग्रहण किया है और यही मानस सच्चा, संस्कारी भारतीय मानस है।

मैथिलीशरण गुप्त : दो कालजयी कृतियाँ—साकेत और यशोधरा

उन्नीसवीं शताब्दी के उत्तरार्द्ध और बीसवीं शताब्दी के पूर्वार्द्ध में राष्ट्रीय-सांस्कृतिक आन्दोलनों के प्रभाव-दबाव से जो भारतीय नवजागरण प्रस्फुटित हुआ था उसकी सबसे बलिष्ठ काव्यात्मक अभिव्यक्ति के दर्शन भारन्तेदु के बाद मैथिलीशरण गुप्त के काव्य में ही दृष्टिगत हुए । रीतिकाल की अतिरंजित श्रृंगारिक उत्तेजना का स्थान उदात्त लौकिकता ने ले लिया । अब कविता की केन्द्रीय काव्य-संवेदना में उस मानव की महत्व-प्रतिष्ठा की गई जो अपने देश और काल की समस्याओं प्रश्नाकुलताओं और चुनौतियों के प्रति पर्याप्त प्रबुद्ध था । जिसमें जागरण-सुधार युग की नैतिक-दृष्टि से आदर्श और निर्माण की भावना को एक ठोस आधार मिला । ज्ञान-विज्ञान के नवीन अनुसन्धानों ने मानव में श्रेष्ठता के बोध को दृढ़ किया । परिणामत: मानव देवोन्मुखता के तत्त्व को फाड़-फोड़कर सहसा ही सृष्टि का केन्द्र बिन्दु बन गया । मैथिलीशरण गुप्त अपने युग-बोध और युग-धर्म के प्रति बड़े सावधान सर्जक हैं उन्होंने 'साकेत' तथा 'यशोधरा' में युग से उद्भूत नवीन वैचारिकता का सृजनात्मक उपयोग किया । देवत्व के स्थान पर मानवत्व की महत्व-प्रतिष्ठा इन कृतियों की आधुनिकता का मुख्य आधार बनी है

'साकेत' और 'यशोधरा' की सृजन-प्रेरणा के पीछे पौराणिकता और ऐतिहासिकता का आग्रह उतना न था जितना कि नवीन सांस्कृतिक-मानवीय मूल्यों की प्रतिष्ठा का संकल्प और संघर्ष सक्रिय था । बदलते हुए प्रतिमानों और मूल्यों में नैतिकता की कसौटी ईश्वर-निष्ठा, धर्म-निष्ठा न रहकर मानव-निष्ठा हो गई थी। गुप्त जी ने अपने परिवेश को समझते हुए शीघ्र ही अनुभव कर लिया कि नये मूल्य एकदम पैदा नहीं होते, वे एक समर्थ सांस्कृतिक-ऐतिहासिक परम्परा मांगते हैं और ऐसी परम्परा हमारे पास हैं । इसलिए इस परम्परा को गुप्त जी ने भीतर बाहर से परखा और उसके मूल्यवान अंशों को सृजनात्मकता में ढाल लिया । अत: प्रत्यक्षरूप में गुप्त जी की प्रेरणा-शक्ति चाहे आ० महावीर प्रसाद द्विवेदी रहे हों, पर अप्रत्यक्षरूप से वे भारतेन्दु हरिश्चन्द से ही अधिक प्रेरित मालूम पड़ते हैं । फिर स्वयं आ० द्विवेदी अपने ढंग से भारतेन्दु की ही काव्यपरम्परा-दृष्टि का विकास

विस्तार और परिष्कार कर रहे थे। दरबारी काव्य के दूषित वातावरण से निकाल कर भारतेन्दु हिन्दी-साहित्य को नयी लोक-भूमि पर लाये। इसी लोक-भूमि की चेतना का गुप्त जी ने पल्लवन किया है। दरबारी कविता की विकृतियों की ओर संकेत करते हुए गुप्त जी ने स्पष्ट रूप से लिखा:—

"प्रिय चन्द्रवदन की चटक नहीं हो जिसमें,
नागिन-सी लट की लटक नहीं हो जिसमें,
भ्रू और दृगों की मटक नहीं हो जिसमें,
मन्मथ महीप का कटक नहीं हो जिसमें,
उसको कविता ही नहीं आप बतलाते,
कविराज आपके चरित न जाने जाते,
कविता द्वारा जो बीज आप बोते हैं,
फल उसके विष से अधिक विषम होते हैं।"

गुप्त जी ने जिस समय कलम उठाई थी उस समय हिन्दी-कविता बड़े भारी परिवर्तन के मोड़ों से गुजर रही थी। काव्य-भाषा को लेकर भयंकर संग्राम छिड़ा हुआ था। अधिकांश रचनाकार ब्रजभाषा में ही कविता की सम्भावनाएँ देख रहे थे और खड़ी-बोली पर उनका भरोसा नहीं था। स्वयं भारतेन्दु बाबू कविता की भाषा के रूप में ब्रजभाषा की ओर ही झुके रहे। रायदेवी प्रसाद पूर्ण नाथूराम शर्मा 'शंकर' आदि कवि ब्रजभाषा—मिश्रित खड़ी-बोली में लिखते रहे। हरिऔध की खड़ी-बोली में सस्कृत का प्राधान्य था। ऐसे कठिन समय में खड़ी बोली गुप्त जी के कन्धों पर बैठकर ही आगे बढ़ी और गुप्त जी ने ही उसे निर्भयता से चलना-दौड़ना सिखाया। 'साकेत' की कीर्ति का सबसे बड़ा उल्लास पूर्ण चरण था—ब्रजभाषा के स्थान पर खड़ी-बोली का प्रयोग। ध्यान देने की बात है कि स्वाधीनता-संग्राम के दिनों में खड़ी-बोली लोक-जागरण की भाषा थी और राष्ट्रीयतावाद, स्वदेश प्रेम, जातीय उत्कर्ष, अपनी सभ्यता-संस्कृति, साहित्य और इतिहास पर गर्व की नयी सांस्कृतिक भावना को वही वाणी दे रही थी। सामन्ती-परम्पराओं का उखाड़वाद खड़ीबोली ने ही शुरू किया था—और राष्ट्रीय नवजागरण की रचनात्मक अभिव्यक्ति के वर्षों में वह दिनों-दिन अपना प्रभाव विस्तार कर रही थी। खड़ी-बोली को ही केवल एक ऐसी बहु-प्रान्तीयता प्राप्त थी जो किसी भी प्रान्तीय भाषा के बूते से बाहर की बात थी। ऐसी स्थिति में—सभी जन-भाषाओं में प्रान्त बोलता मिलता था—किन्तु खड़ी-बोली में अपनी मुक्ति के लिए संघर्ष करने वाले देश की आवाज गूँज रही थी। इसीलिए खड़ी बोली को काव्य-सर्जना के केन्द्र में लाकर गुप्त जी कह रहे थे—"जो पीछे आ रहे उन्हीं का, मैं आगे का जय-जयकार"। गुप्त जी ने नवीन-चेतना को काव्य-स्वर देने के लिए लेखनी को सम्बोधित करते हुए कहा—

"हाँ, लेखनी: हृत्पत्र पर लिखनी तुझे है यह कथा,
दृक्कालिमा में डूबकर तैयार होकर सर्वथा ।
स्वच्छन्दता से कल तुझे, करने पड़े प्रस्ताव जो,
जग जाँय तेरी नोक से, सोये हुए हों भाव जो ।"

गुप्त जी की काव्य-साधना का यही आदर्श था। वह सांस्कृतिक-राष्ट्रीय नव-जागरण का युग था जिसमें नवनिर्माण की भावना बड़ी प्रबल थी। विराग की तुलना में राग, निवृत्ति की तुलना में प्रवृत्ति, संन्यास की तुलना में गार्हस्थ अपनी आभा में दीप्त हो उठा था। गार्हस्थ को महत्वप्रतिष्ठा मिलने से नारियों की स्थिति में आकाश-पाताल का अन्तर आया था। पर नारियों के प्रति जो सम्मान का भाव बढ़ा-उसमें नवजागरण की प्रधान-भूमिका थी। प्राचीन नैतिकता के बन्धनों को तोड़कर जो वैचारिक सौन्दर्य-बोध पनपा था उसमें नारी के प्रति सम्मान का भाव बहुत था। इसी चेतना का विस्फोट बंगाल में कवीन्द्र-रवीन्द्र की काव्य रचनाओं में हुआ। हिन्दी-प्रदेशों में यही चेतना 'साकेत' 'यशोधरा' 'विष्णुप्रिया' आदि कृतियों की सृजन-प्रेरणा बनी है। बंगला में सबसे पहले मानव-करुणा के कवि रवीन्द्रनाथ की दृष्टि 'काव्येर उपेक्षिता नारी' पर गई। इसी संकेत से आ० महावीर प्रसाद द्विवेदी ने 'कवियों की उर्मिला विषयक उदासीनता' निबन्ध लिखा और यही विचार-चेतना 'साकेत' की सृजन-प्रेरणा का आधार बनी है। नवजागरण का यही नारी विषयक दृष्टिकोण छायावाद में विकसित हुआ। फलतः कामायनी में इस सांस्कृतिक-विचार-बोध को नया सामाजिक-नैतिक आयाम मिला। अतः नवजागरण का सबसे बड़ा नतीजा यही दृष्टिगत हुआ कि नारियों के प्रति हमारी परम्परागत दृष्टि में बड़ा परिवर्तन आया। गुप्त जी की कृतियों में 'यशोधरा' नारी-जागरण दृष्टि का सर्वोच्च निदर्शन है। हजारों साल से पराधीनता के बन्धन में जकड़ी नारी ने यहाँ प्रथम बार यह शक्ति पाई कि वह ललकार कर पुरुष-समाज के अन्याय का भंडाफोड़ कर सके। मध्य-युगीन नारी की विवश हार्दिकता का स्थान 'यशोधरा' में आधुनिक नारी की बौद्धिकता-तार्किकता और विवेक-वयस्कता ने ले लिया। हर तरह के अन्याय का प्रतिवाद करने के लिए गुप्त जी की नारियाँ वैचारिक-क्रान्ति की आरम्भिक चिनगारियाँ बनकर सामने आई हैं।

तुलसीदास के 'रामचरितमानस' और गुप्त जी के 'साकेत' की रामकथा-दृष्टि की भिन्नता अपने मूल में मध्ययुगीनता सौर आधुनिकता की भिन्नता है। मध्ययुगीन काव्यकार की मानसिकता पुराणों में से, शास्त्रों की विधि-निषेध वाली आज्ञाओं, सन्तों और धर्माचार्यों की आध्यात्मिक अनुभूतियों के संश्लेष से निर्मित हुई थी। किन्तु, आधुनिक भारत की नवीन मानसिकता पर ज्ञान-विज्ञान की नवीन निन्तन-धाराओं का गहरा प्रभाव था। पूर्व और पश्चिम की टकराहट

से भी भारतीयों में एक नवीन आत्म-चेतना उद्बुद्ध हुई थी और इस चेतना को तिलक, अरविन्द, विवेकानन्द, दयानन्द और गान्धी ने नयी चिन्तन-धार भी दी थी। नतीजा यह हुआ कि एक नये मानव का जन्म हुआ जो अपने संस्कारों में मध्ययुगीनता से काफी हटकर था। नये बुद्धिवाद ने जो वैचारिक झकझोर उत्पन्न की थी उसमें पुराणों की प्राचीन दृष्टि यथेष्ट नहीं थी। अब जगत् असार न होकर सच्चे कर्म का क्षेत्र था। पुनरुत्थान की जो आवाज दयानन्द और उनकी शिष्य-परम्परा ने उठाई थी उसकी भी प्रतिनिधि चेतना का सर्जनात्मक उपयोग प्रथम बार गुप्त जी में ही देखा जा सकता है। दिनकर जी ने ठीक कहा है कि "पुनरुत्थान ने हमारी संस्कृति, सम्पूर्ण इतिहास और समग्र विश्वास पर जो नया आलोक फेंका, उसकी अधिक से अधिक अभिव्यक्ति, सबसे प्रथम श्री मैथिलीशरण गुप्त की कविताओं में ही हुई। इसलिए हिन्दी में पुनरुत्थान के कवि वे ही माने जायेंगे, ठीक उसी प्रकार, जैसे बंगला में पुनरुत्थान के कवि श्री रवीन्द्रनाथ ठाकुर हुए हैं।" रवीन्द्र की तुलना में गुप्त जी अंग्रेजी बहुत कम जानते थे। यह अच्छा ही हुआ। गुप्त जी ने 'साकेत' तथा 'यशोधरा' को छायावादी-काल में लिखा। पर वे रोमानी काव्य-मूलों की बीमारी से लगातार बचते रहे। उन पर कलावाद, सौन्दर्यवाद जैसी घातक बीमारियों का असर कम से कम पड़ा। फलतः वे रोमानी काव्य-दृष्टि से मुक्त नवीन-मानव-मूल्य-दृष्टि को अपना सके। रुमानी सौन्दर्यवादी करूणा मानवनिरपेक्ष-दृष्टि अपनाकर चलती है—पर गुप्त जी की करुणा में वैष्णव-चिन्ता-धारा से युक्त मानवतावाद के दर्शन होते हैं —जो जीवन का अमृत-रस है। इसमें व्यक्तिवाद आदि के कीड़े न होने से एडल्टरेशन एकदम नहीं है। 'सन्देश नहीं मैं स्वर्गलोक का लाया। इस भूतल को ही स्वर्ग बनाने आया' कहने वाले गुप्त जी का जीवन-दर्शन मानवतावादी आस्था की दृढ़भूमि है। गुप्त जी के काव्य के आमने-सामने युग-कुंठा और युग-अनास्था के बवण्डर चलते रहे थे—पर उनमें न तो वे विचलित हुए हैं और न उनकी आस्था का आसन ही डोला है। सबसे बड़ी बात यह है कि 'साकेत' तथा 'यशोधरा' की काव्य-चिन्तन-धारा पर पश्चिम का आंतक नहीं है—उस व्यापक भारतीयता की अमिट छाया है जो वाल्मीकि, व्यास, भवभूति, ज्ञानदेव, नरसी, तुलसी, केशवसुत, रवीन्द्र नाथ, सुब्रह्मण्य भारती, भारतेन्दु और हाली की विचार परम्परा का आधार रही है। 'साकेत' का कवि इसी-विचार-परम्परा का प्रतिनिधि कवि हैं। इसी विचार परम्परा के पुष्ट-चिन्तन-सूत्रों को पाकर राष्ट्रपिता गाँधी ने उन्हें 'मैथिली मान ग्रन्थ' भेंट करते हुए 1936 ई० में 'राष्ट्र कवि' की उपाधि से विभूषित किया। बाद में तो गुप्त जी भारतीय जनता के कंठहार ही बन गए। तुलसीदास के बाद हिन्दी प्रदेशों में जितना अधिक आदर गुप्तजी को प्राप्त हुआ उतना किसी अन्य दूसरे कवि को नहीं। गुप्त जी ने 'साकेत'

तथा 'यशोधरा', 'भारत भारती' और 'जयभारत' जैसी समर्थ कालजयी कृतियों से यह सिद्ध कर दिया कि इस देश की जन-चेतना के मूल में दार्शनिक, योगी या सन्त नहीं, कवि ही रहा है। 'साकेत' में कवि ने राम को अवतारी रूप में कम, युग-पुरुष के रूप में अधिक प्रस्तुत किया है। राम के व्यक्तित्त्व-निर्माण की मान्यताओं को स्पष्ट करते हुए लिखा—

मैं आर्यों का आदर्श बताने आया,
जन-सम्मुख धन को तुच्छ जताने आया।
सुख-शान्ति हेतु मैं क्रान्ति मचाने आया।
विश्वासी का विश्वास बचाने आया।

वास्तव में, गुप्त जी ने 'साकेत' में रामकाव्य-परम्परा का युग-बोध के प्रभाव से नवीन-संशोधन-सम्पादन प्रस्तुत किया है। भारतीय-साहित्य में राम-कथा हमारी मूल्य-चेतना की धुरी ठहरती है। दिलचस्प बात यह है कि यह राम कथा कभी तालाब बनकर नही रही है, नदी बनकर यह राम-कथा कभी विस्तार में कभी गहराई में उतरकर काट करती हुई लगातार प्रवाहित रही है। अत: राम ही भारतीय अस्मिता की पहचान हैं। फिर 'साकेत' में रामकथा स्मृति नहीं है, साक्षात्कार है। इस कथा का केन्द्र है—साकेत। यहीं हनुमान तक आकर कहानी सुनाते हैं। गुप्त जी इस ढंग के और इस तरह की ताकत के तगड़े कथाशिल्पी हैं कि हम रामकथा का स्पर्श, श्रवण करके ही नहीं रह जाते—उसमें अवगाहन करते हैं—एक आवाज भीतर से फूटकर परिवेश में फैल जाती है—

अब निकट ही राम-राज्य बसन्त है,
पापियों का जान लो अब अन्त है।

यहाँ, गुप्त जी राम-कथा ही नहीं कहते हैं, बल्कि राष्ट्रीय-सांस्कृतिक नवजागरण की नेतृत्ववाली शक्तियों से विवश होकर भागते हुए ब्रिटिश साम्राज्यवाद को भी लाते हैं। सन् 1930-32 में सन् 1947 ई० की बात करना गुप्त जी की उस युग-दृष्टि का प्रमाण है—जो उन्हें दृष्टा कवि का गौरव देती है।

प्राचीन कथा को आधुनिक रूप प्रदान करने में गुप्त जी की शक्ति बेजोड़ है। इस क्षेत्र में वे आज भी नयी पीढ़ी को बहुत कुछ सिखा सकते हैं। प्राचीन कथानक को ग्रहण करने पर भी 'साकेत' की चेतना एकदम आधुनिक है। राम कथा के त्रेताकालीन सभी पात्र गुप्त जी की कला में हमारे आज के मानव दिखाई देते हैं। गुप्त जी की इस शक्ति का संकेत शुक्ल जी ने किया है—"रामायण के भिन्न-भिन्न पात्रों के परम्परा से प्रतिष्ठित स्वरूपों को विकृत न करके उनके भीतर ही आधुनिक आन्दोलनों की भावनाएँ—जैसे किसानों और श्रमजीवियों

के साथ सहानुभूति, युद्धप्रथा की मीमांसा, राज्यव्यवस्था में प्रजा के अधिकार और सत्याग्रह, विश्व-बन्धुत्व, मनुष्यत्व—कौशल के साथ दिखाई गई हैं। किसी पौराणिक या ऐतिहासिक ढंग के पात्र के परम्परा से प्रतिष्ठित स्वरूप को मनमाने ढंग से विकृत करना हम भारी अनाड़ीपन समझते हैं।" यह अनाड़ीपन गुप्त जी के 'साकेत' में नहीं है। राम-कथा के प्रकरणों में प्रकरण-वक्रता और प्रबन्ध-वक्रता का सही निर्वाह करने पर भी वे कथा-धारा में न तो मनमानापन बरतते हैं, न कथा की प्रकृत-भाव भूमि को विकृत करते दिखाई देते हैं। नवयुग के नये आन्दोलनों की अनुगूँज सुनाई देने पर भी कथा में, पात्र चेतना में ऐसी उलट-फेर नहीं है कि वह अपनी मूल धुरियों से ही दूर जाकर अजनबी प्रतीत हो। उर्मिला को गुप्त जी ने एकदम नया व्यक्तित्व प्रदान कर दिया है और कैकेयी के व्यक्तित्व में एक ऐसी चमक पैदा कर दी है कि इन चरित्रों की नवीनता काफी लुभावनी है। किन्तु, कैकेयी का चरित्र भी पुराने के भीतर से ही नया किया गया है। घटना-प्रसंग को सभा-मंच के अन्त: सूत्रों से जिसे एक नये ढंग से परिभाषित किया गया है। 'कैकेयी' को 'सौ बार धन्य वह एक लाल की माई' ऐसे ही नहीं कह दिया गया है—पश्चाताप के ताप में तपाकर उसे नया रूप दिया गया है। जाहिर है कि 'साकेत' की राम-कथा को नये युग के अनुरूप बनाने के लिए कवि ने नये भाव-सूत्रों, प्रसंगों आदि को नये अर्थ-सन्दर्भों से जोड़कर पाठक तक पहुँचाया है। मुख्य बात यह है कि अपनी पूरी कथा-वृत्ति से गुप्त जी नयेपन की ओर झुके हैं—पर नवीनता के प्रति अतिरिक्त मोह उनमें नहीं है। जैसा कि आज के बहुत से रचनाकारों में पागलपन की हद तक दिखाई देता है।

'साकेत' में परम्परा के भीतर से आधुनिकता बादलों में बिजली की तरह फूटी अवश्य है, पर कवि अपनी सार्वजनिकता को छोड़कर व्यक्तिवादी भाव-स्पन्दन में गर्क कहीं नहीं होता। हमारी निर्वैयक्तिक-परम्परा का हजार साल का बोझ कवि-संवेदना और कवि-सर्जना पर है। इस परम्परा में चूँकि कथात्मकता का आग्रह बराबर था—अत: परम्परागत कथात्मकता को प्रबन्धात्मकता में लाने को कवि लाचार था। गुप्तजी के युग में गद्य की कोई लम्बी परम्परा न थी। अत: जो चुनौतियाँ गद्य में आनी चाहिए थीं—उन्हें भी कवि झक मारकर पद्य में लाने को विवश हुआ। काव्य-सर्जना के इस मोड़ पर काव्यमुक्ति के लिए गद्य का तेजी से विकास करने की जरूरत थी। ताकि पद्य को अधिक लचीला और सूक्ष्म बनाया जा सके। उसमें अधिक-से-अधिक पिसी-छनी काव्यात्मकता आ सके। पद्य माध्यम के इस लचीलेपन के अभाव में 'साकेत' की कथात्मकता में सूक्ष्म काव्यात्मकता के दर्शन नहीं हो सके। हालांकि गुप्तजी के 'साकेत' और 'यशोधरा' पर छायावाद की भीतरी धमक है और कवि-मन प्रगीतों की ओर जाकर मुक्ति का अपना संसार भी पाता है। किन्तु गुप्तजी छायावादी-सौन्दर्य-बोध के कवि नहीं

है। अपने संस्कार और बोध से वे एकदम द्विवेदी-युगीन काव्य-प्रवृत्तियों के प्रतिनिधि प्रवक्ता हैं। काव्य की अभ्यस्त राहों को छोड़ना-तोड़ना काफी मुश्किल होता है, कारण, कविता हमारे व्यक्तित्व और अस्तित्व की संस्कारगत गहराइयों से जुड़ी होती है। उसके संस्कार बड़े बद्धमूल होते हैं और वे कवि-संवेदना को तगड़ा प्रतिरोध देते हैं। फिर कविता केवल कवि ही नहीं करता, उसके साथ-साथ उसकी परम्परा, संस्कृति और भाषा भी कविता करती है। अत: जो लोग गुप्तजी से काव्य-भाषा और काव्य-संवेदना के क्रान्तिकारी बदलाव की मांग करते हैं—वे वास्तव में, कवि मैथिली शरण गुप्त के संस्कार और युग की कठिनाइयों को ठीक से नहीं समझते हैं। आखिरकार क्या बात है कि गुप्तजी कथा-शिल्पी होने पर भी तुक्कड़ कवि दिखाई देते हैं? इस कारण में खड़ीबोली को काव्य-भाषा में ढालने वाले उस संघर्ष का इतिहास छिपा मिलता है, जिसे गुप्तजी ने पूरी निष्ठा से जिया और भोगा है। गुप्तजी ने छायावादी सृजनात्मकता के लिए नयी जमीन तैयार की। जिसकी खाद और खुराक से छायावादी सर्जना में नयी दीप्ति आई है। अत: आज देखने की जरूरत यह है कि 'साकेत' की भाषा से 'कामायनी' और 'असाध्यवीणा' या 'उर्वशी' की भाषा का क्या रिश्ता है। अज्ञेय जी आज मैथिली शरण गुप्त को अपना 'काव्य-गुरु' घोषित तौर पर मानते हैं। अत: मैथिलीशरण गुप्त और अज्ञेय के काव्य-सम्बन्ध को पहचानने की जरूरत है। गुप्तजी का मन त्रेता, द्वापर, सतयुग, बौद्धकाल, राजपूत-काल में यात्रा करता रहा है, पर क्या प्रसाद जी वैदिक-युग, पुराण-युग आदि में नहीं घूमते रहे हैं? वास्तव में, हर जाति के सामने एक समय ऐसा भी आता है जब उसे अपने इतिहास-भूगोल में जाने और उसे पाने की आवश्यकता होती है। अतीत का—गौरवमय अतीत का साक्षात्कार-वर्तमान को प्रेरणा देता है और पराधीन भारत में अतीत की खोज इसी ध्येय से जारी रही है। यही कारण है कि उस युग के ज्यादातर काव्य, इतिहास-पुराण, रामायण-महाभारत आदि को उपजीव्य बनाकर लिखे गए हैं। किन्तु इस अतीत में उनकी वर्तमानता कहीं भी बाधित नहीं हैं। गुप्तजी बराबर सोचते रहे हैं कि 'हम कौन थे' 'हम क्या हो गए हैं' और 'हमें क्या होना चाहिए'। इसी दृष्टि से से विचार करने पर 'साकेत' की काव्य-संवेदना 'प्रियप्रवास' से ज्यादा व्यापक और महत्वपूर्ण दिखाई देती है। फिर शुक्लजी के शब्दों में—"गुप्तजी की प्रतिभा की सबसे बड़ी विशेषता है—कालानुसरण की क्षमता।" और अपनी इसी क्षमता के कारण वे हिन्दी-भाषी जनता के प्रतिनिधि कवि हैं।

गुप्तजी ने 'साकेत' में मानव का ईश्वरत्व तो दिखाया, किन्तु आध्यात्मिकता के रहस्यवादी कथा-रस में 'साकेत' को डूबने से लगातार बचाया है। इतना ही नहीं, कथा को प्रकृत-भाव दशाओं से हटाकर चमत्कार-वैचित्र्य में एकक्षण के लिए नहीं भटकने दिया। जीवन और जगत् का एक मूर्त्तरूप खड़ा

किया है—अमूर्त्त-अरूप और अनाम को नहीं। इतना होने पर भी वैष्णव-परम्परा का भक्ति-तेज कहीं भी कुन्द नहीं है। वे राममय हैं—पर लोक-चिन्ता, लोक-चेतना और लोक-रक्षा के साथ। यहाँ अकेलेपन के वैभव का भोग नहीं हैं—व्यापक सामाजिकता और करुणा का सागर हिलोरें ले रहा है। वे दुःख में डूबे मानव को उबारने की निरन्तर चेष्टा करते हैं और मानव की गरिमा और महिमा के प्रति आश्वस्त करते हैं। अत: 'साकेत' 'यशोधरा' तथा अन्य कृतियों में भक्तिकालीन भक्ति-रस न होकर साधना का रस है, संघर्ष का रस है। तभी तो वे सारे गद्य की वैचारिकता को सूत्रबद्ध कर डालते हैं। इस कार्य में 'साकेत' और 'यशोधरा' दोनों की प्रबन्धात्मकता बाधित हुई हैं, पर गुप्तजी अपने कार्य की गति नहीं तोड़ते। गुप्तजी का मस्तिष्क और संवेदना भारतेन्दु से कम खुली नहीं हैं। भारतेन्दु का पद्यमय 'रेनासाँ' गुप्तजी की काव्यात्मकता में घुलकर नयी छवि धारण करता मिलता है। लोक-तत्त्व की शान्त सर्जनात्मकता का गुप्तजी में इतना जबर्दस्त झोंका आता है कि आभिजात्य की पूरी चहारदीवारी ढह जाती है। अभिजात-तत्त्व से टूटकर लोक-तत्त्व की सर्जनात्मकता का फैलाव और निकास गुप्तजी में एकदम साफ दिखाई देता है। उपेक्षितों के प्रति उनकी दृष्टि में जो करुणा का लोक-तत्त्व व्यापी भार है उसका आधार भी उनका यही लोक-तत्त्व का भाव-व्यापार है।

गुप्तजी के सामने अपने युग को वाणी देने की समस्या थी—फिर वे अन्तर्मुखी और आत्मनिष्ठ कवि नहीं थे। उनका काव्योन्मोचन भी परम्परा-ऐतिहासिकता से अर्जित था। अत: वे जिस कथा-चेतना को लेकर साहित्य में आये थे—वह तब तक की हिन्दी-काव्य-परम्परा को देखते हुए वस्तुतः एकदम नयी थी। उपलब्ध काव्य-भाषा, छन्द-लय और रचनात्मकता के स्तर पर उन्हें गहरा प्रतिरोध देती थी। अतः उसे अनुकूलित करने में उन्हें काफी समय लगा। खड़ीबोली की लय सिद्ध हो जाने पर 'साकेत' और 'यशोधरा' में उन्हें जागरण-सुधार युग की नारी-चेतना को व्यक्त करने में अधिक कठिनाई नहीं हुई। गुप्तजी न तो भारतेन्दु थे, न प्रसाद ही। पर भक्ति-युग की लोकतात्त्विक-सर्जनात्मकता से जो प्रेरणा-संबल उन्हें प्राप्त था—वह बहुत ठोस था। इसमें उनके भक्त और कवि दोनों एक साथ जी सकते थे। 'साकेत' तथा 'यशोधरा' में उन्होंने एक ऐसी कविता लिखने का उपक्रम किया जो न केवल उनकी सारी जीवनानुभूति और जीवन-दर्शन को एक कर दे; बल्कि अब तक के उनके कमाये हुए जीवनानुभव का भी रचना-तन्त्र में अच्छे से अच्छा उपयोग कर सके। 'यशोधरा' के रूप में उन्होंने नये ढंग का नाट्यरूपक लिखा जिसमें पद्य-गद्य के संयोग से नारी-व्यक्तित्व को नयी चुनौतियों के अनुकूल ढाल दिया। उसे एक ऐसा सोचने-समझने वाला व्यक्तित्व प्रदान किया जो चुनौतियों का सामना करने में सर्वथा सक्षम था। इस दृष्टि से 'यशोधरा' नारी-जागरण की

चेतना का समग्रता में विस्फोट हैं। 'यशोधरा' की कथा ने रोमानी-भावुकता को निकालकर उसे क्लासिकी-सौष्ठव के साथ चरितार्थ किया। नारी के सामाजिक अस्तित्व की गहराइयों में जाकर उसकी पुरुष से अलग एक पहचान बना दी—एक ऐसी पहचान जो अपने आधुनिक-बोध से उसे आधुनिक भारतीय नारी का तेजस्वी प्रतीक बना देती है। 'यशोधरा' के वेदन-तन्त्र में नारी को लेकर सभ्यता और संस्कृति की चुनौतियाँ आन्तरिक स्तरों पर सक्रिय थीं—इसलिए उन्हें संस्कारगत अस्तित्व की, जड़ों की चिन्ता से जूझना पड़ा। 'यशोधरा' का चिन्तनात्मक पद्य हमें एकाएक अचरज में डालकर एक संवेदना-घात पैदा करता है। तीव्र लिरिकल-मनः स्थितियों को कवि 'छेड़ों नहीं लता के छाले' के गीति-लाघव में बाँधता है—पर युगीन वैचारिकता और अनुभव-सम्पन्नता के कारण यह स्थिति देर तक नहीं रह पाती। फलतः, गुप्तजी आत्म-साक्षात्कार से ज्यादा आत्म-वेदना के कवि हैं। उनकी वृत्तियाँ कथात्मकता और कथारस में एकाग्र होती हैं और वे अधिक आत्मदानप्रेरित कवि दिखाई देते हैं।

मैथिलीशरण गुप्त भले ही भारतेन्दु नहीं थे—मगर बहुत ही जिम्मेदार किस्म के कवि थे, अपनी अनुभूति के प्रति, युग-प्रेरणा के प्रति, सांस्कृतिक परिस्थिति और परिवेश के प्रति, अपने अतीत और वर्तमान के प्रति। भारतीय संस्कृति के प्रति उनके मन में बड़ा गहरा अनुराग था। किन्तु, उनकी संस्कृति एक उधार 'कल्चर' वाली अवधारणा न थी। न वे भारतीय संस्कृति को वैदिक संस्कृति, पौराणिक संस्कृति, बौद्ध-संस्कृति, जैन-संस्कृति जैसे खानों में बाँटकर देखते थे। न उसे ऐन्द्रिय-भौतिक और आध्यात्मिक-संस्कृति का पर्याय मानते थे। उनके लिए समग्र भारतीय संस्कृति एक थी—जिसे अलग-अलग प्रवाहों ने मिलकर बनाया है। इस प्रवाह को कवियों, साधकों, तान्त्रिकों, दार्शनिकों ने मिलकर संस्कारित किया है—उनकी दृष्टि में बौद्ध-संस्कृति एक शाखा या एक कलम नहीं है—बल्कि वह भारतीय-संस्कृति का ही एक रूप है, एक सांस्कृतिक रूपान्तरण है। अन्य संस्कृतियाँ मानव की चिन्ता करती हैं—पर भारतीय संस्कृति मानव और मानवता दोनों की चिन्ता करती है। इसीलिए 'यशोधरा' कहती है—मेरे दुःख में विश्व का सुख भरा है। मैं धर्म की शरण में, संघ की शरण में, बुद्ध की शरण में जाती हूँ। यशोधरा सोचती है कि लोक-मंगल में ही मेरा भी मगल समाया हुआ है। चूँकि यह संस्कृति समर्पण. विलयन और खण्डन को हेय मानती है—अतः यशोधरा को हम गौतम के सामने चकित नहीं पाते—एकाकार, तदाकार रूप में पाते हैं। मानिनी के मान का यह चरम उदात्त रूप है। गौतम और गोपा में जब वैचारिक द्वैत रहा ही नहीं, तो विरोध कैसा ! नारी-नर का यह अद्वैत-ही लोक-मंगल का मूल है।

'साकेत' में उर्मिला के चरित्र पर गुप्तजी ने अपनी करुणा-जनित कल्पना से

प्रकाश डाला है। वाल्मीकि और तुलसी ने उर्मिला के त्याग पर चुप्पी साध ली थी—पर गुप्तजी उर्मिला के त्याग को लोक-भावभूमि के केन्द्र में लाये हैं। 'साकेत के आरम्भिक सर्गों में उर्मिला तथा लक्ष्मण का विलक्षण व्यक्तित्व चित्रित किया गया है। यहाँ कवि का ध्यान उर्मिला पर केन्द्रित है—नवम्‌सर्ग तो उर्मिला की विरह-कथा से ही गीला है। फिर भी गुप्तजी ने कृति का नाम 'साकेत' ही रखा है। शायद गुप्तजी राम-कथा के अन्य पात्रों पर भी अपनी दृष्टि डालना चाहते थे। राम और सीता, भरत और माण्डवी देवी की भाव-भक्ति भी मन में उमड़-घुमड़ रही थी। देश और काल के प्रभाव से गुप्तजी के राम और सीता वे नहीं हैं—जो वाल्मीकि अथवा तुलसी के सीता-राम रहे हैं। तुलसी के अवतारवाद का एक नया चरण यहाँ दृष्टिगत होता है। गुप्तजी ने नवयुग के प्रभाव से इस अवतार को नया रूप दिया—यथा—

'मैं आया उनके हेतु कि जो तापित हैं,
जो विवश, विकल, बलहीन, दीन, शापित हैं
भव में नव वैभव व्याप्त कराने आया,
नर को ईश्वरता प्राप्त कराने आया।'

यह उद्धरण अपनी वैचारिक मान्यताओं से एक युग-पुरुष का बिम्ब जागृत करता है। गुप्तजी गान्धी-युग के कवि हैं और गान्धी का व्यक्तित्व ही राम के भीतर झांकता दिखाई देता है। भारतीय राष्ट्रीयता के जननेता गान्धी राजनीतिक नहीं, एक सन्तयोद्धा थे। गान्धी का यही सन्तयोद्धा वाला रूप राम में जगह-जगह कौंध जाता है—'नर को ईश्वरता प्राप्त कराने आया।' क्या यही वह रहस्य नहीं है, जिसमें भारत में उठे स्वाधीनता-सग्राम के आन्दोलनों के साथ लोकतन्त्र का यह मन्त्र भी सुनाई देता है—

राजा हमने राम ! तुम्हीं को है चुना,
करो न तुम यों हाय ! लोकमत अनसुना।

'लोकमत' की ध्वनि के साथ सविनय अवज्ञा की ध्वनि भी गूँज उठी है—

उठो, प्रजाजन उठो, तजो यह मोह तुम,
करते हो किस हेतु विनत विद्रोह तुम।

राम के साथ अन्य पात्र भी लोक-जागरण की नवयुग वाली वाणी ही बोलते हैं। ननिहाल से वापिस आने पर शत्रुघ्न क्रोध में कहते हैं—

दूर हो ममता, विषमता, मोह,
आज मेरा धर्म राज द्रोह।

द्वादश सर्ग में उर्मिला अयोध्या की उद्वेलित सेना से कहती है—

पावें तुमसे आज शत्रु भी ऐसी शिक्षा,
जिसका अर्थ दण्ड हो इति हो दया तितीक्षा।

इन उदाहरणों से स्पष्ट है कि 'साकेत' में भारतीय स्वाधीनता-आन्दोलन की छाप काफी गहरी है। 'साकेत' का समाज दो भागों में विभक्त हो गया है—एक भाग वन में, एक भाग साकेत में। गुप्तजी उर्मिला की व्यथा में डूबे 'साकेत' में हीं रहे—वन में नहीं गए। जब साकेत का समाज चित्रकूट गया—तब गुप्तजी थोड़े समय के लिए वहाँ गए। किन्तु कथा की अन्तर्योजना को कवि ने खण्डित नहीं होने दिया। पाठक गण वनयात्रा, राक्षसों के वध की कथाएँ साकेत में ही सुनते रहे। बहुत-सा हालचाल एक पथिक ने सुनाया और शेष कथा संजीवनी बूटी लेने आये हनुमान सुना देते हैं। साकेतवासी राम-व्यथा से पीड़ित होकर लंका जाने की तैयारी करते हैं कि वशिष्ठ आ जाते हैं और योग-दृष्टि से लंका में घटित घटनाओं को साकेत में ही दिखा देते हैं—

मंत्रयष्टि से जहाँ उन्होंने भुजा उठाई,
दूर दृष्टि-सी एक साथ ही संबने पाई।

अतः शत्रु-संहार को जनता देख लेती है और राम के अयोध्या लौटने की तैयारी करती है। यहाँ गुप्तजी की प्रबन्ध-कल्पना वाल्मीकि-रामायण और तुलसी के 'रामचरितमानस' से प्रभावित होकर भी स्वतन्त्र है। गुप्तजी नवीन प्रसंगों की कल्पना में बड़े समर्थ कलाकार हैं। उर्मिला का चित्र कवि.कल्पना की सृजनात्मकता का प्रमाण देता है—

कनक लतिका सी कमल सी कोमला,
धन्य है उस कल्प-शिल्पी की कला।

'साकेत' के लक्ष्पण प्राचीन मर्यादाओं से मुक्त होकर कह सकते हैं—

उनको इस शर का लक्ष चुनूँगा क्षण में,
प्रतिषेध आपका भी न सुनूँगा रण में।

वे कैकयी पर भी बिगड़ते हैं और सीता पर भी। उन्हें कोई भय नहीं है।

उठा पिता के भीविरुद्ध मैं, किन्तु आर्य भार्या हो तुम,
इससे तुम्हें क्षमा करता हूँ, अबला हो आर्या हो तुम।

कवि ने सर्वत्र एक पुरुष-सिंह की भाँति ही लक्ष्मण को चित्रित किया है। कैकेयी के चरित्र का तो कायापलट ही कर दिया। किन्तु गुप्तजी की करुणा का अधिकाधिक अंश उर्मिला को ही मिलता है। सीता के भीतर भी नयी नारी जागी है। वे तकली चलाती हैं और गार्हस्थिक पवित्रता की कर्ममयी मूर्ति दिखाई देतीं हैं।

गुप्तजी दृश्य-चित्रण में बड़े माहिर हैं। साकेत के दृश्यों की गतिशीलता में इसी शक्ति से कही कोई बाधा नहीं पड़ी है। विचार-बिम्बों में साम्यवाद की पदचाप साफ सुनाई देती है। आ० रामचन्द्र शुक्ल ने 'साकेत' में प्रबन्धत्व की कमी का अनुभव करते हुए भी गुप्तजी की काव्यात्मकता के इस गुण को सराहा है

कि—"सब प्रकार की उच्चता से प्रभावित होने वाला हृदय उन्हें प्राप्त है। प्राचीन के प्रति पूज्य भाव और नवीन के प्रति उत्साह, दोनों इनमें है।" गुप्तजी छायावादी प्रगीत और अभिव्यञ्जना के लाक्षणिक—वैचित्र्य की ओर झुके थे—पर वे 'छायावादी' नहीं हुए। ऐसे ही गुप्तजी किसी एक विचारधारा के पीछे नहीं है—बहुत-सी विचार धाराएँ उनके काव्य में मिलकर मानवतावादी प्रवाह पाती हैं। गुप्तजी वैष्णव हैं—पर कट्टर, साम्प्रदायिक वैष्णव नहीं है—खुले और विद्रोही विचारधारा के वैष्णव हैं। फिर आधुनिक भारत के लोकजागरण की विवेक-वयस्कता ने उन्हें एक ऐसा मानव बना दिया था—जो धार्मिक-राजनीतिक क्षुद्रताओं से बहुत ऊपर उठ गया था। इसी मानसिकता ने गुप्तजी के पात्रों में लोकरक्षा, लोकचिन्ता के भाव पैदा किए हैं।

'साकेत' तथा 'यशोधरा' दोनों का कवि-जीवनी में वही स्थान है जो कामायनी, और 'लहर' का प्रसाद की कवि-जीवनी में। किसी भी रचनाकार की इससे बड़ी सार्थकता क्या हो सकती है कि उसके समस्त मूल्यवान जीवनानुभवों-विचारों शिल्पगत प्रयोगों को एक-दो कृतियों में ही सम्पूर्ण निकास मिल जाये; और उसकी कृतियों को पढ़ते हुए बार-बार पाठक उस मूल्य-चेतना से जीवन्त साक्षात्कार कर सके, जिसे कवि कराना चाहता था। 'साकेत' और 'यशोधरा' का सृजन क्षण एक ऐसा ही महान क्षण रहा होगा, जब सरस्वती ने मुक्तभाव से कवि को काव्य-दान किया होगा। क्योंकि 'साकेत' जैसा कथा-रस और रचाव, रचना-प्रेरणा का इतना प्रबल स्फोट, युग-धर्म की इतनी मजबूत पकड़ कभी-कभार ही कवि धर्म में देखने को मिलती है। यों तो बुद्धकथा पर लिखने की एक लम्बी परम्परा रही है। हिन्दी में आ० रामचन्द्र शुक्ल ने 'बुद्धचरित' नाम से एक भावानुवाद गुप्त जी के सामने ही किया। स्वयं गुप्त जी ने 'अनघ' में बुद्धकथा लिखी। पर 'यशोधरा' में जितनी काव्य-सम्भावनाएँ उजागर हुई उतनी अन्य स्थानों पर नहीं। हमारा पूरा नारी-जागरण यशोधरा के मुख से मुखर हो गया। नये छन्दों मे नये गीत चित्त को हरा-भराकर उठे और गोया राहुल के संवादों में वात्सल्य-रस ने नया जीवन पाया। 'गोपा बिन गौतम भी ग्राह्य नही मुझको' की मूल बात तब पकड़ में आ सकी, जब गुप्त जी ने यशोधरा को विचार-क्रान्ति की प्रतीक नारी बनाया। वास्तव में, अपने विचारों के साथ गुप्त जी यशोधरा में पूरी तरह मौजूद हैं, गौतम में नहीं। तुलसी की विचार-पंक्ति 'तिन्ह महँ अति दारून दुखद मायारूपी नारि' का गुप्त जी ने भुजा उठाकर विरोध किया और नारीत्व की नाक रख ली। 'सिद्धि मार्ग की बाधा नारी फिर उसकी क्या गति हैं?' का उत्तर गुप्त परवर्ती कोई भी चिन्तन-धारा न दे सकी। यशोधरा के माध्यम से मायावाद पर बुद्धिवाद की यह सबसे बड़ी विजय है। गुप्त जी की नारी-भावना का पूरा क्रान्ति-दर्शन यशोधरा के विचारों मे मौजूद है। यहाँ नारी आँसू और अबला का पर्याय नहीं है, शक्ति

और महिमा का महत्तम रूप है। 'अबला जीवन हाय ! तुम्हारी यही कहानी' पुरानी औरत के लिए सच था यशोधरा के लिए नहीं है। अतः गुप्त जी के इस कथन की वक्र भंगिमा का वैचारिक ध्वन्यर्थ पकड़ना होगा। जिसमें यशोधरा सिद्ध कर रही है कि जीवन भागने में नहीं है जीवन कर्म-वृत्ति के, लोक-मंगल-विधान में है। नारी प्रकृति है, पुरुष उससे भाग कर वहीं तक जा सकता है जहाँ तक गौतम बुद्ध गये थे पर हुआ क्या ? लौट कर फिर प्रकृति के पास ही आये। प्रकृति से मुक्ति नहीं है; प्रकृति चाहे तो पुरूष को मुक्त कर दे सकती है। यह गूढ़ार्थ ही यशोधरा का सार-संक्षेप है।

'साकेत, और 'यशोधरा' का कथातत्त्व काफी जरूरी है, वह कविता और कथा के लिए एक संरचनात्मक ढाँचा प्रस्तुत करता है। यह संरचनात्मक ढाँचा छन्द के वेगवान घोड़ों द्वारा खींचा जा रहा है। कथा में घिसीपिटी सूक्तियाँ नहीं है, विचार-गतियों के स्वच्छ बिम्ब हैं। 'साकेत' के छन्द में एक ऐसा नैरन्तर्य और प्रवाह है जो बिना भीतरी प्रेरणा के सम्भव नहीं होता। ऐसे ही 'यशोधरा' में मार्मिकता, द्रवणता और गति तीनों ही हैं और नयी लयों का कवि अनुसन्धान करता रहा है। कथा की आन्तरिकता में डूबकर कवि अपनी बात प्रकाशित कर सकता है, कथा-प्रकरणों में नाटकीय मोड़ों से नयी दिलचस्पी पैदा कर सकता है। 'साकेत' की प्रन्बधवक्रता में कवि को नये मोती मिले हैं। पर गोताखोर कवि को यदि कुछ घोंघे सीपियाँ भी मिल जाएं तो उनसे उजले चमकते मोतियों का मूल्य तो कम नहीं होता। वास्तव में, गुप्त जी 'साकेत' तथा 'यशोधरा' के सृजन से पूर्व ही एक प्रबन्धकार कवि के रूप में मँज चुके थे कथा के मार्मिक प्रसंगों की पहचान भी हो चुकी थी। इसीलिए लोक-मंगल की काव्य-चेतना को वे कथातत्त्व से अभिव्यक्त कर सके और उसमें कहीं भी कृत्रिमता का समावेश नहीं हुआ। 'यशोधरा, की तुलना में 'साकेत' का संगठन अधिक कलात्मक है, पर यशोधरा, काव्य गुणों से सम्पन्न होने पर भी कवि की विशिष्ट प्रतिभा के संदर्भ में एक सम्पूर्ण कलाकृति नहीं है। उसमें एक प्रकार की प्रयोगशीलता है और यह प्रयोगशीलता काव्य-संवेदना और काव्यरूप के स्तर पर काफी नयी चीज है। साहित्यिक दुनिया का एक घिसापिटा मुहावरा गुप्त जी ने 'यशोधरा' में नहीं दुहराया। गुप्त जी ऐसे कवि हैं जो अपने काव्य-व्यक्तित्व को वादों के घेरे से मुक्त रखकर अधिकाधिक गहराते जाते हैं। उनकी काव्यानुमति अपने समूचे विस्तार और गहराई में युग-धर्म जज्ब किए रहती हैं। यह सच है कि इस प्रक्रिया में कई बार अनगढ़ चीजें भी हाथ लग जाती हैं। पर वे अपना उत्साह बिदककर नहीं खो बैठते हैं। युगानुभूति को यह कविता ऊपर से कपड़े की तरह नहीं पहननी-ओढ़ती हैं, बल्कि वह काव्य की रासायनिक प्रक्रिया के भीतर से पक कर आती है !

'साकेत' में रामकथा के माध्यम से कवि युग-संघर्ष की धड़कनों को कविता

में रिला-मिला लेता है। इसलिये उनकी अनुभूतियों से तादात्म्य सहज ही हो आता है। उनकी पात्र साधना और जीवन-दर्शन की साधना साथ-साथ चलती है। उनमें खड़ी बोली का सहज स्वभाव ढलता है, पर वे लिरिकल उड़ान के पंखधारी कवि नहीं हैं। उनकी हिन्दी का मिजाज कुछ भी हो—पर वह कोरी बौद्धिकता या कोरी दार्शनिकता का तो नहीं ही है। यह ऐतिहासिक सच है कि उनके उत्साही काव्य-व्यक्तित्व से टकराकर खड़ीबोली कविता में काव्यत्व जन्म ले उठता है। 'साकेत' की कथा-वस्तु भाषा में अटकन पैदा करने पर भी कवि को अपनी पूरी बात कहने का अवसर देती है। कथा कवि को एक दृढ़ दृष्टि देती है। जिसमें कवि अपने विचारों के सही आलम्बन चुनता है। कवि का वाल्मीकि और तुलसी से बहुत कुछ मानसिक तादात्म्य है जिसमें वैष्णव-विचार-परम्परा बिजली की भांति कौंध जाती है। गुप्तजी समर्थ-प्रतीकों, के निर्माण में पटु नहीं है, फलतः वे कथा की विवरणात्मकता में ही अपनी चित्तवृत्तियों को एकाग्र किए रहते हैं। उनकी अर्थान्वेषी चेतना को ढंग के बिम्ब भी नहीं मिलते हैं, किन्तु इस कमी को वे प्रसंगों की मार्मिक-कल्पना से पूरा करते हैं—जैसे साकेत नगरी का चित्रण। फिर कविता के केन्द्र में कवि नहीं है, युग है। इस व्यापक युग-धर्म की चेतना के कारण ही 'साकेत' खड़ी बोली हिन्दी का प्रथम सफल महाकाव्य है। उन्होंने किसी फैशन के दबाव में यह महाकाव्य नहीं लिखा; और न सरस्वती के साथ बन्दोबस्त करके ही महाकाव्य रचने बैठे थे। वे न तो हरिऔध की भाँति खड़ी बोली में महाकाव्य 'प्रिय प्रवास' लिखने जैसी किसी चीज के लिए लालायित थे और न उन्हें महाकाव्य की सिद्ध-सैद्धान्तिकता वाला संस्कृत के आचार्यों का प्रमाण-पत्र चाहिए था। इसलिए गुप्तजी ने शास्त्रीय शैली का महाकाव्य नहीं लिखा है। गुप्त जी ने 'साकेत' में अपने युग की बौद्धिकता, सामाजिकता, लोकहित भावना, मर्यादावाद, सुधारवाद, नारी-जागरण, गांधी युग का विचार-प्रवाह, खड़ी-बोली की सहज कथात्मक उज्ज्वलता, छन्द की ललित गतिमयता आदि का समावेश करके 'सर्जन' किया। जिसका कथानक और उद्देश्य, रस-परिपाक और पात्र-कल्पना निश्चय ही उदात्त भाव-भूमि से सम्पन्न हैं। राष्ट्रीय सांस्कृतिक नवजागरण की उदात्त प्रेरणा ही 'साकेत' की सृजनात्मकता में भिदकर उसे महाकाव्य बनाने के लिए काफी रही है। पर महाकाव्य बनाने के लिए 'प्रिय-प्रवास', 'आर्यावर्त', 'हल्दी घाटी', 'जौहर', 'अंगराज', 'सिद्धार्थ', 'कौशल किशोर' 'साकेत सन्त' 'राम चरित चिन्तामणी', 'कृष्णायन', जैसे विशालकाय प्रबन्ध काव्य लिखे गए हैं—वह प्रयास या उस ढंग का प्रयास 'साकेत' में कहीं नहीं मिलता है। 'साकेत' कवि की अन्तःप्रेरणा और युग के महान् उद्देश्यों से पूरित रचना है—वह कवि की किसी महात्वाकांक्षा की पूर्ति नहीं है। शास्त्रीय नियमों की आन्तरिकता के अनुशासन में रहने पर भी 'साकेत' नवीन प्रबन्ध-चेतना और

गतिशील भारतीय संस्कृति की मूल्य-चेतना से सम्पन्न कलाकृति है। नायक और रस के शास्त्रीय नियमों को कवि ने खुली चुनौती दी है और रचना के रूपतन्त्रात्मक ढाँचे में परिवर्तन किया है। बारह सर्गों के इस प्रबन्ध-काव्य में राम-कथा का वर्णन करना कवि को अभीष्ट नहीं है। 'साकेत' का मूल स्वर उपेक्षित पात्रों को प्रकाश में लाने तक भी सीमित नही है। कवि का उद्देश्य है—नर में ईश्वरता का बोध कराना। गुप्तजी राम को मानव की महिमा भूमि पर लाये और इस लोक की लौकिकता की महत्त्व-प्रतिष्ठा की। गुप्तजी के विरोधी यह तर्क देते हैं कि 'साकेत' में राम-सीता को नायक न बनाकर, उर्मिला, लक्ष्मण, भरत को नायक बनाया गया है। कवि ने यह विचार नहीं किया कि उर्मिला-लक्ष्मण में नायक बनने की क्षमता नहीं है। इस तरह की बात कहने वाले भलेमानुषों को सोचना चाहिए कि क्या नायक किसी पात्र-विशेष की बपौती होता है। प्रेमचन्द ने इसीलिए बड़ा क्रान्तिकारी कदम उठाया था—राम और राणाप्रताप को हटाकर 'होरी' और 'सूरदास' को नायक बना दिया। गुप्तजी को हम प्रेमचन्द जैसा क्रान्तिकारी नहीं पाते; किन्तु लक्ष्मण-उर्मिला को नायक बना देखकर अतिशय आनन्दित अवश्य होते हैं। सौन्दर्य सीता में ही नहीं है—उर्मिला में भी है, गुप्तजी के इस विचार की कद्र की जानी चाहिए। रामभक्त होकर भी राम के प्रति अतिरिक्त मोह नहीं दिखाया, इस सन्तुलन पर भी ध्यान दिया जाना चाहिए। आखिर क्या कारण है कि गुप्तजी पूरी तैयारी से उपेक्षितों की ओर झुकते हैं ? इसका एक ही उत्तर मुझे मिल सका है कि वे करुणा के कवि हैं। इसलिए उन्होंने रामायण के विस्मृत, उपेक्षित तथा त्यक्त प्रसंगों, पात्रों और घटना-व्यापारों को अपनी दृष्टि का केन्द्र बनाया है। भक्ति यदि धर्म की रसात्मक अनुभूति का नाम है तो गुप्तजी उस कसौटी पर पूरी तरह खरे उतरते हैं। लोक-हृदय में अपने हृदय को मिला देना ही सच्चा कवि-कर्म है और इस दृष्टि से गुप्तजी दूर तक सहमत दिखाई देते हैं। लक्ष्मण और उर्मिला के मधुर और कार्य-प्रेरित संवाद, उर्मिला की चौदह वर्षों की विविध विरह दशाएँ, भरत की तपस्या, कैकेयी का चरित्र विकास आदि ऐसे व्यापार हैं जिनसे राम-कथा में नवीनता और आधुनिकता उत्पन्न हुई है। नवें सर्ग में उर्मिला की विरह-दशाओं के चित्रण में कवि की कथा ठहर अवश्य गई है पर उसने अपना जीवन-स्पन्दन नहीं छोड़ा। अत: यह तर्क कि नवें सर्ग को कथा से अलग कर देने में कथा-धारा में कोई कमी नहीं पड़ती—कहना अनौचित्यपूर्ण है। नारी-मन के अनन्त-भाव व्यापारों की धड़कन नवें सर्ग में ही मिलती है, जिसका मनोवैज्ञानिक और समाज-शास्त्रीय आधार पर्याप्त पुष्ट हैं। विराट्-जीवन-व्यापारों के चक्कर में जुआँ तुड़ाये बैल की तरह भागने से अच्छा है—हृदय के संवेगों को कलात्मक दक्षता से शब्दमूर्त्त करना। उर्मिला के विरह-वर्णन में जो भाव-उष्मा उत्पन्न होती है—वह लोकचित्तवृत्ति की तमाशाई हालत नहीं है, वरन्

नारी-वेदना की भाव-विद्ध रसदशा है। नवें सर्ग में विरह-वर्णन की परम्परागत रुढ़ियों के मिलने के कारण गुप्तजी से ज्यादा उनकी युग-सीमाओं में खोजे जाने चाहिए। ऐसा करने पर हम पायेंगे कि परम्परा की रूढ़ियों से छूटना एक साथ सम्भव कभी नहीं होता—वे धीरे-धीरे टूटती रहती हैं। यह बात 'साकेत' से आगे की कृति 'कामायनी' के विश्लेषण-विवेचन के आधार पर साफ समझी जा सकती है। 'कामायनी' में प्रसाद स्थूल कथा-यात्रा से ही मुक्ति नहीं लेते; बल्कि वे महाकाव्य के सभी परम्परागत साँचों और ढाँचों को तोड़कर एक नया प्रबन्ध स्थापित करते हैं। किन्तु, क्या 'साकेत' की रूढ़ियों की पहचान के बिना 'कामायनी' का यह रूपतन्त्रात्मक विद्रोह सफल हो पाता? कदापि नहीं। प्रसाद ने यह सिद्ध कर दिया कि कवि अपनी परम्परा को नष्ट नहीं करता—उसे बदलता और विकसित करता है ताकि वह अपनी प्रासंगिकता बनाये रह सके।

गुप्तजी ने 'साकेत' की कथावस्तु में रसानुरूप सन्धियों तथा कार्यावस्थाओं की योजना जानबूझकर नहीं की है—वे चाहते तो ऐसा कर भी सकते थे—पर उन्होंने छायावाद के प्रभाववश भी ऐसा नहीं किया। यदि वे ऐसा करते तो यह कार्य 'साकेत' की काव्यात्मकता की नाक में नकेल डालने जैसा ही होता। और हम कवि को अपने 'समय' में सही नहीं पाते। बदलते हुए देश और काल की आहट—'साकेत' का कवि सुनता है और यही चौकन्नापन गुप्तजी की शक्ति है। श्रृंगार-रस की प्रधानता होने पर भी 'साकेत' में रीतिकालीन श्रृङ्गार की लटकन, मटकन और भटकन नहीं है। वे मद और मस्ती में झूमने वाले कवि कभी नहीं रहे। सामन्तवादी मूल्य-दृष्टि को उन्होंने हमेशा फटकार कर अपने से दूर रखा है। उर्मिला और यशोधरा का विरह—एकान्त व्यक्तिवादी विरह नहीं है—उसमें लोक-चिन्ता, लोक-पीड़ा का पक्ष बराबर रहा है। यशोधरा में 'जाओ नाथ अमृत लाओ तुम मुझमें मेरा पानी' जैसा समर्थ भाव है तो उर्मिला में 'तुम मिलो अगर कर्त्तव्य छोड़ के। तो मरूँ न क्यों मैं मुण्ड फोड़ के' जैसा कर्म-सौन्दर्य-लोक है। महाकाव्य के शाश्वत लक्षण खोजने वाले 'साकेत' के महाकाव्यत्व से निराश हो सकते हैं; किन्तु मानव की चेतना को और इस जीवन-जगत को सतत् गतिशील, परिवर्तनशील और विकासशील मानने वाले इसे एक उत्कृष्ट काव्यात्मकता से भरी कलाकृति या महाकाव्य कहने में तनिक भी हिचक महसूस न करेंगे। आ० नन्द दुलारे वाजपेयी ने ठीक कहा है—"यों तो महाकाव्य की व्यापकता और महत्त्व के कोई सुनिश्चित प्रतिमान नहीं हो सकते और अन्ततः इस सम्बन्ध का निर्णय मतभेद से रहित नहीं हो सकता, किन्तु 'साकेत' काव्य का साहित्यिक जगत में जो सम्मान है, हिन्दी के ऐतिहासिक विकास में जो उसकी देन है, युग-चेतना के जो नवोन्मेष उसमें अपनी आभा बिखेर रहे हैं, उन्हें देखते हुए 'साकेत'

को महाकाव्य न कहना अन्याय होगा।" (आधुनिक साहित्य पृ० 54) आ० शुक्ल ने 'हिन्दी साहित्य के इतिहास' में दृष्टि को स्पष्ट करते हुए शुरू में ही कहा है कि "प्रसिद्धि भी किसी काल की लोक-प्रवृत्ति की ध्वनि है।" लोक-प्रवृत्ति की यही प्रतिध्वनि 'साकेत' को हिन्दी का गौरव-काव्य मानती रही है।

खड़ीबोली कविता की अभिव्यञ्जना की अनगढ़ राशि पर 'साकेत' तथा 'यशोधरा' ने जो शिल्प-सौष्ठव की नवीन रेखाएँ खींची हैं, उनका एक ऐतिहासिक महत्व है। खडीबोली कविता का यह सर्जनात्मक रचाव गुप्तजी ने काफी लम्बी काव्य-यात्रा के बाद ही पाया है। 'रंग में भंग' से लेकर 'भारत-भारती' के रचनाकाल तक का दौर काव्य-भाषा के अभ्यास का दौर है, किन्तु 'साकेत' और 'यशोधरा' का रचनाकाल कवि की प्रौढ़ावस्था का चरम सामने लाता है। 'भगवान भारतवर्ष में गूँजें हमारी भारती' की प्रार्थना अब प्रार्थना न रहकर वरदान में बदलने लगती है। 'साकेत' तथा 'यशोधरा' में सचमुच खड़ीबोली की सहजता; उज्ज्वलता तथा काव्यात्मकता मिलकर काव्य-भाषा को नया जीवन दे देती हैं। यहाँ काव्य-भाषा की ऐसी सम्भावनाएँ उजागर होने लगती हैं कि खड़ी बोली को काव्य-भाषा के लिए अपनाने का विरोध करनेवालों पर घड़ों पानी गिर जाता है। 'साकेत' तथा 'यशोधरा' का रचना-क्षण गुप्तजी के कवि के लिए ही नहीं, आधुनिक हिन्दी की काव्य-भाषा के लिए भी गहरी मुक्ति का क्षण है। हालाँकि यह सच है कि इस क्षण के लिए गुप्तजी को निरन्तर काव्य-साधना करनी पड़ी है। सचेत प्रयत्न की संकल्प भरी प्रेरणा के बिना यह कार्य सम्भव भी नहीं था। किन्तु यह भी सच है कि अनवरत साधना के फलस्वरूप प्रदीप्त-प्रेरणा का यह रचना-क्षण कवि को वह दे जाता है—जिसे वह माँग रहा होता है। भाषा के साथ कवि को जूझना पड़ता है, उसे मनाना और दुलराना पड़ता है—तभी वह निःसंकोच भाव से कविता में आ बैठती है। गुप्तजी ने भाषा के साथ इस हद तक श्रम किया है कि वह लगातार उनकी वशवर्तिनी बनती गई है। चेतन-अवचेतन के सहयोग के बिना इतने भरोसे की यह भाषा जन्म ही नहीं ले सकती थी—जिसके ऊपर बाद में छायावाद और नयी-कविता का सृजन-लोक जगमगा पाता। अनः निराला-पन्त, अज्ञेय और भवानी प्रसाद मिश्र की शब्द-साधना शब्द-संस्कार दीप्ति में—मैथिलीशरण गुप्त को पहचानने की जरूरत है। 'यशोधरा' से 'असाध्यवीणा' तक की भाषा-यात्रा का संघर्ष ही यह बता सकता है कि गुप्तजी की काव्य-भाषा का महत्व क्या था।

संस्कारगत अस्तित्व के साथ परिवेशगत संवेदना का सीधा-रिश्ता 'साकेत' और 'यशोधरा' की काव्य-भाषा से जुड़ता दृष्टिगत होता है। यह केवल काव्य-भाषा का दायित्व-बोध ही नहीं है, बल्कि व्यापक अर्थ में कवि के सामाजिक

दायित्व-बोध को पहचान एवं परख का काव्य-क्षेत्र है। गुप्तजी के काव्य में उदेशात्मकता, इतिवृत्तात्मकता और वर्णनात्मकता का प्राचुर्य इसलिए हुआ कि उनकी काव्य-संवेदना पर दयानन्द, तिलक और गान्धी तीनों के विचारों का बोझ एक साथ पड़ा। खड़ी बोली में काव्य-भाषा का यह शैशवकाल था—और नवजागरण आन्दोलन पारलौकिक जीवन के स्थान पर लौकिकता की महत्त्व-प्रतिष्ठा कर रहा था। रवीन्द्रनाथ और मैथिलीशरण गुप्त तथा सुब्रह्मण्य भारती आदि भारतीय-भाषाओं के लेखकों का रचनात्मक-संघर्ष एक ही देश में रहने पर भी एक-सा नहीं था। भारती और रवीन्द्रनाथ को सृजन-कर्म के लिए वह भाषा-परम्परा मिली थी—जिसमें उनको अपनी सृजनात्मकता को निकास देना था। किन्तु गुप्तजी के लिए ऐसा नहीं था। गुप्तजी के हाथ में वह खड़ीबोली आई, जिसे बहुत से लोग पहले तो कविता की भाषा के लिए ही उपयुक्त नहीं समझते थे। दूसरे, खड़ी बोली एकदम कच्ची थी, जिसे पालना-बढ़ाना और रक्षित करना था। अतः काव्य-भाषा के रूप को निखारने के लिए गुप्त जी को सबकुछ नया करना पड़ा, सबकुछ नया बनाना पड़ा। खड़ी बोली में कावित्व पैदा करना नये युग की सबसे प्रबल चुनौती थी—जिसे गुप्तजी ने स्वीकार किया। कारण, वे विकासमान, परिवर्तनशील जातीय जीवन से प्रेरित वर्तमान और भविष्य देख रहे थे। ब्रजभाषा की शृंगारिक कविता की बात न करें तो भी प्रश्न उठता हैं कि क्या वीररस-प्रदान ब्रजभाषा की रीतिकालीन कविता से गुप्तजी सन्तुष्ट थे ? एकदम नहीं। इसका प्रमाण गुप्तजी का दिसम्बर 1914 की 'सरस्वती' में 'हिन्दी कविता किस ढंग की हो ?' नामक लेख के इस कथन से साफ मिल जाता है कि "कितने ही कवियों ने अपने आश्रय दाताओं के विषय में वीर-रस की कविता की है, पर वे प्रायः शब्दाडम्बर के पीछे ही पड़े हैं। उनकी भाषा बनावटी है। कानों को कोंचनेवाली परुष पदावली उसमें अधिक दिखाई देती है, पर हृदय को उत्तेजित करनेवाली सामग्री बहुत कम। वही बाह्याडम्बर, वही घटाटोप और वही कृत्रिमता ! उनके वीरों के कार्य कौतुकी वीरों के कार्य जान पड़ते हैं। शस्त्रों की झंकार आपको बहुत सुन पड़ेगी, पर क्या हृदय की वास्तविक हुंकार भी सुनाई देगी ? बहुत कम। वीरों का शारीरिक संघर्ष भी बहुत मिलेगा, पर उनके भीतरी भावों का घात-प्रतिघात केवल कभी-कभी। उसमें कौशल हो तो हो, पर सरलता और अकृत्रिमता नहीं। वाक्य-विन्यास हो, पर स्वाभाविकता नहीं। इसी से जीवनी शक्ति भी नहीं।" गुप्तजी के इस कथन से जाहिर है कि वे भाषा में आडम्बरहीनता, सरलता, अकृत्रिमता, हृदय को रमाने वाली सहज शब्दावली और वाक्य-विन्यास की प्रकृत बनावट को ही उचित समझते थे और उसीको 'साकेत' तथा 'यशोधरा' में व्यावहारिकता प्रदान करने का यत्न उनका रहा है। 'साकेत' तथा 'यशोधरा' की काव्य-भाषा में शब्द-शक्तियों की सूक्ष्म-गहन पकड़ तो चाहे कवि को न हो, पर यह काव्य-भाषा आडम्बरहीन

अलंकरणों और चमत्कारी बनावटों से तो एकदम मुक्त है। इसका स्वच्छ वाक्य-विन्यास और प्रकृत काव्यत्व सीधे ही कथा को सम्प्रेषित करने में सक्षम है। आज का नया कवि जिस सम्प्रेषणीयता की समस्या को लेकर बेचैन है। यह समस्या गुप्तजी ने भी झेली थी—पर इसका उन्होंने बड़े शान्त-भाव से सामना किया था। गुप्तजी ने लोक-जीवन से शब्दों को सावधानी से बीना-चुना और संस्कृत-अंग्रेजी की ओर अन्धे होकर नहीं भागे। इसलिए गुप्तजी ने अपनी भाषा को खुद कमाया। आज हिन्दी के अधिकांश लेखक संघर्ष ही नहीं करना चाहते—उनका मन तो काव्य-भाषा की परोसी हुई थाली में भोग लगाने को करता है और थाली उन्हें नसीब नहीं होतीं। नसीब तभी हो सकती है—जब हम अपनी काव्य-भाषा-परम्परा के साथ वही श्रम करें—जैसाकि मैथिलीशरण गुप्त, निराला, पन्त और अज्ञेय ने किया है। यह भी सोचने की बात है कि तुलसी-सूर आदि की भाँति ही मैथिलीशरण गुप्त की कविता का प्रचार क्यो हुआ ? क्यों वे समस्त हिन्दी-भाषी जनता का संस्कार बन गये ? इसका उत्तर है कि गुप्तजी ने सर्वसाधारण की भाषा में कविता लिखी और दरबारी-चमत्कार प्रधान कविता के प्रभाव से अपने को दूर रखा है।

ब्रजभाषा-खड़ीबोली-विवाद के केन्द्र में खड़े होकर गुप्तजी ने लिखा—"राष्ट्रीयता और व्यापकता के लिहाज से बोलचाल की भाषा में कविता लिखना विशेष उपयोगी है। खुशी की बात है कि इसका प्रचार दिनोंदिन बढ़ रहा है और इसके विरोधियों की संख्या भी घट रही है। जो लोग 'खड़ी बोली' को कविता के योग्य नहीं समझते और पुरानी भाषा में ही—जिसे खड़ी बोली वाले चाहें तो पड़ी बोली कह सकते हैं—कविता किए जाने का आग्रह करते हैं, वे सच पूछिये तो, हमारी राष्ट्रभाषा के जानी दुश्मन हैं। वे उस पर व्यर्थ दोषोरोपण करके उसकी योग्यता में बट्टा लगाने की चेष्टा करते हैं। परन्तु, जैसा ऊपर कहा गया है, प्रसन्नता की बात है कि ऐसे लोगों की संख्या घट रही है और बोलचाल की भाषा की कविता दिनोंदिन अपनी लोक-प्रियता सिद्ध कर रही है।" अत: हमें गुप्तजी के काव्य-भाषा प्रतिमान पर भी गम्भीरता से विचार करने की जरूरत है।

'साकेत' और 'यशोधरा' में गीतों की ओर रुझान होने के साथ ही गुप्तजी प्रयोगों की स्वच्छन्द मन:स्थितियों का भी परिचय देते हैं। छन्दों के प्रयोग में जो स्वच्छन्दता तुलसी और भारतेन्दु में मिलती है—उसकी एक महत्त्वपूर्ण झलक 'साकेत' और 'यशोधरा' के छन्द-विधान, में दिखाई देती है। आ० महावीर प्रसाद द्विवेदी नवीन छन्दों के प्रयोग के बड़े हिमायती थे। वे कहते थे—"हम समझते हैं कि दोहा, चौपाई, सोरठा, घनाक्षरी, छप्पय और सवैया आदि का प्रयोग हिन्दी में बहुत हो चुका। कवियों को चाहिए कि यदि वे लिख सकते हैं तो इनके अतिरिक्त और और छन्द भी लिखा करें।" आ० द्विवेदी की यह सलाह

गुप्तजी जैसे कवि के लिए सबसे पहले थी। इसी प्रकार आ० द्विवेदी का झुकाव माइकेल मधु सूदनदत्त की ओर काफी था—वे उनकी पसन्द के खास कवि थे। गुप्तजी ने माइकेल के 'मेघनाद-वध' का अनुवाद आ० द्विवेदी की प्रेरणा से ही किया था। फिर बंगला के नये छन्दों को देखकर आ० द्विवेदी ने अपने लेख 'माइकेल मधुसूदन दत्त' में लिखा था—"जब इस प्रकार के छन्द बंगला में लिखे जा सकते हैं, और बड़ी योग्यता से लिखे जा सकते हैं, तब उनका हिन्दी में लिखा जाना भी सम्भव है। लिखने वाला अच्छा और योग्य होना चाहिए।" गुप्तजी पर इन विचारों का प्रभाव पड़ा था और वे अतुकान्त छन्द से लेकर मुक्त-छन्द तक बढ़े थे। 'सिद्धराज' मुक्तछन्द की सफल कविता का उदाहरण है। पर 'साकेत' तथा 'यशोधरा' के तुकान्त-छन्दों की तुक्कड़ी वृत्ति ने गुप्तजी की आलोचना को बढ़ावा दिया है। गुप्तजी करते क्या नवीन और कच्ची काव्य-भाषा की यह अनिवार्य विवशता थी। कोई बलवती प्रेरणा ही गुप्तजी से 'यशोधरा' में 'तक्र' 'वक्र' 'नक्र' की तुक भिड़वाती है—अन्यथा गुप्तजी तुकबन्दी के दोषों से अनजान न थे। वे स्वयं लिखते हैं कि—'जो लोग यह कहहै हैं कि अनुप्रास नई सूझ पैदा करते हैं, वे कृपा कर इस विषय में फिर विचार करें। अनुप्रास नई सूझ पैदा करते हैं, यह कहना किसी कवि का अपमान करना है। वे यह कहते हैं कि अनुप्रास का बन्धन कवि को बाधा नहीं दे सकता तब भी एक बात थी। परन्तु क्या वास्तव में ऐसा ही है? इसे भुक्तभोगी ही जान सकते हैं कि एक सी तुक के कारण कितनी कठिनाई उठानी पड़ती है। जिनका काफिया तंग नहीं होता, निस्सन्देह वे भाग्यवान हैं; परन्तु वे भी यह मानने के लिए तैयार न होंगे कि अनुप्रास के कारण हमें सूझ होती है। जो लोग ऐसा मानते हैं दया के पात्र हैं। बहुधा ऐसा होता कि अनुप्रास के लिए भाव भी बदल देना पड़ता है। शब्दों के तोड़-मरोड़ की तो कोई बात ही नहीं। कभी-कभी अनावश्यक और अनर्थक पद का प्रयोग करने के लिए विवश होना पड़ता है। यह कविता के लिए ठीक प्रतिकूल होता है। जो बात गौण होती है उसे प्रधानता देनी पड़ती है और जो प्रधान होती है उसे गौण बनना होता है। कवि के स्वाभाविक धाराप्रवाह को धक्का लगता है और सारा रस चल-विचल हो जाता है। कवि, जिस शब्द का प्रयोग करना चाहता है—उसके बदले लाचार होकर उसे दूसरा शब्द रखना पड़ता है।" यहाँ गुप्तजी ने अपनी भोगी हुई बात कही है। वास्तव में, उनसे ज्यादा तुकबन्दी करने में शायद ही किसी कवि ने इतनी खोपडी खपाई हो। उनकी तुकबन्दी की विवशताओं से 'साकेत' और 'यशोधरा' दोनों ही भरी पड़ी हैं। 'मेघनाद-वध' के अनुवाद की भूमिका में वे कहते हैं—"सच तो यह है कि तुक एक कृत्रिमता है। जहाँ तक कानों का सम्बद्ध है, वह भले ही अच्छी मालूम हो; किन्तु हृदय हिला देने वाली वस्तु दूसरी ही होती है। जो अतुकान्त कविता को बेतुकी कहकर उसकी हँसी

उड़ाते हैं, उन्हें याद रखना चाहिए कि वाल्मीकि, व्यास और कालिदास ने तुकबन्दी नहीं की।"

निष्कर्ष में, कह सकते हैं कि बहुत-सी सीमाओं के रहने पर भी 'साकेत' और 'यशोधरा' नयी कृतियाँ हैं, जिनमें खडीबोली की कविता के इतिहास का एक युग धड़क रहा है।

भाषा संघर्ष और काव्य-भाषा

खड़ीबोली को काव्य-भाषा के रूप में प्रतिष्ठित करने के लिए मैथिलीशरण गुप्त को जो लम्बा ऐतिहासिक संघर्ष करना पड़ा है, उसका महत्त्व अक्षुण्ण रहेगा। किन्तु इस ऐतिहासिक संघर्ष को ठीक-ठीक समझ के लिए उस परिवेश को भी हृदयंगम करना होगा—जिसने गुप्तजी की पूरी मानसिकता को निर्मित किया है। गुप्तजी के जन्म के एक वर्ष पहले ही सन् 1885 में बम्बई में कांग्रेस की स्थापना हुई। यह नवजागरण के शक्ति-प्रवाह का युग था। ब्रिटिश साम्राज्यवाद और उपनिवेशवाद के प्रति भारतीय जनता में व्यापक असन्तोष व्याप्त था। स्वाधीनता संग्राम के बढ़ते दौर में मानव-मुक्ति के नये मूल्यों और संघर्षों को अभिव्यक्त करने में ब्रजभाषा अब सर्वथा अक्षम थी। नये युग की नयी संवेदना और विचार-सम्पदा को नयी भाषा में ही ठीक-ठीक शब्द-मूर्त्त किया जा सकता था और इस कार्य को करने में खड़ीबोली ही सर्वथा उपयुक्त थी। हिन्दी-प्रदेशों में नव-जागरण की चेतना ने खड़ीबोली को पनपने और फैलने की भूमिका तैयार की। एक प्रकार से नवजागरण की काव्य-भाषा खड़ी बोली ही सच्चे अर्थों में बनी है।

उन्नीसवीं शताब्दी से पूर्व ब्रजभाषा साहित्य की भाषा मात्र न होकर संगीत की भी भाषा थी। दरबारों मे ही इसकी धमक न थी—बल्कि सन्तों-फकीरों के हृदय पर भी इसकी गहरी प्रेमछाप थी। सन्तों और सामन्तों की इस भाषा को साहित्य से हटा देना हँसी-खेल नहीं था। इसलिए एक आधुनिक-संवेदना की काव्य-भाषा के रूप में खड़ीबोली को प्रतिष्ठित करने में कड़ा संघर्ष करना पड़ा। यह सच है कि खड़ीबोली के लिए ऐतिहासिक-परिस्थितियों का बड़ा अनुकूल रुख रहा। आधुनिक भारत में उपनिवेशवाद, पूंजीवाद के व्यापारिक-सरोकार जितने अधिक बढ़ते गए हैं—उतनी ही सुभीता खड़ी बोली को बाजारों, जनपदों की की मण्डियों में मिलती गई। शहरी व्यापारियों ने खड़ीबोली को दूर-दूर के प्रदेशों में पहुँचाया। सामाजिक-आर्थिक-स्थितियों को समझते हुए ही भारतेन्दु-युग के लेखकों ने निर्णय लिया था कि गद्य की भाषा खड़ीबोली ही होगी चाहे पद्य ब्रजभाषा में लिखा जाता रहे। कारण, इस काल के लेखकों को खड़ीबोली की

मिठास पर भरोसा न था। काव्य-मिठास ब्रजभाषा ही दे सकती है—यह उनका अनुभव था। दिलचस्प बात यह है कि स्वयं आ० महावीर प्रसाद द्विवेदी, मैथिली शरण गुप्त आदि का कवि-कंठ ब्रजभाषा में ही प्रथम बार फूटा था। महावीर प्रसाद द्विवेदी की बहुत-सी कविताएँ 'सरस्वती' में ब्रजभाषा में ही छपी थी—पर उन्होंने शीघ्र ही यह बोध भी प्राप्त कर लिया था कि बोलचाल की खड़ीबोली में ही कविता लिखी जानी चाहिए। यह भी सच बात है कि आ० द्विवेदी के 'सरस्वती' के सम्पादक बनने से पहले ही पद्य में ब्रजभाषा की जगह खड़ीबोली को साहित्य क्षेत्र में प्रतिष्ठित करने के आन्दोलन होने लगे थे। मुजफ्फरपुर के बाबू अयोध्या प्रसाद इस आन्दोलन को बड़ी शक्ति दिए थे और श्रीधर पाठक इस समय खड़ी बोली में ही कविता कर रहे थे। हालांकि उनकी खड़ी बोली में ब्रजभाषा का काव्य-संस्कार बजता था—लेकिन खड़ी बोली को काव्य-भाषा बनाने की तैयारी उनमें निश्चय ही थी। आ० रामचन्द्र शुक्ल ने 'हिन्दी साहित्य का इतिहास' में श्रीधर पाठक की पुस्तक 'एकान्त वासी योगी' को ही खड़ीबोली की पहली पुस्तक माना है। पाठक जी ने खड़ी बोली में फुटकल कविताएँ रचने के साथ ही 'श्रान्त-पथिक' (गोल्डस्मिथ के ट्रैवेलर का अनुवाद) भी खड़ीबोली में ही किया। लेकिन उनमें ब्रजभाषा का मोह भी कम न था—वे बराबर ब्रजभाषा में भी कविताएँ करते रहे। स्वयं हरिऔध जी काव्य-भाषा के रूप में खड़ीबोली का महत्त्व समझ गए थे। 'खड़ी बोली के लिए उन्होंने पहले उर्दू के छन्दों और ठेठ बोली को ही उपयुक्त समझा, क्योंकि उर्दू के छन्दों में खड़ीबोली अच्छी तरह मँज चुकी थी। अतः यह विचार करने की जरूरत है कि खड़ी बोली को 'काव्य-भाषा' के रूप में स्थापित करने वाला पहला कवि कौन है? श्रीधर पाठक, हरिऔध, आ० द्विवेदी या मैथिलीशरण गुप्त? बहसों, तर्कों से जूझने पर निर्णय यही आता है कि मैथिलीशरण गुप्त ने खड़ी बोली को 'काव्यभाषा' के रूप में प्रतिष्ठित करने में बहुत बड़ी भूमिका अदा की है। कारण, खड़ी बोली के व्यवहार का नये सांस्कृतिक जागरण, राष्ट्रीय भावनाओं के उत्कर्ष, लौकिकता की प्रतिष्ठा आदि से गहरा सम्बन्ध रहा है। आधुनिक भारतीय सांस्कृतिक नवजागरण ने भीतर-बाहर से परिवर्तन के लिए जिन अनेक क्षेत्रों को खोला था—उनमें भाषा-परिवर्तन भी एक था।

भाषा-परिवर्तन के इस पूरे संक्रमण में ब्रजभाषा से खड़ीबोली तक की काव्य-यात्रा एक केन्द्रीय संवेदना से परिचालित थी—जिसमें ध्येय था—जनसाधारण की भाषा को पूर्ण स्वीकृति। वास्तव में, व्यापकता के कारण ही उर्दू दाँ, फारसी दाँ लोग भी लोक-भाषा हिन्दी की ओर झुक पड़े थे। 'रसा' उपनाम से उर्दू में गजलें लिखने वाले भारतेन्तु बाबू के खड़ीबोली के संस्कारों में उर्दू की धमक ही अधिक थी। किन्तु, भारतेन्दु के बाद की खड़ी बोली में हिन्दी-जाति की जातीय

अस्मिता तरुणाई लेकर उठ खड़ी हुई। इसी तरुणाई का काव्यात्मक-विस्फोट मैथिलीशरण गुप्त में हुआ। खड़ीबोली के परिमार्जन और प्रतिमानीकरण का कार्य आ० महावीरप्रसाद द्विवेदी ने किया और उन्होंने ही गुप्तजी को यह प्रेरणा दी कि वे बोलचाल की खड़ीबोली में कविताएं लिखें। ब्रजभाषा में लिखी गुप्तजी की एक कविता को लौटाते हुए आ० द्विवेदी ने साफ लिखा था कि 'सरस्वती' में बोलचाल की खड़ी बोली में लिखी कविताओं को ही स्थान मिलता है।' आ० द्विवेदी की भाषा-नीति में बोलचाल की खड़ीबोली के लिए संकल्प बराबर दिखाई देता है। उन्होंने यह बीड़ा भी उठाया कि गद्य-पद्य की भाषा अलग-अलग न होनी चाहिए। जुलाई 1901 की 'सरस्वती' में 'कवि-कर्त्तव्य' लेख का यह कथन देखिये—"गद्य और पद्य की भाषा पृथक-पृथक न होनी चाहिए। यह एक हिन्दी ही ऐसी भाषा है जिसके गद्य में एक प्रकार की और पद्य में दूसरी प्रकार की भाषा लिखी जाती है। सभ्य समाज की जो भाषा हो उसी भाषा में गद्य-पद्यात्मक साहित्य होना चाहिए।" उनके लिए विशेष बात यह थी कि 'बोलना एक भाषा और कविता में प्रयोग करना दूसरी भाषा, प्राकृतिक नियमों के विरुद्ध है। जो लोग हिन्दी ही बोलते हैं और हिन्दी ही के गद्य-साहित्य की शुश्रूषा करते हैं उनके पद्य में ब्रज की भाषा का आधिपत्य बहुत दिन नहीं रह सकता।" आ० द्विवेदी ने स्वयं खड़ीबोली में काव्य-सृजन किया और प्रतिभा शाली कवियों को बोलचाल की खड़ीबोली में काव्य-सृजन करने के लिए भरपूर प्रोत्साहित किया। 1903 की फरवरी-मार्च की 'सरस्वती' में 'हिन्दी भाषा और उसका साहित्य' लेख में कहा—"कुछ दिनों से हिन्दी के लेखकों का ध्यान पद्य की ओर से बचा पाना बड़ा दुष्कर कार्य था।" गुप्तजी यह बात बड़े-बड़े कवियों के मुख से सुन रहे थे कि खड़ीबोली को काव्य का उपयुक्त माध्यम नहीं बनाया जा सकता। अपने भाषा-चिन्तन से हिन्दी को तोड़ने का सबसे खतरनाक प्रयत्न ग्रियर्सन ने करना चाहा था। उनकी भेद-नीति का ही नतीजा था कि वे हिन्दी को उसकी बोलियों (जैसे बिहारी आदि) से अलग भाषा मानने की सत्यानाशी नीति चला रहे थे। इस चालाक भाषाविद् ने लिखा—"मेरा दृढ़ विचार है कि खड़ी बोली में काव्य-रचना करने के सभी प्रयास निश्चय ही असफल होंगे।' लेकिन, ग्रियर्सन की इस कूटचाल को आ० महावीरप्रसाद द्विवेदी अच्छी तरह पहचानते हैं और अपने प्रभा-मण्डल के कवियों को पहिचनवाने में मदद करते हैं। भारतीयों को विशेषकर हिन्दी-प्रदेशों को आपस में लड़ाने के लिए जो नीति अँग्रेजों ने बनाई थी उसके सिद्धान्तकार ग्रियर्सन ही थे। भाषा-विज्ञानी का मुखौटा ओढ़कर इन्होंने भारतीय भाषाओं का सर्वेक्षण कराया था। ग्रियर्सन की भाषाभेद-नीति का पर्दाफाश आ० द्विवेदी ने सन् 1907 में प्रकाशित अपनी एक लघु पुस्तिका 'हिन्दी भाषा की उत्पत्ति' में किया है। इस पुस्तक में लिखा है "एक

नई बात जो और मालूम हुई है वह यह है कि जो हिन्दी बिहार में बोली जाती है उसका जन्म-सम्बन्ध बंगला से अधिक है, हम लोगों की हिन्दी से कम।" (पृ० 5) 'बंगाल और बिहार की भाषा' शीर्षक लेख-सं० 1977 में लिखा—"डाक्टर ग्रियर्सन की राय है कि मागधी प्राकृत से चार भाषाएँ उत्पन्न हुई हैं—बिहारी, बंगला, उड़िया और आसामी। आप बिहार की भाषा को हिन्दी नहीं कहते, बिहारी कहते हैं। इसलिए कि उसकी प्रकृति हिन्दी से भिन्न है; वह बंगला से अधिक मिलती है हिन्दी से कम। यह दुःख की बात है।' आ० द्विवेदी के लिए यह दुःख की बात इसलिए थी कि ग्रियर्सन का भाषाशास्त्र फूटडालो की फिरंगी नीति का जहर उग़ल रहा था। इसलिए आचार्य द्विवेदी ने ग्रियर्सन को 'भेदभाव के इतने बड़े भक्त' ठीक ही कहा था। अँग्रेज जातीय-भाषा के रूप में हिन्दी का विकास न देखना चाहते थे। खड़ीबोली जो राष्ट्रीय-सांस्कृतिक जागरण की वाहक भाषा थी। उसका विकास वे कैसे सहन कर सकते थे। अच्छी बात यह थी कि हिन्दी का प्रबुद्ध लेखक-विचारक यह समझ गया था कि विचार-व्यवहार की भाषा खड़ीबोली हो और भाव-जगत् की अभिव्यक्ति का माध्यम ब्रजभाषा हो—यह नहीं चल सकता। गद्य-पद्य की एक ही भाषा हो—खड़ीबोली। इस चुनौती को गुप्तजी ने स्वीकार करते हुए लिखा—"राष्ट्रीयता और व्यापकता के सिद्धांत से बोलचाल की भाषा में कविता लिखना विशेष उपयोगी है। खुशी की बात है कि इसका प्रचार दिनोंदिन बढ़ रहा है और इसके विरोधियों की संख्या घट रही है। जो लोग खड़ीबोली को कविता के योग्य नहीं समझते और पुरानी भाषा में ही जिसे खड़ी बोली वाले चाहें तो पड़ी बोली कह सकते हैं—कविता किए जाने का आग्रह करते हैं, सच पूछिए तो हमारी राष्ट्रभाषा के जानी दुश्मन हैं। वे इस पर व्यर्थ दोषारोपण करके उसकी योग्यता का बट्टा लगाने की चेष्टा करते हैं। परन्तु जैसा ऊपर कहा गया है, प्रसन्नता की बात है कि ऐसे लोगों की संख्या घट रही है और बोलचाल की भाषा की कविता दिनोंदिन अपनी लोकप्रियता सिद्ध कर रही है।" (सरस्वती-1914 दिसम्बर)।

गुप्तजी में बोलचाल की खड़ीबोली को काव्य-भाषा बनाने का संकल्प इतना अधिक उमड़ता-घुमड़ता रहा है कि वे जब जगन्नाथ प्रसाद 'भानु' की पुस्तक 'काव्य प्रभाकर' की आलोचना में प्रवृत्त होते हैं तब यह कहने में नही चूकते हैं कि—"मेरी अल्पबुद्धि तो यही कहती है कि अब खड़ीबोली में ही कविता हो सकती है। जिस हिन्दी को हम लोग राष्ट्रभाषा बनाने का प्रयत्न करें, उसी का साहित्य कविता से खाली पड़ा रहे, यह कैसे दुःख की बात है। कविता, साहित्य का प्राण है। जिस भाषा में कविता नहीं, वह भाषा कभी साहित्यमयी होने का गर्व नहीं कर सकती। और जिस भाषा को साहित्य का गर्व नहीं, वह राष्ट्रभाषा क्या खाक हो सकती है? अतएव बोलचाल की भाषा में ही कविता होना जरूरी

है। 'ब्रजभाषा' की कविता सब कहीं इतनी बोधगम्य नहीं हो सकती, जितनी खड़ीबोली की कविता हो सकती है। मेरी राय में आपका यह कहना ठीक नहीं कि ब्रजभाषा के कवियों को खड़ीबोली की ओर न झुकाया जाय।' भानु जी ने कविता में ब्रजभाषा की जो वकालत की थी—उसका प्रबल प्रतिवाद करते हुए आगे लिखा—"आपका यह कहना सर्वथा अनुचित, अदूरदर्शिता दर्शक और देश-हित घातक है कि 'यह आग्रह करना कि आजकल खड़ीबोली में ही कविता की जाए सर्वथा हानिकारक है।' यह कहना हानिकारक होना तो दूर रहा, उल्टा लाभदायक है। इसे हानिकारक कहना मानो हिन्दी को सर्व भाषा बनाने के प्रयत्न में बाधा डालना है।" गुप्त जी के विचारों की प्रगतिशीलता का प्रमाण अनेक कथनों से मिलता है। एक कथन और देखिए "भानु जी भले ही बोल-चाल की भाषा की कविता को अपने ग्रन्थों में स्थान न दें. और ब्रजभाषा के कवियों को खड़ीबोली की कविता की तरफ झुकाने से मना करें, पर समय की गति को कौन रोक सकता है ? वे दिन नजदीक आ रहे हैं, जब कविता की भाषा का मुख्य आसन बोलचाल की भाषा ही को प्राप्त होगा और हमारी हिन्दी वह हिन्दी जिसमें सब तरह की किताबें लिखी जाती हैं और जो राष्ट्रभाषा होने का पूरा दावा रखती है, गद्य और पद्य दोनों में समानता को प्राप्त होकर पूर्ण रूप से अपने अधिकार को प्राप्त होगी।" (मं० श० अ० ग्र०-पृ०271) गुप्तजी के उपरोक्त कथन में राष्ट्रीय-सांस्कृतिक नवजागरण से आन्दोलित विचारों की गहरी अनुगूंजें हैं। युग-चेतना का यही प्रभाव गुप्तजी जैसे मर्यादा-प्रेमी वैष्णव कवि की रचनाओं में बराबर परिलक्षित होता है। लोक-संवेदना की इसी शक्ति ने उन्हें 'राष्ट्रकवि' का वह गौरव पद दिया है और यही कवि देशभक्ति के काव्य लिखकर युग को उद्बोधन देता रहा। बड़ी बात यह कि इस वैष्णव-भक्त कवि ने परलोक को अंगूठा दिखाकर लोक की महिमा का स्तवन किया। 'रंग में भंग' 'भारत भारती' 'झंकार' और 'दिवोदास' में यही चिन्तन नयी काव्य-छाप छोड़ता है। गुप्त जी नर के भीतर के नारायण को, पुरुष के पुरुषार्थ को बोलचाल की काव्य-भाषा में जनता के सामने रखते रहे। 'भारत-भारती' की राष्ट्रीयता आज चाहे जैसी दिखाई दे पर जब वह लिखी गई थी तो उसके भीतर से पूरा देश बोल उठा था। राष्ट्रवाद की निष्पत्ति जिस संकीर्णतावाद को जन्म देती है उसका कोई रिश्ता 'भारत भारती' की राष्ट्रीयता से नहीं जुड़ता है। क्योंकि यह पराधीनता की पीड़ा से पिसते देश में स्वाभिमान की भावना का वह विस्फोट था जो हमारे इतिहास की अक्षय निधि रहा है। इसलिए गुप्तजी की राष्ट्रीयता का सम्बन्ध मानववाद से जुड़ता है जिसमें पराधीन देश की पीड़ा से मुक्ति पाने का भाव प्रबल है।

बोलचाल की खड़ीबोली के संस्कार और परिमार्जन में 'जयद्रथवध' और

'भारत-भारती' ने एक ऐतिहासिक भूमिका अदा की है। तरुण-पीढ़ी ने इन काव्यों में भाव-भाषा दोनों को पाया। यह ठीक है कि आ० द्विवेदी ने गुप्तजी को नयी भाषा-चेतना से मण्डित किया था। किन्तु आ० द्विवेदी के विचारों की सैद्धान्तिकता रखी की रखी रह जाती यदि खड़ीबोली भाषा को गुप्तजी जैसा ग्रामीण-संस्कारों का धुनी व्यवहर्त्ता न मिलता। बोलचाल की खड़ीबोली की परती जमीन को इस कवि ने तोड़ा, उसके ढेले फोड़े, पटेला चलाया और मिट्टी को इस कदर नम और भुरभुरा बनाया कि उसमें सृजनात्मकता के उर्बर बीज बोये जा सके। गुप्तजी की 'काव्य-भाषा' में जन-बोली की लय बजती है, वेतवा नदी का प्रवाह थिरकता है और आल्हखण्ड की ठेठ शब्द-योजना का संगीत गूँजता है।

जिस बात पर हमारा ध्यान जाना चाहिए—वह यह है कि गुप्तजी ने भारतीय काव्य-शास्त्र का अच्छा अध्ययन किया था—तथा काव्य तथा भाषा के सम्बन्ध को वे गहराई से समझते थे। अंग्रेजी का ज्ञान उन्हें न था—जो उनके लिए बड़ा हितकारी सिद्ध हुआ। यदि उन्होंने अंग्रेजी पढ़ी होती तो अन्य बहुत से कवियों की भाँति वे अंग्रेजी के 'अनुकरण' से भ्रष्ट हो गए होते। उनकी देशीयता और मौलिकता में वह खरापन न आता—जो आज नसीब होता है। भारतीय काव्यशास्त्र में काव्य-हेतु अथवा काव्य के प्रेरक-तत्वों की बड़ी बारीक चर्चा हुई है। काव्य के तीन हेतु माने गए है—प्रतिभा या शक्ति, व्युत्पत्ति अथवा बहुज्ञता अथवा निपुणता, और अभ्यास अथवा—निरन्तर साधना। इन काव्य-हेतुओं में कौन प्रधान है, कौन गौण है—इस प्रश्न पर जोरदार विवाद हुआ है—लेकिन बहुमत यही रहा है कि प्रतिभा ही काव्य का प्रधान हेतु है शेष दो प्रतिभा के ही संस्कारकहेतु हैं। गुप्तजी ने इस काव्य-चिन्तन के आधार पर 'काव्य-प्रभाकर' की आलोचना में प्रतिभा को ही काव्य-सर्जना का मूल हेतु या कारण माना है। उन्होंने जगन्नाथप्रसाद भानु के मत का खण्डन करते हुए लिखा, 'यहाँ भानु जी अभ्यास को प्रधानता देते हैं। पर मेरी राय में कविता विशेषकर शक्ति या प्रतिभा पर ही अवलम्बित रहती है। अभ्यास तो होता ही है, पर यदि प्रतिभा नहीं है तो कवि होना कठिन ही नहीं, असम्भव है। और, प्रतिभा ईश्वरदत्त होती है। वह उत्पाद्या भी होती है पर असल असल ही है।" प्रतिभा ही सामान्य भाषा की आकृति में वह संरचना निष्पन्न करती है—जो काव्य बन जाती है और 'काव्य-भाषा' में प्रकाश फोड़ती है। सामान्य-भाषा काव्य-भाषा से उसी प्रकार पृथक् है—जैसे जल से लहर भिन्न है। कविता शब्द में रची जाती है और गद्य भाषा में। कारण, काव्य-भाषा सामान्य भाषा के भीतर अन्तरस्पर्श से आलोकित एक विशेष भाषा है। कवि-प्रतिभा, जो सृजनात्मक भाषा का निर्माण करती है—लोकमंगल में विरहित नहीं होती। प्रतिभा का लोक-धर्म है—लोक-कल्याण—

है जिस प्रतिभा का काम लोकहित करना,
सद्भावों से मन मनुज मात्र का भरना।

भरत मुनि ने नाट्य या काव्य की भाषा को जनसाधारण के लिए बोध-गम्य होने की बात पर बहुत जोर दिया था। भरत के मत से कोमल, ललितपदों से युक्त, गूढ़ या दुर्बोध शब्दार्थ से रहित, जन सामान्य के लिए बोध-गम्य, युक्ति-युक्त, नृत्यरंजित, रसप्रवण, सन्धियों के विवेकसम्मत विन्यास से गठित काव्य प्रेक्षकों के लिए आनन्ददायक होता है। इस विचार को गुप्तजी ने गाँठ बाँध लिया था कि अप्रचलित, दुर्बोध शब्द काव्य-सम्प्रेषण में बाधा उपस्थित करते हैं। भरत का ध्यान भाषा पर था क्योंकि भाषा ही काव्य-माध्यम है। फिर काव्य-तत्वों में भाषा-तत्व भी कम महत्वपूर्ण नहीं है। भारतीय आचार्यों ने काव्य की जितनी भी परिभाषाएँ की है—उन सभी में भाषा को स्थान मिला है। इधर हिन्दी में आ० रामचन्द्र शुक्ल ने कविता को 'शब्द-विधान' मानकर इसी चिन्तन-परम्परा की नये ढंग से पुष्टि की है। एक विचार यह भी इधर उभरा है कि भाषा ही असल काव्य है। इस विचार के विरोध में यह कहा गया है कि यह मत काव्य-समग्रता को खण्डित करता है। क्योंकि काव्य मात्र भाषा है अथवा भाषा ही काव्य है। यह विचार काफी आधुनिक है—लेकिन इस प्रकार के चिन्तन को कुन्तक ने 'वक्रोक्ति-सम्प्रदाय' में काफी पहले सामने ला दिया था। जिसमें कहा गया था कि शब्दार्थ का वक्र-कवि-व्यापार ही कविता है—वक्रता से तात्पर्य था—कथन की विदग्धता। ठीक से समझने पर ज्ञात होता है कि यह विदग्धता भी प्रतिभा का ही गुण है—और प्रतिभा ईश्वर प्रदत्त है।

कवि होना ईश्वराधीन है,
ईश्वर संतत सुकृत-लीन है।

सबसे समर्थ 'कवि' ईश्वर स्वयं है। इधर के बहुत से आलोचकों को यह भ्रम है कि काव्य-भाषा स्वतः स्फूर्तिजन्य है, विशिष्ट है। सामान्य भाषा का कथन मुख्य तात्पर्य को प्रेरित करता है—अतः बर्हिमुख है। जबकि काव्य-भाषा आभ्यन्तर अर्थ-गुम्फित भाषा है—अन्तर्मुख है। अन्तर्मुख भी इसी अर्थ में है कि वह विशेष अर्थच्छायाओं की बोध-वाहिका भाषा हैं। इस भाषा में एक काव्यार्थ विद्यमान रहता है—जो सौन्दर्य-बोध की दृष्टि से काफी सम्पन्न होता है—जैसे—'यशोधरा' काव्य में यशोधरा का यह कथन कि—'सखि बसन्त से चले गये वे मैं उष्मा सी यहाँ रही।' इस कथन का काव्यार्थ किसी बाह्यार्थ के सन्दर्भ की विशिष्टता को न ज्ञापित करके पात्र-विशेष के घनीभूत अनुभव की विशिष्टता को ही ज्ञापित करता है। अनुभव की घनता से कथन ने एक नया अर्थ-संस्कार पाया है। सामान्य भाषा, संकेत और संकेतित के बीच स्थिर सम्बन्धों को विचलित नहीं करती—जबकि काव्य-भाषा संकेत और संकेतित के स्थिर सम्बन्धों को एक गतिशीलता में

बदलने का कार्य करती है। इसीलिए भारतीय काव्यशास्त्र ने शब्द-शक्ति-विवेचन में बार-बार इस तथ्य को स्पष्ट किया है कि काव्य का प्राण व्यंग्यार्थ शब्द-व्यापार है। काव्यार्थ का पूरा मर्म शब्द ही उन्मीलित करता है—'कविहि-अरथ आखर बल साचा' कहकर तुलसी ने इसी तथ्य की पुष्टि की है। सामान्य भाषा में 'बसन्त' एक ऋतु-सम्बन्ध का संकेत है किन्तु काव्य-भाषा में 'बसन्त' मुख्य अर्थ-संकेत के साथ दूसरे अर्थ को संकेतित करने वाला एक भाव-बिम्ब है। इसीलिए कविता में अर्थग्रहण के साथ बिम्बग्रहण अपेक्षित होता है। शुरू-शुरू में गुप्तजी की सृजनात्मक प्रतिभा ने 'काव्य-भाषा' खड़ी बोली को लेकर बड़ा संघर्ष किया। उनके शब्द जुआ तुड़ाकर बैल की भाँति इधर-उधर भाग पड़ते थे—किन्तु धीरे-धीरे उन्होंने शब्द को काढ़ लिया। वह उनके काबू में आ गया और 'साकेत' तथा 'यशोधरा' तक पहुँचते-पहुँचते उसकी चाल अनुशासित हो गई। इस शब्द-साधना से 'इतिवृत्त' तो उन्हें सिद्ध हो गया, किन्तु 'प्रगीत' झटके देता रहा। इसी कमजोरी को पहचानते हुए आ० शुक्ल ने लिखा—"गुप्तजी की रचनाओं के भीतर तीन अवस्थाएँ लक्षित होती हैं। प्रथम अवस्था भाषा की सफाई की है जिसमें खड़ी बोली के पद्यों की मसृणबन्ध रचना हमारे सामने आती है। 'सरस्वती' में प्रकाशित अधिकांश कविताएँ तथा 'भारत भारती' इस अवस्था की रचना के उदाहरण हैं। ये रचनाएँ काव्य-प्रेमियों को कुछ गद्यवत, रुखी और इतिवृत्तात्मक लगती थीं। इनमें सरस और कोमल पदावली की कमी भी खटकती थी। बात यह है कि यह खड़ीबोली के परिमार्जन का काल था। इसके अनन्तर गुप्तजी ने बंगभाषा की कविताओं का अनुशीलन तथा मधुसूदन रचित ब्रजागंना, मेघनाद वध आदि का अनुवाद भी किया। इससे इनकी पदावली में बहुत कुछ सरसता और कोमलता आई, यद्यपि कुछ उबड़-खाबड़ और अव्यवहृत संस्कृत शब्दों की ठोकरें कहीं-कहीं है, विशेषत: छोटे छन्दों के चरणान्त में, अब भी लगती हैं। 'भारत-भारती' और 'वैतालिक' के बीच की रचनाएँ इस दूसरी अवस्था के उदाहरण में ली जा सकती हैं। इसके उपरान्त 'छायावाद' कही जाने वाली कविताओं का चलन होता है और गुप्तजी का झुकाव प्रगीतमुक्तकों (लिरिक्स) और अभिव्यञ्जना के लाक्षणिक वैचित्र्य की ओर भी हो जाता है। इस झुकाव का आभास 'साकेत' और 'यशोधरा' में भी पाया जाता है। यह तीसरी अवस्था है। (हि० सा० का इतिहास पृ० 588) शुक्ल जी ने गुप्तजी के काव्य की भाषा-विकास की अवस्थाओं को दिखाते हुए बराबर ध्यान रखा है कि किस तरह खड़ी बोली ने 'काव्य-भाषा' बनने में उन्हें परेशान किया है—पर उनका भाषा-संघर्ष थका नहीं। थकता कैसे ? 'सब प्रकार की उच्चता से प्रभावित होने वाला हृदय उन्हें मिला था। 'प्राचीन के प्रति पूज्य भाव और नवीन के प्रति उत्साह' दोनों को लेकर वे चले थे। उनकी कविवृत्ति ध्वंस के भीतर से सृजन को खींच रही थी।

बालकृष्ण शर्मा 'नवीन' ने लिखा है कि—"जिस प्रकार आ० महावीरप्रसाद द्विवेदी को हिन्दी गद्य-भाषा का मानदण्ड स्थापित करने का श्रेय दिया जाता है, उसी प्रकार मैथिलीशरण गुप्त और स्व० जयशंकर प्रसाद को हिन्दी की काव्य-भाषा के मानदण्ड को स्थापित करने का श्रेय है।" गुप्तजी ने खड़ाबोली को समय के आंधी, पानी, तूफानों से बचाया। तिलक, गान्धी, रायकृष्ण दास, गणेशशंकर विद्यार्थी के बीच रहकर जो देश-प्रीति उन्होंने अर्जित की थी—उसका एक द्वार हिन्दी-भाषा की अनथक सेवा भी था। गुप्तजी अपनी सादगी में ही बड़े है, यही बात उनकी भाषा पर भी लागू होती है कि वह अपनी सादगी, स्वच्छता में निखरी है। अंग्रेज सरकार ने जब गुप्तजी को गिरफ्तार किया था—तब अज्ञेयजी ने एक महत्वपूर्ण टिप्पणी की थी—"जिन लोगों ने गुप्तजी की गिरफ्तारी पर आश्चर्य और रोष प्रकट किया है उनमे से कुछ ने कहा है कि गुप्तजी के राजनीतिक आन्दोलन मे भाग लेने की कल्पना भी नही की जा सकती। इस कथन की जड़ में जो आक्रोश है, वह उचित है, तथापि इस करुणान्तक स्थिति पर जोर देना हम अनावश्यक भी समझते हैं और अनुचित भी, क्योंकि हम अनुभव करते हैं तो व्यक्ति अपने जीवन का क्षण-क्षण सरस्वती की पूजा मे व्यतीत करता है, एक साधना में एकनिष्ठ तपस्वी की भाँति कालयापन करता है, वह यदि यह कार्य हिन्दी की माध्यमिकता से सम्पन्न करता है तो वह राजनीति से परे नहीं है।" ब्रिटिश सरकार हिन्दी को मिटाने पर आमादा थी और उनकी भाषा-नीति में भेद-नीति का गहरा जहर मिला था। देश में कोई मुसलमान या अन्य सम्प्रदाय हिन्दी का अपमान न कर रहा था—उसे रौंदने पर फिरंगी सरकार तुल गई थी कारण "हिन्दी में देश का जीवन स्पन्दित है। सरकार देखती है कि हिन्दी में देश का जीवन वाणी पाता है। हिन्दी में भारत की आत्मा बोलती है और वह आत्मा अशान्त है, जागरूक है, विद्रोही है। (मैथिलीशरण गुप्त अभिनन्दन ग्रन्थ पृ० 323) हिन्दी प्रदेशों के नवजागरण की भाषा थी—खड़ीबोली और इस भाषा के जागरूक, विद्रोही कबि का नाम था—मैथिलीशरण गुप्त। गुप्तजी के इसी विद्रोही रूप के प्रति श्रद्धावनत, माखनलाल और अज्ञेय उन्हें अपना 'काव्य-गुरु' मानते हैं। पराधीन भारत में देश के कारागार ही आजादी की शिक्षा के सच्चे विश्व-विद्यालय थे—जिनके भीतर से भारत के युवक आजादी का पाठ पढ़कर बाहर आते थे। गुप्तजी के बन्दीं बनाये जाने पर सोहनलाल द्विवेदी ने 'राजवन्दी श्री मैथिलीशरण गुप्त से' शीर्षक कविता में लिखा—

> खादी, चर्खा, देशभक्ति, और आजादी की साध,
> हे भारत के पुत्र! तुम्हारा यही घोर अपराध।

मुसलमानों के हाथों से शासन छीनने के बाद अंग्रेजों ने राजनीतिक लाभ उठाने के लिए कुछ दिनों तो हिन्दी को बढ़ावा दिया, किन्तु शीघ्र ही शक्तिवान

होते ही नीति फिर बदली और हिन्दी को दबाने का कार्य आरम्भ कर दिया। 'क्या कारण है कि सरकार का हिन्दी-विरोध सतह के नीचे रहता हुआ भी निरन्तर फैलता गया है, जिस तरह विषैले पौधे की जड़ें मिट्टी के भीतर ही नित्य नई दिशा में स्फुटित होती हैं ? क्या कारण है कि जो सरकार प्रत्येक प्रान्त में प्रान्तीय भाषा को प्रोत्साहन देती है, वही हिन्दी जैसी सर्वाधिक मान्य भाषा को उसके प्रभाव क्षेत्र में भी पनपने नहीं देना चाहती ? क्या कारण है कि 'जनगणना' में हिन्दी का अस्तित्व ही 'अनियमित' माना जाता है और हिन्दी-भाषी की भाषा 'हिन्दुस्तानी' लिखने को बाध्य किया जाता है, जबकि उर्दू भाषी के आग्रह पर उसकी भाषा उर्दू लिखने की अनुमति दे दी जाती है ?' अनुमति इसलिए दे दी जाती थी कि फिरंगी सरकार उर्दू वालों को अपनी ओर फोड़ना चाहती थी—पर विद्रोह की भाषा उसे फूटी आँख न सुहाती थी। इस फिरंगी नीति को गान्धी जी समझ गए थे—इसलिए वे बोलचाल की हिन्दी को बराबर बढ़ावा देने का आन्दोलन चलाते रहे। हिन्दी को हर कीमत पर गुप्तजी आगे बढ़ाने में समर्पित रचनाकार थे। उनके इसी भाव को पहचानकर गान्धी जी ने उन्हें अपनाया था। गुप्तजी निर्भयता से कह रहे थे—

देखली हैं घोर नादिर शाहियाँ,
क्या डराते हो हमें तलवार से।

गुप्तजी के काव्य के तीन बड़े विचारसूत्र हैं—सहानुभूति, अन्याय का विरोध, लोकमंगल का आदर्श। वे अच्छी तरह जानते थे कि 'भावों की समष्टि से ही युग का आदर्श बनता है। युग के आदर्श को भाव, चरित्र, और जीवन की नई-नई कल्पनाओं में जो सुन्दर काव्य-कौशल से अभिव्यक्त कर सकता है, वही युगकवि है। जाति का साहित्य उसका जीवित चित्र होता है। इस दृष्टि से गुप्तजी का साहित्य हिन्दी-जाति का स्वाभिमान कोश है। उन्होंने यही बात इस ढंग से कही थी—'मैं अतीत ही नहीं, भविष्यत् भी हूं आज तुम्हारा।' खड़ी बोली 'काव्य-भाषा' का वर्तमान उनमें खेलकर बड़ा हुआ और भविष्य काफी सम्भावनापूर्ण। भाषा मानव का अस्तित्व और व्यक्तित्व दोनों एक साथ होती है—एक के बिना दूसरे की कल्पना ही खतरे में पड़ जाती है। अंग्रेजी-भाषा की पराधीनता से हिन्दी की स्वाधीनता के लिए यह संघर्ष का स्वर है—

सुख शान्ति हेतु मैं क्रान्ति मचाने आया,
मैं आया उनके हेतु कि जो तापित हैं,
जो विवश, विकल, बलहीन, दीन, शापित हैं।

भाषा ही मानव की गरिमा का प्रतीक है, वही संस्कृति, दर्शन, धर्म, नीति की वाहिका है—उसे समर्थ और सम्पन्न बनाये बगैर राष्ट्र पनप नहीं सकता है। वह भाषा के बिना गूंगा हो जायेगा। यह बलवती प्रेरणा ही गुप्तजी को भाषा की

सृजनात्मकता की ओर बरबस खींच रही थी। वर्तमान की पूरी छाप इस काव्यात्मक भाषा में रिली-मिली है। उनकी भाषा चाहे ज्यादा काव्यात्मक न हो, चाहे अन्य बहुत-सी कमियों का शिकार हो—पर इस 'काव्य-भाषा' में नये भारत की प्रभाती-आभा दमकती मिलती है—'अपने युग को हीन समझना आत्महीनता होगी, और अपनी भाषा को हीन समझना आत्महत्या जैसा जघन्य अपराध।' कवि की अवस्था में यह भारतवर्ष 'धन्य भगवद् भूमि' है—जिसके गुण गाते हुए—कहा—

मानस भवन में आर्यजन, जिसकी उतारें आरती,
भगवान भारतवर्ष में गूँजे हमारी भारती।
हे भद्रभावोद्भाविनी वह भारती हे भगवते,
सीता पते ! सीता पते !! गीतामते ? गीतामते !!

यहाँ मातृभूमि प्रेम में मातृभाषा प्रेम समाया हुआ है। यही देशी-प्रीति का रस काव्य-चेतना का आधार है—

कवि के कठिनतर कर्म की करते रहे हम धृष्टता।
पर क्या न विषयोत्कृष्टता करती विचारोत्कृष्टता ॥

कवि की शक्ति– भाव और भाषा को जगाने में है—मानव को जीवन-संग्राम के लिए तैयार करने में है—

(1) संसार में कविता अनेकों क्रान्तियाँ है कर चुकी।
मुरझे मनो में वेग की विद्युत्प्रभाएँ भर चुकी ॥
मृत जाति को कवि ही जिलाते हैं सुधा-रस योग से।
(2) है अंध सा अन्तर्जगत कवि-रूप सविता के बिना।
सद्भाव जीवित रह नहीं सकते सुकविता के बिना ॥

अन्तर्जगत के इस भाव-प्रकाश का प्रकाशन भाषा ही कर सकती है। इसलिए गुप्तजी के व्यक्तित्व और अस्तित्व की छाप उनकी 'काव्य-भाषा' में हर जगह एक खास रंग रखती है। उनके हृदय में देश का ताप था और कालिदास के शब्दों में कहे तो तपने पर लोहा भी नरम पड़ जाता है तो फिर देहधारियों की बात ही क्या है यही तपन भाषा को इतना नरम कर देती है कि खड़ीबोली की कठोरता गल जाती है। उसमें भावलाघव और पिघलाव भर जाता है। गुप्तजी के हाथों पलने वाली भाषा 'साकेत' 'यशोधरा' में तीव्रगति से दौड़ती मिलती है। यथा—

हो गया निर्गुण-सगुण साकार है,
ले लिया अखिलेश ने अवतार है।

यहाँ छन्द और लय इस भाषा में एक रूप हो जाते हैं—भेदों में अभेद की की सृष्टि हो जाती है। शब्द-अनगढ़ना में भी सौन्दर्य दमकता है। उनका सीधा-सादा अंलकार-विहीन वाक्य-विन्यास सघन अनुभूतियाँ जगा सकता है। पर

गुप्तजी में 'कौशल' और 'कला' कम है—मूल भाव की सहज अभिव्यक्ति का भरोसा ज्यादा है—इसलिए वे भाषा के संक्रान्तिकाल में भरोसे की भाषा लिख सके। चमत्कारी होते तो भाषा के सीधे-सीधे बोल न लिख सकते। उक्तियों के चमत्कार पर उनका कवि रीझा अवश्य है किन्तु उनके चक्कर में पड़कर बर्बाद होना उसने कबूल कभी नहीं किया। शब्दों के वे आराधक भक्त हैं, भोगी नहीं। शब्द का मनमाना प्रयोग भोग है—यह बात वे जानते हैं। भाषा ऐसी हो जिसमें देश और काल पूरे गौरव से आ जाएँ—अन्यथा—भाषा अपनी सांस्कृतिक धुरी से ही उतर जायेगी। मिथक इस 'काव्य-भाषा' में नया अर्थ-गौरव भरता है—

> हे राम ! तुम्हारा वंशजात
> सिद्धार्थ तुम्हारी भाँति तात
> गृह छोड़ चला है आज रात
> आशीष् उसे दो लो प्रणाम।

मिथकों, रूपकों, बिम्बों, प्रतीकों को ठीक से सामने लाने के लिए वे ऐसे शब्द चुनते हैं जिनमें जन-मन की धड़कन साफ सुनाई दे जाती है। सही बात यह है कि गुप्त जी पण्डितों, विद्वानों के लिए कविता न लिखकर जनता के लिए लिख रहे थे। इसलिए उनकी भाषा में लक्षणा-व्यंजना का अन्धाधुन्ध चमत्कार नहीं है। साथ ही वर्ण्य-विषयों के चुनाव के लिए अनुकूल भाषा कथा-तत्व को ढालती रही। कथा-रस का ऐसा प्रबल कवि आधुनिक हिन्दी कविता में कोई कोई दूसरा कहाँ है ? इसी-कथा-रस ने बोलचाल की खड़ीबोली के शैशवकाल में जनता के मन को लुभाया, रमाया और परायापन दूर किया। गुप्त की यही कथा-रस-भाषा लोगों के हृदय में उतर गई। हिन्दी-भाषी जनता का संस्कार-संवेदना बनकर। काफी समय तक अभिधा पर भरोसा करने के बाद वे छायावादी व्यजना के चक्कर में आये थे—पर व्यंजना में रमना उनका कवि-स्वभाव नहीं था। फिर दूसरी बात यह भी है कि उन्होंने अपने कवि-कर्म की कीर्ति अभिधा से ही अर्जित की थी और उसी में रचना उनकी सच्ची काव्य-भूमि है। गुप्त जी में वह प्रतिभा नहीं थी जो प्रसाद, पन्त, निराला में उनके सामने ही दिखाई देती है। फिर भी प्रतिभा में 'कालानुसरण' की क्षमता होने के कारण वह ऐसा खमीर उठाती है जो आगे के कवि और काव्य-भाषा के लिए बहुत हितकर हुआ। भाषा-छन्द-लय की तुकबन्दी ने जगह-जगह गुप्त जी को हास्यास्पद स्थिति में पहुँचाया दिया है, पर वे स्वयं तुकबन्दी के दोषों से अनभिज्ञ न थे। वे जानते और मानते थे कि हर नयी भाषा की शुरुआत में तुकबन्दी रहती है किन्तु धीरे-धीरे भाषा प्रौढ़ होती जाती है और कवि से उसका पिण्ड छूटता जाता है। 'यशोधरा' की भाषा में तुकबन्दी खटकती है—'चक्र', 'वक्र', 'नक्र', 'तक्र' के प्रयोग से पर 'सिद्धराम' के मुक्त-छन्द की भाषा की गति का प्रवाह

देखते ही बनता है । गुप्त जी का अनुभव यही है कि कोई भी कवि अपने 'विषय' से बड़ा नहीं हुआ करता—और उसी से कवि को शक्ति प्राप्त होती है। इसीलिए वे 'इतिवृत्त' को रसमय बनाते है, उसकी नोके छीलकर घिस देते हैं जिससे उसकी सूरत दमक उठती है।

पिछले दो दशकों में गुप्त जी जैसे कथाकार कवि की रचनाओं के प्रति जिज्ञासा और अन्वेषण का स्तर गिरा है। बल्कि कोई-कोई तो गुप्त जी के नाम से ही नाक-भौं सिकोड़ने लगता है। पर ऐसे लोग उस संघर्ष को ही भुला देना चाहते हैं—जो गुप्त जी ने हर कीमत पर किया तथा खड़ीबोली के विरोधियों को शान्तकर कविता को उसमें एक बार सम्भव बनाया । भाषा के रीतिवाद को पछाड़कर लोक-भाषा में लोक-जागरण उपस्थित कर दिया। वे भाषा में कविता रचते ही नहीं है—बल्कि नयी संवेदना से जोड़कर उसकी नयी पहचान भी करवाते है। काव्य-भाषा—कवि-कर्म की सही पहचांन भी इसी अर्थ में है कि वह अकेली नहीं होती—सामाजिक सरोकारों के साथ उपस्थित होती है। हमारे जातीय अनुभव को लम्बे समय तक इसी भाषा में ही निकास मिला। इसलिए गद्य के आ जाने पर भी गुप्त जो के समय तक वही पुरानी आदतें बरकरार रही । इतिवृत्त, वर्णन, कथारस, चरित्र का आदर्शात्मक ढाँचा ही गुप्त जी ने अपनी काव्यात्मकता में ढोकर दिया । रचनात्मक मनीषा का रुढ़ि-मुक्त आत्म विश्वास उनके आने से ही पैदा हो सका । प्रखर आलोचनात्मकता से देखें तो गुप्त जी 'पद्य कवि' से आगे नही बढ़ पाते। पद्य में सामाजिक-सांस्कृतिक जागरण की नाकेबन्दी का मौजूद होना समय की पुकार ज्यादा प्रतीत होता है। ठीक से परखें तो गुप्त जी खड़ी बोली कविवृत्त की रचनात्मकता के कवि कम, इतिवृत्त-वर्णन की कथात्मकता के गायक ही अधिक दिखाई देते हैं । जिनमें युग का रचनात्मक-उत्साह-ही कथा की ऊर्जा से विस्फोटित होता रहा है। काव्यत्व और पद्य का गहरा रिश्ता वे अन्त तक नहीं जोड़ सके । चूंकि खड़ी बोली में और बोलचाल की खड़ीबोली में काव्यानुभव की निरन्तरता न थी—इसलिए भी इस जन-भाषा को 'काव्य-भाषा' बनाने में उन्हें भारी संघर्ष करना पड़ा । काव्यत्व को रचने-सवाँरने वाला वेदन-तन्त्र मुश्किल से 'यशोधरा' में पकड़ में पाया—पर भाषा की खड़ाखड़ाहट पर काबू नहीं पाया जा सका ।

समसामायिक-जागरण-सुधारयुग की केन्द्रीय चेतना ने काव्य-संवेदना बनने से काफी हद तक इन्कार किया । किन्तु कवि गुप्त ने हार नहीं मानी । और उस अनुभव को काव्य-अर्थ की समग्रता में झेलने की ताकत प्राप्त की। 'साकेत' और 'यशोधरा' ही उनकी ऐसी दो कृतियाँ हैं जिनमें भाषा अनुभव को संवेदनात्मक-ज्ञानात्मक प्रतिक्रियाओं से संकेन्द्रित कर सकी है—शेष कृतियाँ काफी ढीली हैं। कारण यह भी रहा है कि गुप्त जी व्यक्तिगत आवेगों से नहीं,

बल्कि व्यापक समाज की चुनौतियों-समस्याओं से चाहे किसान-मजदूर आन्दोलन की बात हो या सर्व-धर्म-समन्वय, आदर्श की दृष्टि हो—आँखें चार करते रहे। इसलिए उनका आत्मदान-छायावादी कवियों की भाँति आत्माभिव्यक्ति नहीं बन सका। वर्तमान केन्द्रित उनकी कविता में व्यक्तिवादी, स्मृतिलिप्त, अतीतोन्मुखता स्थान न पा सकी—जबकि अतीत को वे बराबर साथ रखते रहे। आखिरकार, उनकी कवि-दृष्टि तथ्यों और ब्योरों के इतिहास से ही मँजी थी—जिसमें स्वाधीनता-संग्राम का तुमुल कोलाहल मौजूद रहा है। शब्द अपने घटनाश्रित वेग ओर प्रयोजन को समझकर बढ़े है—उनके साथ राम-काव्य, महाभारत, रघुवंश का पुराना पर पुख्ता रिश्ता है। इस तथ्य को गहराई से अनुभव करने की जरूरत है कि गुप्त जी की कथा-लीला व्यक्तिगत-संवेदना का आत्मव्यंजक इतिहास नहीं है। उनमें वस्तु और रूप के स्तर पर अनुभवात्मक स्थितियों-घटनाओं-पात्रों, इतिहास-सदर्भों और मिथकों से रचनात्मक टक्कर लेने की ताकत है। व्यक्ति-वैचित्र्य की भ्रमित भूलभूलैया न होकर कथा से साधारणीकरण है। इस निर्वैयक्तिकता में भावुकता और बौद्धिकता का बटवारा करना अनुचित लगता है। सवाल कथा में काव्यात्मक अंशों की निबिड़ घनता का नहीं है, नैतिक-संवेदना की सौन्दर्यानुभूतिपरक छबियों के चरम आग्रह का है। उर्मिला, कैकेयी, सीता विष्णुप्रिया जैसे पात्रों में मौजूद नारी-भावना की युगीन सार्थकता हमें गुदगुदाती रहती है। भाषा के धरातल पर नारी-पात्रों की संवेदनशीलता एक लिरिकल रचाव निष्पन्न करती है। उन्हें कथा और पात्रों के मर्मस्पर्शी स्थलों की अचूक पहचान है। ऐसी पहचान उनके बाद की हिन्दी-कविता में गायब ही होती गई। पुराने प्रबन्ध को तोड़कर नया प्रबन्धत्व का ढाँचा तो बना, पर उसमें मार्मिकता छीछ गई। कहना न होगा कि गुप्त जी ने प्रबन्ध की ताकत को काफी हद तक निचोड़ डाला। कथात्मक प्रबन्ध तो इस हद तक निचुड गया कि बाद की काव्य-भाषा में वह काव्यार्थ पैदा ही नहीं किया जा सका। हालांकि उसमें कथा और भाषा दोनों की फिजूलखर्ची है, वस्तु-संगठन भी काफी ढुलुमिल है—चाहे 'साकेत' हो 'यशोधरा' 'जयभारत' हो 'सिद्धराज' हो पर कथा-कहने की टेकनीक (नूतन आत्मीय) है। यह आत्मीय ढंग गुप्त जी को ग्रामीण समाज-संवेदना से विरासत में मिला था। 'आल्हखण्ड' और, रामचरितमानस' से मिला था—जिसका बाद की हिन्दी-कविता में अभाव होता गया। इसलिए बाद की कविता का पाठक-समाज सिकुड़ता गया और वह 'कुछ' पाठकों की बहस-चर्चा तक सीमित हो गई। यह सवाल बार-बार उठाने की आज जरूरत है कि जितने काव्य-पाठक हिन्दी-कविता को गुप्त जी ने (गान्धी तक आती है) दिए और उत्तर भारत ही नहीं दक्षिण भारत के पाठक भी 'जयद्रथवध' को कण्ठहार बना लेते हैं। पूरा देश पढ़ता रहा गुप्त जी को, क्योंकि उनकी काव्य

भाषा में मानव-मन को पकड़ने की शक्ति थी। आज बौद्धिकता की कोठरी ने हमें कितना बन्द कर दिया है। माना कि जीवन की जटिलताओं के साथ आज कवि-कर्म कठिन हो गया है—लेकिन कविता पर यह जो गाजगिरी है उसके लिए जिम्मेदार कौन है? गुप्त जी के बाद हिन्दी-कविता इतनी वयस्क हो गई कि उसका भोलापन ही वक्र हो गया। वह रमने की नहीं, सोचने की वस्तुमात्र रह गई।

गुप्त जी में जो सीखने लायक था—उसे ठुकराने का परिणाम अच्छा नहीं हुआ। छायावाद में सूक्ष्म विचारों ने इतना रणक्षेत्र किया कि लोक-संवेदना कल्पना के पंख लगाकर उड़ गई। जिसे छायावाद के बाद प्रगतिवाद के कवि भी जमीन पर न उतार सके। यहाँ कविता का पेट तो बढ़ा पर पांव दुर्बल हो गए। जीवन भी संकटों से घिर गया और कविता ग्लानिजनक नपुंसकता के निजीपन में कैद होती चली गई। 'अर्थ' ने 'विश्वास' का दामन छोड़ दिया—जिसे गृप्त जी ने कायम रखा था। अब हम 'भारत भारती' जैसी रचना न रच सकते थे, अतः 'अन्धायुग' 'संशय की एक रात' 'चाँद का मुहँ टेढ़ा है' के काव्य-संसार में ही जीने को अभिशप्त और विवश हुए। गुप्त जी के मानववाद की छाती पर बाद में अस्तित्ववाद का जो फोड़ा उग आया—उसने हर व्यवस्था को कंलकित कर दिया। ठीक है काव्य-स्थिति यथास्थितिवादी नहीं होती पर अराजकतावादी हो जाने में ही क्या रखा है? परिवेश के प्रदूषण में जीने वाली काव्यात्मकता कितने दिन जीवित रह सकती है।

गुप्त जी ने अपने बलबूतें पर खड़ीबोली के पद्य को आत्मविश्वास पूर्वक अपने पांवों पर खड़ा कर दिया। उसमें सर्जनात्मक उत्साह का पहला दौर रचनात्मक जिजीविषा में बदला। लोक-सवेदना और लोक-तत्व इस कदर घुल मिल गया कि उसके प्रभाव से 'काव्य-भाषा' में नयी सम्भावनाएं पैदा हुई। हिन्दी के पास जो लोक-संवेदना की परम्परा थी—उसमें भारतेन्दु के बाद नया रंग आया। प्रसाद का काव्य-विकास कुछ दूर तक मैथिली शरथ गुप्त के समानान्तर हुआ। किन्तु गद्य-पद्य लिखने के कारण प्रसाद की 'काव्य-भाषा' वयस्क होती गई और गुप्त जी पिछड़ गए। दरअसल, प्रसाद और निराला के काव्य ने नये ज्ञान-विज्ञान को जितना पचाया-उतना गुप्त जी के लिए सम्भव न हुआ। गुप्त जी में जो कल्पना पराधीन थी—वह प्रसाद में मुक्ति पा गई। साथ ही एक औषनिषदिक आत्मा का भी पुनर्जन्म हुआ। इस बीच अच्छी बात यह हुई कि अंग्रेजी-शिक्षा का वह संस्कार जो पन्त में काफी नाश कर रहा था—गुप्त जी एवं प्रसाद को न उजाड़ सका। गुप्त जी में जो मानववादी-संस्कृति की अन्तर्धारा मौजूद थी—उसका प्रीतिकर विकास प्रसाद में हुआ। यह और अच्छा हुआ कि गुप्त और प्रसाद के काव्य इस ठेठ भारतीय मनीषा की शक्ति

से खुले। इसलिए हिन्दी की खड़ीबोली अपनी देशीयता कायम किए रही। जिसका फलप्रद विकास प्रगतिवादी धारा में हुआ। भारतेन्दु और गुप्त जी ने ब्रिटिश साम्राज्यवाद को नष्ट करने के लिए जो आग सुलगाई थी—उसमें लगातार लपटें तेज होती गई और भाषा पैनी तथा धारादार। प्रसाद तथा निराला ने अभ्यास-जड़ तुकों के बन्धन को तोड़कर जब 'काव्य-भाषा' को नये ढंग से बहाल किया तो—गुप्त जी का श्रम सफल होता दृष्टिगत हुआ।

गुप्त जी में भाषा की काव्य-मुक्ति का पहला सफल-असफल प्रयास इस अर्थ में दिखाई देता है कि उन्होंने युग-सन्दर्भ की पीठिका पर उसका सांस्कृतिकीकरण किया। मानवीय सम्बन्धों की गरिमा में न केवल भाषा को परिभाषित किया, बल्कि उसकी संयोजकता भी बदल डाली। लिहाज़ा शब्द अपनी सांस्कृतिक धुरियों से न कट पाये। लोक-चिन्ता की विकसित चेतना ने भाषानुभव में अधिकाधिक 'लोक' का प्रवेश कराया। ब्रजभाषा की बासी और अर्थक्षीण शब्द योजना को हटाकर उसे नई लय-ताल में ढालने का सिलसिला शुरू किया। यही कारण है कि 'साकेत' तथा 'यशोधरा' की वाक्य-योजना हमारी संवेदना को भीतर से पकड़ने लगती है। उससे हमें एक निजी स्वतंत्रता का अनुभव होता है। खड़ीबोली की सामान्य शब्द-योजना पर कवि ने इतना जोरदार छापा मारा कि वह नींद तोडकर उठ खड़ी हुई। 'जाओ नाथ अमृत लाओ तुम मुझ में मेरा पानी' जैसे 'यशोधरा' काव्य के लोकोक्ति-मुहावरे मिश्रित प्रयोग' जीवित मौलिक हरकतों से 'अर्थ' खोलने लगे। 'रुदन का हँसना भी तो गान जैसे विरोधाभासों के प्रयोग शब्द और लय की मौलिक टकराहट से नयी अर्थयात्रा करने लगे। शब्द और अर्थ की इसी मौलिक टकराहट से गुप्तजी में भाषा की काव्य-मुक्ति सम्भव होती है। शब्द और वाक्य-विन्यास इतना सहज और साफ है कि दृश्य जाना-पहचाना लगने पर भी नया-नया लग उठता है। गुप्त जी का पूरा प्रयास यही है कि वे काव्य-भाषा की स्वाभाविक गति में अर्थ की निर्दोष वक्र-छवि को वापिस ला सकें। इसीलिए उन्होंने घिसी-पिटी, विकृत ब्रज-भाषा की छीछालेदर से खड़ी बोली को बचाने का यथासम्भव प्रयास किया तथा अविकसित खड़ीबोली को लोचदार, काव्य-सम्भव बनाया। ऐसा करने में उन्हें भाषा का क्रान्तिकारी संयोजन करना पड़ा—जिसका रूप 'जयद्रथवध' की भाषा में दिखाई दे जाता है। संस्कार और संवेदना की कशमकश समय की सचाइयों को पाने और रचने में संघर्ष उपस्थित करती रही। बिगड़ैल खड़ीबोली को नाथने और काढ़ने में गुप्त जी ने ऐतिहासिक भूमिका अदा की। गुप्त जी की काव्यप्रतिभा का वैशिष्ट्य और विजय इस बात में है कि उसने पर्वत के साथ फरिहाद बनाना स्वीकार किया। अतीत की वर्तमानता को पहचानने में उन्हें देर नहीं लगी, हाँ उसे सर्जनात्मकता में पचाने में काफी

तकलीफ हुई। फिर भी उनका ऐतिहासिक बोध कुंठित और कुन्द नहीं है।

उनमें पुराने के साथ नये के लिए खुला भाव था, आदर था। तुकबन्दी की लाचारी में रगड़खाता उनका कवि-मन अतुकान्त कविता का समर्थक था। "हमारी भाषा में कुछ दिनों से बेतुकी कविता भी होने लगी है। ऐसी कविता यद्यपि अभी बहुत थोड़ी प्रकाशित हुई है किन्तु यह बात भावी अभ्युदय की सूचक है। अतएव ऐसी कविता लिखने वालों को उत्साह मिलना चाहिए। तुकहीन कविता यदि कानों को खटके तो उसे कानों का ही विकार समझना चाहिए।" गुप्त जी के इन विचारों से आज अनुमान होता है कि वे कितने प्रगतिशील स्वभाव के व्यक्ति थे। नये छन्द-विधान का समर्थन छोटी बात न थी। गुप्त जी ने समय की गति को समझते हुए लिखा—"पहले गद्य का कम प्रचार था। पद्य ही की अधिकता थी। अतएव उस समय किसी ने छन्द को भी कविता का एक अंग कह दिया हो तो क्या आजकल भी वही बात कहते-चले जाना चाहिए ?' तात्पर्य यह है कि छन्दहीन कविता होनी चाहिए।

ध्यान देने की बात यह है कि तुकान्त छन्दों का प्रत्याख्यान गुप्त जी ने 'मेघ-नाद-वध' के अनुवाद की उस महत्वपूर्ण भूमिका में भी किया है जो द्विवेदी-युग का उतना ही समर्थ दस्तावेज है जितनी कि छायावाद में 'पल्लव' या 'दीपशिखा' की भूमिकाएँ रही हैं। गुप्त जी ने नवीनचन्द्र सेन के 'पलाशिर युद्ध' तथा माइकेल मधुसूदन के 'वीरांगना' का अनुवाद भी अतुकान्त छन्द में ही किया। छन्द मम्बन्धी मन्तव्य को स्पष्ट करते हुए गुप्त जी ने लिखा—"हिन्दी में अतुकान्त कविता का कुछ कुछ प्रचार हो चला है; परन्तु शायद अब भी एक बड़ा समुदाय उसे पढ़ने के लिए प्रस्तुत नहीं। अभ्यास से ही उसकी और लोगों की रुचि बढ़ेगी। बंग भाषा-भाषियों ने भी पहले इस काव्य का आदर न किया था। बात यह है कि एक प्रकार की कविता सुनते-सुनते जिनके कान अभ्यस्त हो रहे हैं, उन्हें तद्-विपरीत रचना अवश्य खटकेगी। यह स्वाभाविक हैं। बंगाल की बात ही क्या जिस मिल्टन कवि के आदर्श पर मधुसूदन ने यह रचना लिखी है। सुना है, पहले-पहल अंग्रेजी के साहित्य-सेवियों ने उसका भी विरोध किया था।' गुप्त जी ने तुकान्त छन्दों में ही अनुप्रासादि अलंकारों की रूढ़बद्धता का विरोध किया और इस विरोध में उनका अपना काव्य-सृजन-अनुभव बोल रहा है। उन्होंने लिखा—"जो लोग यह कहते हैं कि अनुप्रास नई सूझ पैदा करते हैं, वे कृपा कर इस विषय में फिर विचार करें। अनुप्रास नई सूझ पैदा करते हैं, यह कहना किसी कवि का अपमान करना है। वे यह कहते हैं कि अनुप्रास का बन्धन कवि को बाधा नहीं दे सकता तब भी एक बात थी। परन्तु क्या वास्तव में ऐसा ही है; इसे भुक्तभोगी ही जान सकते हैं कि कभी तुक के कारण कितनी कठिनाई उठानी पड़ती है। जिनका काफिया तंग नहीं होता, निस्सन्देह वे भाग्यवान हैं, परन्तु

वे भी यह मानने के लिए तैयार नहीं होंगे कि अनुप्रास के कारण हमें सूझ होती है। जो लोग ऐसा मानते हों वे दया के पात्र हैं। क्योंकि अनुप्रास की कृपा से उन बेचारों को भाव सूझ जाता है। बहुंधा ऐसा होता है कि अनुप्रास के लिए भाव भी बदल देना पड़ता है। शब्दों के तोड़-मरोड़ की तो कोई बात ही नहीं। कभी-कभी अनावश्यक और अनर्थक पद का प्रयोग करने के लिए भी विवश होना पड़ता है। यह कविता के लिए ठीक प्रतिकूल होता है। जो बात गौण होती है उसे प्रधानता देनी पड़ती है और जो प्रधान होती है उसे गौण बनाना होता है। कवि के स्वाभाविक धारा-प्रवाह को धक्का लगता है कि सारा रस चल-विचल हो जाता है। कवि को जिस शब्द का प्रयोग करना पड़ता है उसके बदले लाचार होकर उसे दूसरा शब्द रखना पड़ता है।" यहाँ गुप्तजी ने शब्द-सर्जना से जो सत्य कमाया था उसकी सीधी प्रतिध्वनि सुनी जा सकती है।

इस प्रकार, गुप्तजी का काव्य-संघर्ष, काव्य-भाषा तक सीमित न होकर अभिव्यंजना की नवीन छबियों को प्राप्त करने तक फैलता था। ऐसे कवि कम होते हैं जो अभ्यास-जड़ लीकों को तोड़कर नये काव्य-पथ का मार्ग अपनाते हैं। कहना न होगा कि गुप्त जी उन विरले कवियों में-से ही एक हैं।

अनुवाद और कवि-व्यक्तित्व का निर्माण

आधुनिक भारत के सामाजिक-सांस्कृतिक नवजागरण का एक विशिष्ट पहलू यह भी रहा है कि उसमें विचारकों, समाज-सुधारकों और राजनीतिज्ञों ने अनुवाद के महत्व को ठीक से पहचाना है। सर्वप्रथम आधुनिक भारतीय भाषाओं से ज्ञान-विज्ञान को एक भाषा से दूसरी भाषा में ले जाने का कार्य तेजी से शुरू हुआ। दूसरे, विदेशी भाषाओं में, विशेष रूप से अंग्रेजी में, जो बहुत महत्वपूर्ण था उसे भी अनूदित करने की हवा चली। हिन्दी में भारतेन्दु ने न केवल देशी-विदेशी भाषाओं से अनुवाद की परम्परा डाली अपितु अपने समकालीन रचनाओं को अनुवाद-कार्य के लिए प्रोत्साहित भी किया। शायद ही भारतेन्दु-युग का कोई रचनाकार या आलोचक हो जिसने अनुवाद न किया हो और अनुवाद-कार्य में गौरव का अनुभव न किया हो। अनुवाद का महत्व उन्हें इस कारण भी पता है कि वे सभी भावों-विचारों के आदान-प्रदान के लिए अनुवाद को एक जरूरी सांस्कृतिक सेतु बनाते हैं। भारतेन्दु-युग के अनुवादों की यही गौरवशाली परंपरा द्विवेदी-युग में विकसित-पल्लवित होती है। अतः महावीर प्रसाद द्विवेदी स्वयं अनुवाद में गहरी दिलचस्पी दिखाते हैं और अपने सहयोगी रचनाकारों, लेखकों चिंतकों को इस दिशा में प्रेरित करते हैं। द्विवेदी जी की इस युग-प्रेरणा से प्रभावित मैथिलीशरण गुप्त अनुवाद के क्षेत्र में कूद पड़ते हैं और उनका समर्थ अनुवादक-रूप सामने आता है। उन्होंने अनुवाद-कार्य को भाषा की विधायक तथा अभिव्यक्तिपरक समृद्धि के सशक्त माध्यम के रूप में मुक्तमन से अपनाया है। फलतः उनका अनुवाद-कर्म भारत के नवजागरण और आधुनिकीकरण के ध्रुवान्तों में सक्रियता पाता है।

गुप्त जी के कवि-दृष्टिकोण और विचारधारा को इन अनुवाद-कार्यों ने काफी दूर तक प्रभावित किया है। यह वह समय था जब भारत देश तथा जन धीरे-धीरे भारतीय 'राष्ट्र' और भारतीय 'जनता' में रूपान्तरित हो चले थे। भारत के समाज-सांस्कृतिक परिवर्तन की इस व्याख्या में पश्चिमी दिमाग की व्याख्याएँ बेहद भटका देने वाली हैं। जिसे हम 'रिनैसां' पुनर्जागरण या नवजागरण अर्थात 'एनलाइटेनमेंट' अथवा सुधार 'रिफार्मेशन' कहते हैं—उसकी सही

सन्दर्भों में व्याख्या अपेक्षित लगती है। इस पूरे के पूरे नये माहौल को हमें नये ढंग से भारतीय सन्दर्भों और परम्पराओं में परिभाषित करना पड़ता है या करना चाहिए। क्योंकि इन सांस्कृतिक परिभाषिकों के सही अर्थ-सन्दर्भ को ग्रहण किए बिना हम इनका सही प्रयोग न कर सकते हैं न समझ सकते हैं। ऐतिहासिक क्रम में 'रिनैंसां' मध्ययुगीन भाव-बोध के विरुद्ध नयी चेतना की व्यापक ध्वनि है। यह एक ऐसा विराट् विचार-आन्दोलन है जो धर्म और ईश्वर के स्थान पर मनुष्य केन्द्रित मानववादी संस्कृति की महत्व-प्रतिष्ठा करता है। हालांकि इसमें से व्यक्ति केन्द्रित व्यक्तिवाद के अंकुर भी फूटे जिनका झुकाव मनोविश्लेषण की ओर रहा। सांस्कृतिक चक्र में इस आन्दोलन ने लौकिकता को प्रतिष्ठत किया—रूढ़ियों से मुक्ति की पुकार मचाई तथा मनुष्य को चिन्तन के केन्द्र में खड़ा कर दिया। इसी के भीतर से देशभक्ति का भाव भी पनपा और नये युग प्रतिमानों को स्वीकृति मिली। तर्क और ज्ञान को सभी मूल्यों में प्राथमिकता दी गई। भारतेन्दु के समय भारत में अंग्रेजों का उपनिवेश था, किन्तु 1857 की क्रान्ति ने जागरण की मशान जला दी थी। फ्रान्सीसी राज्य क्रांति से भी एशिया ने नया चिन्तन प्रकाश पाया था। फिर भी भारत के लिए 'राष्ट्रीय' और 'राष्ट्रीयता' का प्रश्न बड़ा पेचीदा था। भारतेन्दु में राष्ट्र शब्द नहीं मिलता। बंगला' प्रचलन पाने वाला 'जाति' शब्द मिलता है। यहाँ 'जाति' का अर्थ है 'हिन्दू'। 'हिन्दू' का अर्थ है हिन्दुस्तान में रहने वाला। बंगाली, मराठी, कन्नड़, पंजाबी सभी इसी अर्थ में यहाँ हैं—यह 'हिन्दू' शब्द किसी साम्प्रदायिकता, संकीर्णता, धर्माचरण विशेष का वाचक शब्द नहीं है। सन् 1884 में भारतेन्दु का स्वर्गवास हुआ और उसके दो वर्ष बाद मैथिलीशरण गुप्त इस संसार में आये राजनीतिक-साहित्यिक क्षेत्र में उन्हे दादाभाई नौरोजी, तिलक, गोखले, भारतेन्दु-जैसे बलिष्ठ व्यक्तित्व मिले। इन सभी की प्रबुद्ध वैचारिकता से उनकी मानसिकता गठित विकसित हुई। बंगला में नवजागरण का प्रकाश भारतीय भाषाओं में सबसे पहले आया फिर मराठी और कन्नड़ आदि में आया। गुप्त जी जो अंग्रेजी न जानते थे-और उसे न जानना उनके हित में ही रहा—बंगला भाषा के साहित्य की ओर झुके। इसी झुकाव के दौर में उनके हाथ नवीनचन्द सेन, माइकेल मधुसूदनदत्त आदि की रचनाएँ लगीं और उन्होंने इन कृतियों का अनुवाद करना तय कर लिया।

हिन्दी के समीक्षकों ने जितना ध्यान उनके कवि-रूप पर दिया है उतना उनके अनुवादक रूप पर नहीं। परिणामतः उनके अनुवाद-कार्य का महत्व ठीक से समझा-समझाया ही नहीं गया। जबकि इस अनुवादकर्म ने उन्हें सृजनात्मकता वैचारिकता की नयी भाव-भूमि प्रदान की है। जैसे आ० शुक्ल के समीक्षा-प्रतिमानों की मूलदृष्टि को समझने में 'विश्वप्रपच' का अनुवाद तथा 'भूमिका,

हमारी मदद करती है वैसे ही गुप्त जी के रीतिवाद-विरोधी अभियान की मानसिकता को 'मेघनाद वध' के अनुवाद तथा 'भूमिका' से समझने की दिशा-दृष्टि मिलती है। 'मेघनाद वध' के साथ गुप्त जी ने 'भूमिका' लिखकर अपनी नवीन दृष्टि का गहरा परिचय दिया है। लेकिन इधर हमारे समीक्षकों का बड़ा कम ध्यान गया है कि गुप्त जी ने 'मधुप' नाम से ज्यादातर अनुवाद कार्य किया है इन्हीं मधुप जी ने 'वीरांगना' और 'पलासिर युद्ध' जैसा काव्य ग्रन्थ भी पद्यानुवाद करके प्रस्तुत किया तो आ० द्विवेदी की प्रसन्नता का ठिकाना न रहा। गद्-गद् आ० द्विवेरी ने 1919 की सरस्वती के मई अंक में लिखा—" बंगला के सुप्रसिद्ध कवि श्रीयुत नवीन चन्द्र सेन से अनेक साहित्य-सेवी परिचित होंगे। पलाशिर युद्ध उन्हीं की एक अद्भुत कृति है। इस काव्य का रसास्वादन उन सज्जनों को करने के लिए जो बंगला नहीं जानते, हिन्दी के एक सुप्रसिद्ध कवि ने 'प्लासी का युद्ध' तैयार किया है। यह 'प्लासी का युद्ध' नामक काव्य का पद्यानुवाद है। किसी भी ग्रन्थ का एक भाषा से दूसरी भाषा में अनुवाद करना कठिन काम है। किसी काव्य का अनुवाद करना तो और भी मुश्किल है। इस कार्य में यदि कुछ सफलता हो सकती है, तो प्रायः कवियों को ही। 'पलासी युद्ध' का अच्छा अनुवाद हुआ है इसको पढ़ने में मूल ग्रन्थ का बहुत कुछ आनन्द आ जाता है।" दिलचस्प बात यह है कि आ० द्विवेदी ने अनुवाद की प्रशंसा करने पर भी अनुवादक 'मधुप' जी' का नाम नहीं बताया। शायद वे पाठकों की जिज्ञासा को—कि ये 'मधुप जी' कौन है और भी बढ़ाना चाहते होंगे। क्योंकि मैथिलीशरण गुप्त 'रसिकेश' 'रसिकेन्द्र' तथा 'मधुप जी' भी है और लोक-भावों का संग्रह करते हैं, यह जनता को कैसे पता चलता। दुःख की बात यह है कि आ० द्विवेदी के बाद गुप्त जी के अनुवादक रूप पर विद्वानों ने बहुत का ध्यान दिया। यहाँ तक कि जब दद्दा पर राष्ट्र कवि मैथिलीशरण गुप्त अभिनन्दन ग्रन्थ निकाला गया तब भी उसमें उनकी कृतियों पर तो विद्वानों के निबन्ध दिये गए; लेकिन उनके अनुवादक रूप पर एक भी निबन्ध नहीं दिया गया। जबकि 'मेघनाद वध' का उनका अनुवाद धिक लोकप्रिय हुआ।

गुप्तजी ने शुरू-शुरू में प्रसिद्ध सुभाषितों और कालिदास के काव्य-प्रसंगों से अपने अनुवादक जीवन का आरम्भ किया है। अंग्रेजी के नवजागरण को जैसी प्रेरणा शेक्सपियर और मिल्टन से मिली थी। हिन्दी के समर्थ कवियों-अनुवादकों को वैसी ही प्रेरणा कालिदास-भास आदि रचनाकारों से मिलती रही। गुप्त जी ने कालिदास के 'अभिज्ञान शाकुन्तल' का छायानुवाद 'शकुन्तला' काव्य शीर्षक से किया साथ ही बंगला के माध्यम से विदेशों के राष्ट्र-गीतों का कभी भावानुवाद कभी रूपान्तरण किया। तदंतर बंगला काव्यों का अनुवाद किया और भास के नाट्यानुवादों में काफी श्रम किया। भास के नाटकों के कुछ

अनुवाद तो अप्रकाशित ही रहे। पर दो नाटकों का नाट्यानुवाद पुस्तकाकार रूप में सामने भी आया। अपने परम मित्र और हितैषी रायकृष्ण दास की कृति 'साधना' के गद्य-गीतों का गद्यानुवाद किया और अनुवाद-कार्य के प्रति निष्ठा इतनी बढ़ती गई कि श्री प्रकाश जी के नागरिक-शास्त्र विषयक निबन्धों तक का छन्दोबद्ध अनुवाद किया। 'श्रीमद्भगवद् गीता' के दो अध्यायों का जनप्रिय अनुवाद करने के साथ 'जय भारत' में गीता का सारांश भी दे दिया। 'जय भारत' में उनका कवि और अनुवादक साथ-साथ सक्रिय रहा। यहाँ ऐसा लगता है कि अनुवाद उनका आन्तरिक संस्कार बन गया था। जो अचानक रचना में उतरता रहा। विद्वानों ने इधर की खोजों से दिखा दिया है कि तुलसीदास का 'रामचरित मानस अधिकांश में अनुवाद है। नानापुराणानिगतागम तुलसी दास के संस्कारों में इतने रच-पच गए थे कि सहज ही वे 'मानस' में आते रहे। तुलसी दास को उन्हें लाने के लिए कोई प्रयास नहीं करना पड़ता। ऐसे ही 'जय भारत' में गुप्त जी ने गीतानुवाद की झड़ी लगा दी है। अंग्रेजी का अत्यल्प ज्ञान होने पर भी वे उमर खयाम् की रूबाइयों को फिट्जरैल्ड के अंग्रेजी अनुवाद के आधार पर हिन्दी में लाये। हो सकता है कि इस अनुवाद में उन्होंने फ़ारसी मूल वाले संस्करण से भी मदद ली हो। इन अनुवादों से स्पष्ट है कि गुप्त जी अनुवाद को द्वितीय श्रेणी का कार्य न समझते थे, जैसा कि आज के बहुत से लेखक माने बैठे हैं। अपनी इसी हीनता ग्रन्थि के कारण हिन्दी के अनुवाद-कार्य की वह गति नहीं है जो होनी चाहिए। वैविध्यपरक ज्ञान-विज्ञान को हिन्दी भाषा में लाने और उसे हिन्दी की प्रकृति में ढालने का कार्य जोरों से होना चाहिए था पर नहीं हुआ। लगभग चार-पाँच दशकों तक तो हम इसी भ्रम के शिकार रहे कि अनुवाद-कर्म घटिया कर्म है और बाद में भी मूर्खता के कारण हम अच्छे अनुवादकों को 'ब्राह्मण समाज में ज्यों अछूत' का स्थान देते रहे। परिणाम यह हुआ कि हिंदी में मौलिक लेखन तो जहाँ-तहाँ हुआ पर अच्छे अनुवादकों का अकाल ही पड़ गया। ज्यादातर अच्छे अनुवादक या तो कोशकर बनने को विवश हुए या फिर सरकारी दफ्तरों में रोजी-रोटी से चिपक कर जीने की लाचारी भुगतते रहे। प्रतिभा, प्रोत्साहन चाहती है यह बात पता नहीं हमें कब समझ में आयेगी। सरकारी प्रोत्साहन से न अनुवादक बन सकता है न अनुवाद कार्य। पिछले वर्षों के अनुवाद का अनुभव इसका सबसे अच्छा उदाहरण है जो सरकार ने सरकारी अनुवादकों से कराया और वह सरकारी गोदामों में ही सड़ गया। जनता के बीच उसे हृदय से स्वीकृति न मिली। सच है कि जब तक बृहत्तर जनसमाज के द्वारा किसी कार्य को स्वीकृति नहीं मिलती तब तक वह फूल-फल नहीं सकता। अत: अनुवाद को जन-समाज में ले जाने की जरूरत है। पर हिंदी भाषा को अनुवाद जीवी बनाने की जरूरत नहीं है। हिंदी का मौलिक लेखन

आज विदेशी अनुवादों से पट रहा है यह चिंता की बात है। क्योंकि ऐसा होने से हमारे मौलिक चिंतन को खतरा पैदा हो गया है। विदेशी अनुवाद की वैशाखियों से हमारा मौलिक लेखन नहीं पनप सकता।

देशी-विदेशी अनुवाद-कार्य हमारे लिए क्यों हितकर है ? यह बात भारतेन्दु और आ० द्विवेदी के सामने बिल्कुल साफ थी। भारतेन्दु जी ने कहा था—"हिन्दी भाषा में जो सब भाँति की पुस्तकें बनाने के योग्य है अभी वे बहुत कम बनी हैं। विशेषकर नाटक तो (कुँवर लक्ष्मणसिंह के शकुन्तला के सिवाय) कोई भी ऐसे नहीं बने हैं जिनको पढ़के कुछ चित्त को आनन्द और इस भाषा का बल प्रकट हो। इस वास्ते मेरी इच्छा है कि दो चार नाटकों का तर्जुमा हिन्दी में हो जाए तो मेरा मनोरथ सिद्ध हो।" (रत्नावली नाटक की भूमिका) भारतेन्दु पूरी ताकत से देशी विदेशी नाटकों के अनुवाद में प्रवृत्त हुए। वे इस दिशा में अन्य और कार्य करते पर कालदेवता ने उन्हें समय न दिया। आ० द्विवेद्वी ने स्वयं भी अनुवाद किए और अनुवाद-कार्य के महत्व को पहचनवाया भी। वे संस्कृत तथा अंग्रेज़ी के ज्ञान-भण्डार से श्रेष्ठ कृतियों के अनुवाद पर बल देते रहे। 'इन दोनों में से ग्रन्थ-रत्न ले लीजै। हिन्दी के अर्पण उन्हें प्रेमयुत कीजै।' आचार्य द्विवेद्वी ने आधुनिक भारतीय-भाषाओं के साहित्य में नवजागरण से जो समृद्धि आई थी। उसका महत्व भी बार-बार स्पष्ट किया था। वे लोक-जागरण की चेतना और उसकी मूल्यदृष्टि हिन्दी में लाना चाहते थे। यह नवीन मूल्य-दृष्टि बंगला, मराठी आदि के पास थी। नये-मूल्य मान तभी आ सकते थे जब सभी भारतीय-भाषाओं से हिन्दी का गहन सम्पर्क-सूत्र जुड़ा हो।

गुप्तजी ने अपने अभिव्यक्ति-कौशल को माँजने के लिए पण्डितराज जगन्नाथ रचित 'भामिनी-विलास' के पद्यों का अनुवाद किया। कभी-कभार संस्कृत के अन्य कवियों के सुभाषितों का भी पद्यानुवाद किया। बगंला के माध्यम से 'इटली' और 'स्वदेश' शीर्षक राष्ट्र-गीतों का रूपान्तरण किया। यूरोप में पुनर्जागरण इटली के कंधों पर चढ़कर आया था। उसने साहित्य-क्षेत्र में नवीन भाव व्यंजना नयी अर्थाजंलि और नया छन्द-लय निष्पन्न किया था। गुप्तजी की भी ऐसी ही मंशा थी और वे इसीलिए 'इटली' शीर्षक राष्ट्रगीत का हिन्दी-अनुवाद कर रहे थे। मराठी के अप्पाशास्त्री की रचना 'पंजर-बद्ध-शुक' के आधार पर 'पंजरबद्ध' कविता लिखी थी। इस कविता में गुप्तजी की स्वाधीनता या मुक्ति-भावना का बिम्ब है। तोता पिजरे में रहते-रहते थक गया है वह पिंजरा तोड़कर खुले आसमान में उड़ना चाहता है। यह देश की इच्छा का भावानुवाद था कि ब्रिटिश-साम्राज्यवाद का पिंजरा भारतीय मनुष्य को उबा चुका है—उसे तोड़कर-छोड़कर अब नया स्वतंत्रत जीवन चाहिए। 'पिजंरबद्ध' कविता स्वांधीनता की युगीन आहट है। साथ ही, गुप्तजी का मुक्तिकामी मन भी इस कविता की युगीन

सन्दर्भों में अर्थवत्ता पहचानता है।

गुप्तजी ने सन् 1908 के आसपास डटकर अनुवाद कार्य शुरू किया। इस दिशा में उनके प्रथम आकर्षण बने कालिदास। 'अभिज्ञान शाकुन्तलम' के प्रभाव ने 'शकुन्तला' नामक खण्डकाव्य को जन्म दिया। 'शकुन्तला' छायानुवाद है, भावानुवाद है—लेकिन यह कालिदास के 'अभिज्ञान शाकुन्तलम' का हू-ब-हू नाट्यानुवाद नहीं है। इस छायानुवाद की मानसिकता ने गुप्तजी को नारी-भावना में करुणा और तप की जीवनी शक्ति का महत्व स्पष्ट किया। इसलिए गुप्तजी की नारी-भावना का मूल उद्गम-स्रोत कालिदास की नारी-करुणा से जुडकर पुष्ट हुआ। कालिदास की यह कृति गुप्तजी का ऐसा मनःसंस्कार लगती है कि वे अनायास ही अनुवाद भी कई स्थलों का करते चलते हैं और उन्हें पता तक नहीं चलता। करुण-चेतना से आक्रान्त गुप्तजी ने भास की परमप्रसिद्ध नाट्यकृति 'स्वप्नवासवत्ता' का अनुवाद किया। 'दूतघटोत्कच' से साथ अन्य नाटकों का भी अनुवाद किया-अविमारक, उरुभंग, प्रतिमानाटकम्, अभिषेक, दूतवाक्य, चारुदत्त और प्रतिज्ञा यौगन्ध नारायण आदि। इनमें में कुछ नाटकों के अनुवाद तो अपूर्ण हैं। और जो पूर्ण भी हैं—वे अप्रकाशित पड़े हुए हैं। 'वासवदत्ता' नामक नाट्य-कृति में गुप्तजी का अनुवाद भावमर्म को तदाकार होकर गह लेता-सा प्रतीत होता है। एक उदाहरण देखिए—

मूलपद्य

(आत्मगतम्)—इयं वाला नवोद्वाहा सत्यं श्रुत्वा व्यथा व्रजेत्।
कामं धीर स्वभावेयं स्त्री स्वभावस्तु कातरः॥

रूपान्तर

(स्वगत)—यह नूतन विवाहिता बाला सच सुनकर दुख पावेगी।
धीरा है, यह सहज कातरा, नारी प्रकृति न जावेगी॥

प्राकृत के गद्य पर गुप्तजी का कितना अधिकार था—यह प्रमाण रानी वासवदत्ता का कथनानुवाद देता है—

विवाहामोद—संकुलें अन्तेउरचउस्साले परित्त जिअ पहुमावहि इह आउदम्हि पमदवणं।'

अनुवाद—'विवाह के आमोद से परिपूर्ण अन्तःपुरः के चौक में पद्मावती को छोडकर मैं वहाँ प्रमद वन में क्यों चली आई हूँ।'

ठीक से देखने पर ज्ञात होता है कि इस गद्यानुबाद में गांठें नहीं हैं। भाषा लोचदार और मूल अर्थ से गर्भित है तथा अनुवाद काव्यत्व-दोष से एकदम मुक्त है।

पद्यानुवाद में छन्द इतना सिद्ध है कि फिसलन नहीं मिलती है। 'अभिषेक' से एक उदाहरण देखिए—

मूल—सजल जल घरेन्द्र नीलनीरो बिलुलितफेन तरंग चारुहारः।
समधिगत नदी सहस्त्रबाहु र्द्दरिखि भाँति सरित्पतिः शानः।

अनुवाद—नील जलद-सा जिसका जल है, फेन तरंग-हार-चंचल है।
प्राप्त सहस्त्र नदी भुजधारी, सुप्त विष्णु-सा सागर भारी ॥

इस प्रकार के नाट्यानुवादों ने गुप्तजी के पद्य और गद्य को माँज दिया और वे खड़ी बोली की व्यंजकता के प्रति आश्वस्त हो गए। इस अनुवाद-कार्य का प्रभाव उनकी 'काव्य-भाषा' पर पड़ा और वे भाषा के शरीर को इस व्यायाम से ठीक कर सके।

सन् 1925 ई० में श्रीमद्भागवत् के द्वितीय अध्याय का पद्यानुवाद किया। इस अनुवाद के पीछे राष्ट्रीय-सांस्कृतिक नवजागरण की वह प्रेरणा भी सक्रिय थी जो साम्राज्यवाद, उपनिवेशवाद, सम्प्रदायवाद आदि के प्रति विद्रोह-भाव जाग्रत करना चाह रही थी। भारत में सन् 1920 से 1930 तक का काल भारी साम्प्रदायिक टकराव की आंधी से डगमगाया हुआ था— इसी की प्रतिध्वनि 'हिन्दू' में सुनाई भी दे जाती है। गीता भारतीय जन-जीवन को कर्म-सौन्दर्य की नयी प्रेरणा थी। और यही प्रेरणा उन्हें इष्ट थी।

बंगला काव्य की आधुनिक चेतना से प्रभावित होकर वे माइकेल मधुसूदन दत्त के तीन काव्यों तथा नवीनचन्द्रसेन के 'पलासीर युद्ध' का अनुवाद-संकल्प लेते हैं। सन् 1912 ई० में माइकेल की कृति 'विरहिणी ब्रजांगना' का काव्यानुवाद किया। इस अनुवाद का उद्देश्य घोषित करते हुए कहा—'एक तो इस पुस्तक की कविता इतनी मधुर है कि उसने लेखक को विवश किया कि किसी तरह इसका रसास्वादन हिन्दी प्रेमियों को कराया जाए।' आधुनिक भारतीय-भाषाओं के जनजागरण ने बंगला भाषा के व्यक्तित्व को काफी निखार दिया था और बंगला भाषा की मिठास के सामने संस्कृत पीछे हटने लगी थी। बंगला नयी संवेदना और चेतना की वाहक भाषा है। यह ज्ञान गुप्त जी को था। 'दूसरा कारण यह है कि इस ओर भी शिक्षित समुदाय का ध्यान आकर्षित हो और भिन्न-भिन्न भाषा के कवियों की रचनाएँ अनुवादित होकर मातृभाषा की श्रीवृद्धि करें।' भारतीयभाषाओं के आदान-प्रदान को बढ़ाने के लिए भी अनुवाद कार्य की सार्थकता थी फिर माइकेल की भाव-उष्मा से गुप्तजी उनके भक्त बन गए। कविता का अनुवाद असम्भव है, पर यदि कवि के हृदय में प्रवेश हो सके तो यह सम्भव भी है। गुप्तजी ने इस अनुवाद से यह सिद्ध कर दिया है। स्त्रोत-भाषा के भाव को लक्ष्य-भाषा में लाते समय वे उसे खो नहीं देते। हालांकि वे

माइकेल की काव्य-लय, छन्द-गति, बलाघात, स्वराघात, शब्द-कंपन आदि को तो न ला सके—पर काव्य की अर्थ-व्यंजकता को नष्ट नहीं होने दिया। यथा-

मूल—कनक उदयाचल तुमि देखादिल
हे सुर-सुन्दरि!
कुमुद मुँदये आँखि किन्तु सुखे गाय पारवी,
गुंजरि निकुंजे भ्रमे भ्रमर-भ्रमरी।

अनुवाद—स्वर्णोदय गिरि पर सुर सुन्दरि, देती हो तुम दरस पुनीत,
मधुप-मिथुन कमलों पर आते, गाते हैं खग नव-नव गीत।

माइकेल की रूप-विधायिनी कल्पना ने गुप्तजी की कल्पना को तितली के पंख दिए हैं। इन्हीं पंखों का रंग-बिरंगा सौन्दर्य 'विष्णुप्रिया' 'यशोधरा' और 'साकेत' में दिखाई दे जाता है। माइकेल का विरह-काव्य ही गुप्तजी की काव्य-शक्ति का अनिवार्य स्रोत बना, यह भी भूलने की बात नहीं है।

राधा-विरह की मार्मिक भावभूमि के पश्चात् गुप्त जी ने नवीनचन्द सेन के 'पलासीर युद्ध' का अनुवाद किया। इस अनुवाद-कर्म में राष्ट्रीय-सांस्कृतिक चेतना के साथ भाषा को समृद्ध बनाने की बलवती आकांक्षा भी साक्ष्य है। अनुवादक गुप्त जी ने निवेदन में कहा—"हमारी भाषा के साहित्य में जो सामग्री है, वह तो हमारी सम्पत्ति है ही, यदि दूसरी भाषाओं की विशेष सामग्री भी हमारी भाषा में आकर अपनी हो जाय तो क्या वह थोड़े गौरव की बात है। ××इसी उद्देश्य की पूर्ति के लिए अनुवाद के रूप में भिन्न-भिन्न भाषाएँ आदान-प्रदान किया करती हैं। हमारी भाषा में तो इसकी और भी आवश्यकता है, क्योंकि वह राष्ट्र-भाषा होने का दावा रखती है, उसमें सारे राष्ट्र के भावों का सन्निवेश होना चाहिए।' (पृष्ठ 1) यहाँ भारतीय भाषाओं में आपसी प्रेम हो और इन सभी के सहयोग-सम्पर्क से हिन्दी समृद्ध हो—यह बड़ी बात कही है। राष्ट्र-भाषा के राष्ट्रकवि के गौरव के अनुकूल ही यह कथन है कि 'उसमें सारे राष्ट्र के भावों का सन्निवेश होना चाहिए।' गुप्त जी काव्यानुवाद की समस्याओं चुनौतियों, संघर्षों में जीकर अपना अनुभव सामने रखते हैं—"किसी भाषा के भाव अन्य भाषा में यथातथ्य व्यक्त करना कठिन है, उसे भुक्त भोगी ही जान सकते हैं। किसी काव्य-ग्रंथ का अनुवाद करना तो और भी कठिन है।' क्यों काव्यानुवाद कठिन होता है—कारण बतलाते हैं कि 'कविता में बहुधा साभिप्राय पद रहते हैं। एक शब्द का एक स्थान में एक साधारण अर्थ रहता है, एक विशेष—पर अन्य भाषा में उसके लिए उपयुक्त शब्द मिलना कठिन हो जाता है।' हर शब्द की हर भाषा में अपनी अर्थ—रंगत होती है, ठसक होती है। इसीलिए उस अर्थ-रंगत और ठसके को शब्द दूसरी भाषा में खोजना कठिन पड़ता है।

फिर "गद्य में विस्तार पूर्वक व्याख्या और विवरण देकर भी काम चलाया जा सकता है। परन्तु पद्य में ऐसा नहीं किया जा सकता। उसकी पंक्तियाँ नपी-तुली होती हैं। इसके सिवा शब्द-स्थापना के नियमों का बन्धन, यति और अनुप्रास आदि अनेक बन्धन उसमें रहते हैं। विशेष विस्तार की गुंजाइश भी उसमें नहीं होती। गठन ही उसका विशेष गुण होता है। प्रणाली भी उसकी गद्य से भिन्न होती है।' ये विचार गुप्त जी ने अनुवाद की व्यावहारिकता से कमाये हैं—इसलिए इनमें एक कमाया हुआ जीवन-सत्य स्पन्दित है। गुप्त जी का ध्यान काव्य-गठन, काव्य-प्रणाली, काव्य-स्वभाव, काव्य-शिल्प सभी पर केन्द्रित रहता है—ध्यान की यह समग्रता अनुवादकों को आज भी उनसे सीखनी चाहिए। खड़ी-बोली के शैशवकाल में गुप्तजी भाषा के साथ जो रचनात्मक अनुवाद का सम्बन्ध जोड़ते हैं—वह याद रखने की बात है। 'पलासीर युद्ध' के पाँचों सर्गों की कथान्विति, प्रभावान्विति को रखने के लिए कवि ने भाव-प्रवाह का क्रम रखा है। सेन ने दस-दस पंक्तियों का पद-बन्ध रखा था जिसे गुप्तजी ने भावानुकूल कभी दस, कभी आठ और कभी छः पंक्तियों म अनूदित किया है। गुप्त जी ने काव्यानुवाद में सरसी और हाकलि छन्दों के योग से एक नया छन्द ही बना लिया है। यथा—

मूल—शोभिछे एकटि रवि पश्चिम गगने।
मासिछे सहस्त्र रवि जाह्नवी-जीवने ।

अनुवाद—शोभित दिनमणि एक प्रतीची के अंचल में,
सौ-सौ दिन मणि झलक रहे हैं गंगाजल में।

(पलासीर का युद्ध पृ० 30)

इस काव्यानुवाद से काव्य-भाषा की भाव-प्रवाहिनी शक्ति-धारा से उनका गहन परिचय हुआ। साथ ही काव्य की दृश्य-योजना ने अर्थ-ग्रहण के साथ बिम्बग्रहण के महत्व को पहचान लिया। अतीत के साथ वे वर्तमान के इतिहास में प्रवेश पा गए और एक नया इतिहास बोध निष्पन्न हुआ। जिसने उनके राष्ट्रवाद को भीतर से दृढ़ कर दिया।

गुप्तजी को 'वीरागंना' और 'मेघनाद वध' के अनुवादों से बड़ी प्रशंसा मिली। यह अनुवाद कार्य 1924-25 के आस-पास हुआ।' वीरागांना' काव्य के ग्यारह सर्ग-बद्ध पत्र-गीतियों का रूपान्तर काफी साफ भाषा में किया है यहाँ ऊबड़-खाबड़ भाषा के झाड़-झंखाड़ नहीं है। चूँकि 'वीरागंना' काव्य में पौराणिक-स्त्री पात्रों ने अपने-अपने प्रेमियों के प्रति हृदयोद्‌गार व्यक्त किए हैं— इसलिए प्रणय की भाव-लीला का मादक खेल भी है पर यह काव्य एकदम प्रणय गाथा न होकर जीवन का ओजपूर्ण स्पन्दन है। माइकेल मधुसूदन दत्त ने ओविड की वीर पत्रावली (Heroic epistles) की पेनिलोप, केनिस, प्रेम मयी डिडो, को ध्यान में रख

कर नयी अर्थापत्ति करनी चाही है। 'वीरागंना' में तारा, शूर्पणखा, उर्वशी और रुक्मिणी के प्रेम-पत्र हैं, जाह्नवी का वह पत्र भी है जो वासना कंलकित प्रेम-बन्धन को नहीं चाहती। यहाँ शकुन्तला, द्रोपदी, भानुमती और दुःशला के पत्र हैं—जिनमें प्रोषित-पतिकाओं की भाव-चिन्ता उमड़ती-घुमड़ती मिलती है। कैकेयी और जना के पत्र हैं—जिनमें विचार-स्वातन्त्र की बात उठाई गई है। यह मूल काव्य चौदह वर्णों के अभित्राक्षर छन्द में सृजित है—यही बंगाल का अतुकान्त पयार कहा जाता है। गुप्तजी ने इसमें एक वर्ण और बढ़ाकर घनाक्षरी के लय विधान में बाँधकर अनूदित किया। यह तुकान्त छन्द तुलसीदास की 'गीतावली' में प्रयुक्त है किन्तु गुप्तजी ने अनुवाद मे इस छन्द को इतना माँज दिया कि उसकी सूरत निकाल दी है। इस काव्यानुवाद का प्रभाव गुप्तजी की नारी-भावना विषयक धारणाओं पर पड़ा और वे बंगला काव्य की नवीन भूमि से गहरे जुड़ गए।

गुप्तजी के अनुवाद-कर्म का यौवन-सौन्दर्य पूरी क्रान्ति से 'मेघनादवध' में प्रस्फुटित होता है। 'मेघनाद-वध' ने बंगला में अपनी काव्य-शक्ति की प्रखरता से क्रान्ति मचा दी थी। ईश्वरचन्द्र विद्यासागर और रामकृष्ण परमहंस तक को इसके काव्य-सौन्दर्य ने पूरी तरह झकझोर दिया था। परमहंस को कहना पड़ा था —'इस समय यही मेघनाद वध काव्य हिमालय पर्वत की तरह आकाश-भेद कर खड़ा है।' इसी काव्य-हिमालय ने आ० महावीर प्रसाद द्विवेदी को मोह लिया था और उन्हीं की परमप्रेरणा से गुप्तजी इसके काव्यानुवाद में समर्पित भाव से प्रवृत्त हुए। काव्यानुवाद के पीछे मूल भाव यह था कि 'मेघनाद बध सदृश्य काव्य एक प्रान्त का ही धन न रहे, राष्ट्रभाषा के द्वारा वह राष्ट्रीय सम्पत्ति बन जाय, इतना न हो सके तो अन्ततः उस रत्न की झलक हिन्दी भाषा भाषियों को देखने को मिल जाय।' बंगला का रीतिवाद 'मेघनादबध' काव्य से टूटता है और रीतिवाद हिन्दी में भी टूटना चाहिए। बंगला का यह नया काव्य-प्रयोग नया काव्य-मार्ग खोलता है। ऐसा ही नया काव्य-पक्ष हिन्दी मे भी निर्मित हो—यही आकांक्षा गुप्तजी में जोर मारती है। आ० द्विवेदी अतुकान्त छन्द के मूल-सौन्दर्य को समझ गए थे। उन्होंने जुलाई 1903 की 'सरस्वती' पत्रिका में माइकेल मधुसूदन दत्त की नबीनता पर एक लेख भी लिखा था। आचार्य को माइकेल बहुत भाते थे—उनकी अतुकान्त छन्द-रचना का प्रवाह उन्हें काफी तृप्ति देता था। आचार्य ने लिखा—"मधुसूदन के समय तक बंगला में अमित्राक्षर छन्द नहीं लिखे जाते थे। हमारे दोहा, चौपाई, छप्पय और घनाक्षरी आदि के समान उसमें विशेष करके पयार, त्रिपदी और चतुष्पदी आदिक ही छन्द प्रयोग किये जाते थे। लोगों का अनुमान था कि बंगला में अमित्राक्षर छन्द हो ही नहीं सकते। इस बात को माइकेल ने निर्मूल सिद्ध कर दिया। × ×

इसको उन्होंने 'मेघनाद वध' लिखकर प्रमाणित कर दिया। इस प्रकार के छन्दों में इस अपूर्व वीररसात्मक काव्य को लिखकर मधुसूदन ने बंग-भाषा के काव्य जगत में एक नये युग का आविर्भाव कर दिया। तब से लोग उनका अनुकरण करने लगे और आजकल बंगला में अनेक अमित्राक्षर छन्दोंबद्ध काव्य हो गए। जब इस प्रकार के छन्द बंगला में लिखे जा सकते हैं और बड़ी योग्यता से लिखे जा सकते हैं, तब उनका हिन्दी में भी लिखा जाना सम्भव है। लिखने वाला अच्छा और योग्य होना चाहिए।' आ० द्विवेदी के इन नये विचारों का प्रभाव गुप्तजी पर सीधा पड़ा। इसका असर 'काव्य प्रभाकर' की उनकी प्रखर आलोचना में तो दिखाई दे ही जाता है—मेघनादवध की 'भूमिका' में भी जगह-जगह पाया जाता है। गुप्तजी ने तुकान्त छन्द-परम्परा के रूढ़िवाद पर 'मेघनाद-वध' के अनुवाद की 'भूमिका' में जोरदार धावा बोल दिया। अतुकान्त छन्द का पक्ष लेकर लिखा –"हिन्दी में अतुकान्त कविता का कुछ-कुछ प्रचार हो चला है, परन्तु शायद अब भी एक बड़ा समुदाय उसे पढ़ने के लिए प्रस्तुत नहीं। अभ्यास से ही उसकी ओर लोगों की रुचि बढ़ेगी। बंग-भाषा-भाषियों ने भी पहले इस काव्य का आदर न किया था। बात यह है कि एक प्रकार की कविता सुनते-सुनते जिनके कान अभ्यस्त हो रहे हैं, उन्हें तद् विपरीत रचना अवश्य खटकेगी। यह स्वाभाविक है। बंगाल की बात ही क्या, जिस मिल्टन कवि के आदर्श पर मधुसूदन ने इस तरह की कविता लिखी है, सुना है, पहले पहल अंग्रेजी के साहित्य-सेवियों ने उसका भी विरोध किया था।' गुप्तजी जानते हैं कि अभ्यास जड़-लीकों के आदी लोग विरोध में डट जाते हैं—पर यह विरोध उनकी समझ की सीमा है। नये कवियों को चाहिए कि वे काव्य-पाठकों का नया संस्कार करें, उनकी पुरानी सौन्दर्याभिरुचियों को बदलें। गुप्तजी ने इसीलिए माइकेल और राजनारायण वसु का हवाला दिया है कि जब वसु ने इस नये छन्द के विषय में प्रश्न किए तो माइकेल का उत्तर था—"उसमें पूछने और बताने की कोई बात नहीं। इसकी आकृति ही सब बातें बता देगी। जो इसे हृदयगंम करना चाहे वे बार-बार पढ़ें। बार-बार आवृत्ति करने पर जब उनके कान दुरुस्त हो जायेंगे तब वे समझेंगे कि अमित्राक्षर क्या वस्तु है।" फिर 'यति के सम्बन्ध में उन्हें (दत्त ने) कहा था जहाँ-जहाँ अर्थ की पूर्णता और साँस का पतन हो वहीं कहीं इसकी यति समझनी चाहिए।"

'भूमिका' में गुप्तजी ने रामकृष्ण परमहंस का यह कथन दिया है कि—"तुम्हारे देश मे यह एक अद्‌भुत प्रतिभाशाली पुरुष उत्पन्न हुआ था। मेघनाद वध जैसा काव्य तुम्हारी बंग-भाषा में तो है ही नहीं, भारतवर्ष में भी इस समय ऐसा काव्य दुर्लभ है। तुम्हारे देश में यदि कोई नया काम करता है तो तुम उसकी हँसी उड़ाकर उसका अपमान करते हो यह नहीं देखते कि वह क्या कहता

है, और क्या करता है। जिस किसी ने पहले की तरह कुछ न किया, लोग उसी के पीछे पड़ जाते हैं। इसी मेघनाद वध काव्य को जो बंग-भाषा का मुकुटमणि है, अपदस्थ करने के लिए छछून्दर वध काव्य लिखा गया ! तुम जो कर सको करो। परन्तु इससे क्या होता है ?" इन कथनों से जाहिर है कि गुप्तजी रुढ़िवाद, अन्धपरम्परा की नाशवृत्ति को पहचान गए थे और नये मार्गों पर चलने के लिए संकल्पबद्ध थे। स्वयं तुकान्त कविता झकमार कर लिखते थे पर अतुकान्त की शक्ति से अपरिचित न थे। वे जानते हैं कि 'जो लोग यह कहते हैं कि अनुप्रास नई सूझ पैदा करते हैं वे कृपा कर इस विषय में फिर विचार करें। अनुप्रास नई सूझ पैदा करते हैं—यह कहना किसी कवि का अपमान करना है।" और सच बात है कि 'तुक एक कृत्रिमता है।' अतः गुप्तजी ने भी अनुवाद के लिए अतुकान्त छन्द चुना। हालांकि गुप्तजी ने कह यह भी दिया—"मेघनाद वध के कवि बहुत ही उच्छृखल प्रकृति के थे।' पर मानने वाली बात यही थी कि —मधुसूदन के जीवन में सर्वत्र एक आवेग भरा हुआ था। यही आवेग, ओज के रूप में उनकी कविता के लिए सब दोषों को छिपा देने वाला विशेष गुण बन गया। इसी कारण मेघनाद वध सदोष होते हुए भी परम मनोहर काव्य है।' इसीलिए इस मनोहर काव्य का वे मनोहर ढंग से अनुवाद करते हैं। किन्तु गुप्तजी के वैष्णव मन को ठेस यह देखकर लगती है कि 'मेघनाद-वध' के राम कायर, दीन और दुर्बल हैं। उनका आदर्श माइकेल ने छीन लिया है। इस काव्य दृष्टि से असहमत होकर गुप्तजी लिखते हैं—"किसी कथानक में आवश्यकतानुसार फेरफार करने का अधिकार कवियों को है, पर आदर्श को विकृत करने का अधिकार किसी को नहीं।' इसीलिए गुप्तजी ने माइकेल की इस काव्यकृति को च्युत-संस्कृति-दोष का भागी माना है। पर अनुवादक कृति के काव्यत्व पर मुग्ध है—"इस काव्य की धारा प्रवाह चित्रोपम वर्णन शैली पाठकों को आकंठ मग्ध करके बरबस अपनी गति के साथ खींच ले जाती है।'—इस काव्य के पूरे पक्ष-विपक्ष को प्रस्तुत करने के लिए गुप्तजी ने 'भूमिका' में रवीन्द्रनाथ ठाकुर, दीनानाथ सन्याल, हरप्रसाद शास्त्री, हेमचन्द बनर्जी, आशुतोषमुखर्जी, द्विजेन्द्रलाल राय आदि के मतों का हिन्दी-रूपान्तरण भी दिया है। अतुकान्त का सौंदर्य अनुवाद में कैसे आया है देखिए—

—मन्दमति सर्वथा—
करके पदारबिन्द वन्दना, विनय से,
श्वेत भुजे, तुमको पुकारता हूँ फिर मैं,
वीणापाणि, भारति, माँ जैसे तुम बैठी थीं
आकर वाल्मीकि रसना पै, कृपा करके
मानो पद्म-आसन पै, जब धन वन में

क्रौंच वध व्याध ने किया था खर शर से,
करता विहार था जो क्रौंची संग सुख से
आके तुम दास पर वैसे ही दया करो ।'

वीणापाणि की यह प्रार्थना गुप्तजी के संस्कारों में इतनी रचती-पचती है कि साकेत में 'अयि दयामणि देवि सुखदे शारदे। इधर भी निज वरद पाणि पसार दे' कहते मिलले हैं । कहना न होगा कि मेघनाद-वध के काव्यानुवाद ने गुप्तजी के पूरे काव्य-संस्कार को आन्दोलित किया । अपने इस अनुवाद के लिए इतना ही कहा कि—"अधिकांश स्थलों में मूल और अनुवाद की पंक्तियों की संख्या एक-सी है । जहाँ कहीं अन्तर हुआ है, वहाँ थोड़ा ही ।' भाव, शब्द-संगीत छन्द-प्रवाह आदि को अनुवाद में लाने में वे घोर श्रम करते हैं ।' जो लोग भाषा को सरल बनाने के पक्षपाती हों, उन्हें स्मरण रखना चाहिए कि यह टीका नहीं, भाषान्तर है और एक काव्य-ग्रन्थ का भाषान्तर है। इस कारण अनुवादक को सरलता की अपेक्षा मूल ग्रन्थ की ओजस्विता पर अधिक ध्यान रखना पड़ा है ।" (मेघनाद वध काव्यानुवाद पृ० 25) यही ध्यान ऐसा ललित काव्यानुवाद करा सका है—

मूल बाहिरला रक्षोराज पुष्पक आरोही
घर्घरिम रथचक्र निर्धोष उगरि,
विस्फुलिंग, तुरंगम हेषिल उल्लासे ।

अनुवाद पुष्पक में बैठा हुआ रक्षोराज निकाला,
घूमे रथ चक्र घोर घर्घर निनाद से,
उगल कृषानुकण, हींसे हय हर्ष से ।

हालांकि गुप्तजी ने इस अनुवाद में काफी स्वच्छन्दता से काम लिया है कभी-कभी अपनी ओर से शब्द भी जोड़े हैं—पर काव्यात्मक को नष्ट होने से सर्वत्र बचाया है । शब्द की अर्थच्छटा पर अनुवादक ने पूरी शक्ति से ध्यान केन्द्रित किया है । यह काव्यानुवाद अपनी सफलता में आज भी हिन्दी के अनुवादकों के लिए पथ-प्रदर्शन का कार्य कर सकता है । अनुवाद 'काव्य-भाषा' के सौन्दर्य को कितना निखार दे सकता है—यह बात भी गुप्तजी से सीखने लायक है । इसी अनुवाद के बाद गुप्तजी 'पंचवटी' 'साकेत' तथा 'यशोधरा' का कथा-लोक सामने ला सके । अतः गुप्तजी की कवि-मानसिकता की बनावट और बुनावट में इन अनुवादों की बड़ी उल्लेखनीय भूमिका रही है । इस मानसिकता को ठीक से समझे बिना उनके काव्य-विकास को ठीक से समझा ही नहीं जा सकता । माइकेल की काव्य-भाषा के विचार-चित्रों में वर्ण्य-वस्तु का नया बोध है, अर्थ रंग और गंध की नयी सृष्टि गुम्फित है । अतः उनके आकार और साहचर्यों को सन्दर्भों में समझना पड़ता है । माइकेल भावात्मक संघटन (एफेक्टिव आर्गनाइ-

जेशन) की शक्ति के कवि हैं। अतः गुप्तजी को अनुवाद में भाषा के जटिल और रूपकात्मक प्रयोगों को समझने के लिए इसके भीतर पैठना पड़ता है। भाव, अनुभूति, ध्वनि तथा अभिप्राय को समझे बिना काव्यानुवाद नहीं हो सकता। यह बात समझकर ही गुप्तजी 'मेघनाद वध' के अनुवाद की ओर बढ़े थे। हाँ जहाँ, कहीं माइकेल ने विरोधाभास और अनेकार्थता या अस्पष्टता से वागर्थ को रचा है—वहाँ गुप्तजी चकमा खाकर चूके हैं—अच्छाई यही रही कि वे भ्रान्त अर्थ च्छायाओं के शिकार नहीं हुए। हालांकि, 'मेघनाद वध' काव्य के अर्थ का केन्द्रण (कंसंट्रेशन) और घनत्व (इंटेसिटी) अनुवादक को काफी परेशान किए रहा। किन्तु काव्य के अर्थों—संकेतात्मक, निर्देशात्मक और भावात्मक स्थलों का मर्म उनसे अछूता न रहा। नादों के सामंजस्य बैठाने में गुप्तजी का प्रयास निराशाजनक नहीं है। काडवेल ने कहा था कि कविता शब्दों से नहीं भावों से लिखी जाती है और शब्द केवल भावों को ही उद्‌बुद्ध नहीं करते वरन एक भावनात्मक चमक को भी जागृत करते हैं, जिसका अनुवाद असम्भव है। किन्तु यह धारणा आज खण्डित हो गई है क्योंकि काव्य अननुवाद्य नहीं रहा। अब काव्य ही नहीं, गद्य भी जटिल अर्थच्छायाओं, भाव प्रतिपत्तियों के साथ आने लगा है। हजारी प्रसाद द्विवेदी के उपन्यास 'बाणभट्ट की आत्मकथा' में शब्दों के रूपकात्मक और नादगुणों का खुलकर प्रयोग किया गया है। क्या उस गद्य का अनुवाद किसी काव्य के अनुवाद से कम चुनौतीपूर्ण है? सच बात यह है कि काव्य तथा गद्य के कुछ अंश ही अनुवाद्य होते हैं—शेष लाख सिर मारने पर भी अननुवाद्य ही रहते हैं। कविता मूल सृष्टि है अनुवाद सृष्टि की पुनःसृष्टि। अतः अन्तर का आ जाना स्वाभाविक है। स्वयं अज्ञेय ने अपनी ही कविता 'असाध्य वीणा' का अनुवाद 'नीलाम्बरा' में किया है—पर मूलवाली बात वे नहीं ला सके। पूरा शब्द संस्कार, लय, छन्द समाप्त हो गया। गुप्तजी ने 'मेघनाद-वध' के छन्द को लाने की कोशिश की पर वह उनसे उस तरह तो नहीं ही सधा। काव्य में छन्द वे शब्द हैं—जो मनमाने आसन पर बैठे होते हैं। उन्हें वहाँ से हटाते ही कविता में अर्थशून्यता छा जाती है। वड्‌र्सवर्थ ने कहा था कि छन्द की प्रवृत्ति कुछ सीमा तक भाषा की यथार्थता से वंचित करना है। अर्थात् छन्द, भाषा की लोक प्रचलित गठन को तोड़ता है। इसीलिए कालरिज मानते थे कि छन्द अवधान (एटेन्शन) का उद्दीपक है। छन्द शब्द को अनुशासन देता है और यह अनुशासन लय को बाँधता और प्रखर करता है। इसीलिए भारतीय काव्य-शास्त्र ने शुरू से ही कहा है कि छन्द लयाश्रित नाद-योजना है और हर विचार अपना छन्द अपने साथ लाता है। उसी के अनुरूप कवि वर्णों और मात्राओं को घटाता-बढ़ाता है। कविता के चाक्षुष और श्रौत-बिम्बों में जहां रूप-बिम्ब चाक्षुष होते हैं वहाँ लय बिम्ब श्रौत। यह श्रौत बिम्बविधान ही रूढ़ अर्थों में छन्द है। इसीका अनुवाद

नहीं हो पाता। फिर छन्द काव्य-भाषा की आँख है, जिससे काव्य-भाषा अपने को देखती चलती है। छन्द ही काव्य-भाषा का स्वरूप निर्धारण करता है यह समझते हुए ही गुप्तजी ने 'मेघनाद वध' की भूमिका में छन्द की लम्बी चर्चा करते हुए अपना दृष्टिकोण स्पष्ट किया है। यह दृष्टिकोण इतना नया और मौलिक है कि उसे पढ़कर निराला तथा पन्त के छन्द-ज्ञान का ध्यान हो आता है।

गुप्तजी ने समय पाकर 'रूबाइयात उमर खय्याम' का पद्यानुवाद भी किया। अपने मित्र रायकृष्ण दास के विशेष आग्रह के कारण उन्होंने पचहत्तर रूबाइयों का पद्यबद्ध रूपान्तरण किया। दिलचस्प बात यह है कि गुप्तजी न फ़ारसी जानते थे न अंग्रेजी। अत: उन्हें फिट्जरेल्ड के अंग्रेजी अनुवाद को ध्यान से हिन्दी में समझना पड़ा। फलत: यह अनुवाद उनके काबू में नहीं आया। फिर भी गुप्तजी ही सर्वप्रथम उमरखय्याम को हिन्दी में लाये। उनके इस कार्य का ऐतिहासिक महत्व है। गुप्तजी के बाद उमर खय्याम की रूबाइयों का अनुवाद केशव प्रसाद पाठक बच्चन जी 'खैयाम की मधुशाला' पन्त जी ने 'मधुज्वाल' आदि नामों से किया। जिनमें सर्वाधिक सफलता बच्चन जी को ही मिली। बच्चन जी के कायस्थ-संस्कारों ने इस अनुवाद को मूल से भी ज्यादा प्रभावी बनाया। इतना प्रभावी कि पाठक मूल को भूल ही गए और इसे मौलिक सृजन मान बैठे।

काव्य ही नहीं ठेठ वैचारिक गद्य का पद्य में रूपान्तर करने में भी गुप्तजी घबराये नहीं, आगे बढ़े। उनका कवि-मन गद्य को छीलकर कविता में ढालता है। रायकृष्णदास की कृति 'साधना' के पच्चीस गद्य गीतों का गीति-रूपान्तर करने में वे घोर श्रम करते हैं। यह प्रतिभा से ज्यादा अभ्यास केन्द्रित अनुवाद का नमूना है। श्री प्रकाश जी के आग्रह से उनके नागरिकता विषयक निबन्धों का 'गृहस्थ गीता' नाम से पद्यानुवाद किया। किन्तु यह अनुवाद मित्र का आग्रह भर है इसमें बात बनती नहीं है।

निष्कर्ष यह है कि गुप्तजी के अनुवादों ने उनकी कवि-मानसिकता का संस्कार किया है। इन अनुवादों ने उनकी कवि-दृष्टि को भाव और भाषा का नया साँचा दिया है। इसलिए उनके कवि-व्यक्तित्व के निर्माण में इन अनुवादों का महत्वपूर्ण हाथ है। इस ओर हमें अवश्य ध्यान देना चाहिए।

भारतीय राष्ट्रीय-सांस्कृतिक कविता

आधुनिक भारतीय कविता की प्रबल प्रवृत्तियों में-से अत्यन्त प्रवल प्रवृत्ति देशभक्ति है। इसके लिए राष्ट्रीय-सांस्कृतिक शीर्षक अधिक अर्थवान एवं प्रासंगिक है। आधुनिक काल के आरम्भ की पीढ़ी के मानसपट के ताने-बाने का मुख्य सूत्र है—राष्ट्रवाद का उदय। निःसन्देह इस राष्ट्रवाद का सीधा-सम्बन्ध देशभक्ति से रहा है। इस बात को स्पष्टतः से इस प्रकार भी कहा जा सकता है कि हमारे आधुनिक काल का भारतीय साहित्य सबसे पहले राष्ट्रीय-सांस्कृतिक-चेतना के जागरण का साहित्य रहा है। भारतीय संस्कृति के साथ पाश्चात्य-संस्कृति एवं विचारों के प्रमन्थन से आधुनिक राष्ट्रवाद और राष्ट्रीय-चेतना का नये ढंग से अर्थ-विस्तार एवं विकास हुआ। किन्तु यह चेतना पुराने 'राष्ट्र' के अर्थ से सर्वथा भिन्न दृष्टि एवं परिवेश की चुनौती से विकसित हुई। भारतीय-संस्कृति की 'वसुधैव कुटुम्बकम्' भावना का विंस्तृत मानवतावादी पक्ष इस नये राष्ट्रवाद में न रहा। पाश्चात्य विचारों से हमने सीख प्राप्त की थी कि राष्ट्र-वाद 'उदार-चरित' की शक्ति नहीं है। हम यह मानने के लिए बाध्य हुए कि एक अर्थ में सीमित संकीर्णता की संगठित शक्ति है। इस शक्ति से जातीय अस्मिता अपना तेज देशभक्ति के रूप में प्रकट करती है। देश-हित, देश-रक्षा, देश-संगठन और जातीय क्रान्ति की सभी चेष्टाएं, इच्छाएं-आकांक्षाएं, विचार-धाराएं 'देशभक्ति' के अन्तर्गत ही समाहित हो जाती हैं।

आधुनिक भारतीय राष्ट्रीय-सांस्कृतिक कविता की जातीय और क्रान्तिधर्मी मुद्रा का आविर्भाव ब्रिटिश साम्राज्यवाद से टकराव और संघर्ष की परिस्थिति में होता है। राष्ट्र का उद्दीप्त स्वाभिमान ही मानो इस कविता में उमड़कर प्रवाहित हो उठता है। पराधीनता की बेड़ियों से मुक्ति पाने का प्रथम जन-शक्ति से संगठित-प्रयास 1857 ई० के स्वाधीनता-संग्राम में दिखाई देता है। वास्तव में, यह स्वाधीनता-संग्राम आधुनिक भारतीय नवजागरण की शुरुआत का समर्थ रूप है। इस स्वाधीनता-संग्राम की सबसे बड़ी विशेषता यह रही है कि यह किसी एक प्रदेश में न लड़ा जाकर पूरे देश में लड़ा गया। साथ ही इसमें

प्रादेशिकता, जाति-पांति का भेदभाव खत्म हुआ और एक ऐसी एकता का जन्म हुआ, जिसका साथ हिन्दू-मुसलमान, उत्तर और दक्षिण भारत दोनों ने कन्धे से कन्धा मिलाकर दिया। जो छोटे-छोटे सामन्त जहां-जहां राजा बन बैठे थे— उन्होंने भी भारतीय सेना के नेतृत्व में दिल्ली के बादशाह बहादुर जफर को भारत का एकछत्र बादशाह मान लिया। सभी राजाओं-नवाबों का एक झण्डे के नीचे आकर संगठित होना स्वाधीनता-संग्राम के जातीय-चरित्र को सामने लाता है कि यह युद्ध भारतीय जनता और शासकों ने ब्रिटिश साम्राज्यवाद से मुक्ति के लिए लड़ा था। इस युद्ध का चरित्र सामन्त-विरोधी तो था ही, उस देश-भक्ति की भावना और एकता का प्रतीक भी था जिसका परिचय धार्मिक-मतभेदों को भूलकर दिया गया था। इस स्वाधीनता-संग्राम का नेतृत्व फौजीवर्दी में किसानों-मजदूरों ने किया और देशी राजाओं-नबाबों ने जनता की सहायता की फिर इस स्वाधीनता-संग्राम में ऊंची जातियों का साथ निचली जातियों ने दिया था। अपनी मूल-भावना में यह युद्ध धर्म, वर्ण, जाति सम्प्रदाय, प्रदेश आदि की भावना से मुक्त एक राष्ट्रीय-चरित्र का सम्पूर्णता में वाहक था। देशभर में फिरंगी शासकों ने हिन्दू मुस्लिम भेद-भाव उभारकर साम्प्रदायिक दंगे कराने के हर सम्भव प्रयत्न किए पर उन्हें सफलता नहीं मिली। ब्रिटिश साम्राज्यवाद भेद-भाव की जिस नीति से इस देश को शासित कर रहा था, उस नीति की यह सबसे बड़ी पराजय थी। साथ ही यह स्वाधीनता-संग्राम भारतीय जनता का जातीय-संग्राम था। जिसमें देश ने लूटने-उजाढ़ने वाली उपनिवेशवादी शक्तियों से सीधी टक्कर ली थी। सभी भारतीय भाषाओं में इस युद्ध को लेकर अपार लोकसाहित्य रच गया है। यह साहित्य परिमाण में इतना अधिक है कि इसकी तुलना में भारतीय भाषाओं का कलात्मक-साहित्य काफी कम दृष्टिगत होता है। लोक-कंठ से प्रस्फुटित यह लोक-साहित्य लोक-हृदय लोक-चेतना, लोक-संवेदना का परिचायक-साहित्य है जिसमें भारतीय-हृदय की सांस्कृतिक अस्मिता का सच्चा उच्चार है। अपने परिमार्जित और कलात्मक रूप में यही अभिव्यक्ति केशव सुत, सुब्रह्मण्य भारती, माइकेल मधुसूदन, भारतेन्दु आदि में दृष्टिगत होती है।

आधुनिक काल के भारतीय नवजागरण ने राष्ट्रीय-सांस्कृतिक कविता को भीतर से आन्दोलित उमन्थित किया है। किन्तु यह मानना भारी भूल होगी कि हमारा यह नवजागरण पश्चिम की या अंग्रेजों की देन है। आज भारतीय-संस्कृति और इतिहास पर गहराई से दृष्टि डालने पर यह तथ्य प्राप्त हो जाता है कि हमारा नवजागरण हमारी अपनी परिस्थितियों और एशिया के नवजागरण से जुड़ा हुआ है। ऐसी स्थिति में आधुनिक भारतीय नवजागरण—एशिया के साथ-साथ अठारहवीं-उन्नीसवीं शताब्दी के विश्व-जागरण से जुड़ा हुआ दिखाई

देने लगता है। यह सच है कि भारत के आधुनिक सांस्कृतिकीकरण, राजनैतिकीकरण, आर्थिकीकरण, सामाजिकीकरण के नये दौर ने नवीन-जीवन दृष्टि को जन्म दिया और यह जीवन-दृष्टि मध्ययुगीन मूल्यों और जीवन-दृष्टियों से सर्वथा भिन्न रही है। देखा जाय तो इसी नवीन जीवन जीवन-दृष्टि की चेतना के भीतर से ही वह आधुनिक भाव-बोध उदित हुआ है, जिसमें देशी-विदेशी विचार धाराओं, आन्दोलनों, प्रवृत्तियों आदि की टककाहट के स्वर को साफ सुना जा सकता है। इस नवीन चेतना ने ही भारतीय मानस में अपनी परम्परा पर पुनर्विचार, पुनर्व्याख्या और पुर्नमूल्यांकन की चेतना को जन्म दिया। राजनीतिकों समाज-सुधारकों का ध्यान प्राचीन सांस्कृतिक-सामाजिक चिन्तन के साथ परम्परा धर्म, दर्शन, साहित्य आदि की ओर गया और हमने अपने गौरवमय अतीत को छानना-बीनना शुरू किया। इस छानबीन में हमने पाया कि हमारी सांस्कृतिक एकता के आधार को इतिहास ही नहीं, भूगोल भी तय करता है। कृष्ण-राम-शिव की एकता से कम महत्वपूर्ण तथ्य गंगा-कावेरी धुरी नहीं है। गंगा-कावेरी घाटी में ही इस देश के अनेक विचार-आन्दोलन पनपे और घनीभूत हुए। इस देश के सभी राजाओं को यह अहसास बराबर रहा कि राजलक्ष्मी कायम ही तभी सकती है, जब वे गंगा-कावेरी की भूमि को अपने पौरुष से शासित कर सकने में सक्षम हों। स्वयं समुद्री मार्ग से आने वाले ब्रिटिश लुटेरे भी इसी परिणाम पर पहुँचे थे। इसलिए हमारी देश-भक्ति में नदी-संस्कृति का यशोगान लगातार किया जाता रहा है। नदी-संस्कृति ने आधुनिक भारत को प्राचीन-चिन्तन की नवजागरण मूलक धुरियों से कटने नहीं दिया और ब्रिट्रिश शासन काल में भी भारत अपने प्राचीन गौरव और चिन्तन की शक्ति से उमड़ता रहा। इसी चिन्तन के भीतर से स्वामी दयानन्द सरस्वती का आर्य-समाज आन्दोलन, राजा राममोहन राय, केशवचन्द्र सेन का ब्रह्म-समाज, प्रार्थना-समाज दादाभाई नौरोजी का स्वराज्य आन्दोलन, बालगंगाधर तिलक का गरमदली विचार-आन्दोलन और गांधी का अहिंसा आन्दोलन फूटा है। इसी के भीतर से रामकृष्ण परमहंस, विवेकानन्द, रानाडे, योगी अरबिन्द के सांस्कृतिक-विचार-प्रवाह उमड़े और फैले हैं और इसी के भीतर से हमारी ललित कलाओं की चेतना में अवनीन्द्रनाथ, नन्दलाल बोस आदि ने नयी शक्ति प्राप्त की। पूरे भारतीय स्वाधीनता-आन्दोलन ने संस्कृति और इतिहास की इसी तप-त्याग-करुणा की धारा से नवीन गति पाई है।

दीर्घकालीन भारतीय इतिहास में अनेक सांस्कृतिक-सामाजिक पुनर्जागरण होते रहे। प्रथम पुनर्जागरण उपनिषद काल (ई०पू० ८००-६००) में दृष्टिगत हुआ। इस धार्मिक पुनर्जागरण काल में ज्ञान को कर्म और भक्ति से जोड़ दिया गया। यही चिन्तन एक गहरे रूपान्तरण के साथ बौद्ध और जैन संस्कृति का आधार

वे भी यह मानने के लिए तैयार नहीं होंगे कि अनुप्रास के कारण हमें सूझ होती है। जो लोग ऐसा मानते हों वे दया के पात्र हैं। क्योंकि अनुप्रास की कृपा से उन बेचारों को भाव सूझ जाता है। बहुंधा ऐसा होता है कि अनुप्रास के लिए भाव भी बदल देना पड़ता है। शब्दों के तोड़-मरोड़ की तो कोई बात ही नहीं। कभी-कभी अनावश्यक और अनर्थक पद का प्रयोग करने के लिए भी विवश होना पड़ता है। यह कविता के लिए ठीक प्रतिकूल होता है। जो बात गौण होती है उसे प्रधानता देनी पड़ती है और जो प्रधान होती है उसे गौण बनाना होता है। कवि के स्वाभाविक धारा-प्रवाह को धक्का लगता है कि सारा रस चल-विचल हो जाता है। कवि को जिस शब्द का प्रयोग करना पड़ता है उसके बदले लाचार होकर उसे दूसरा शब्द रखना पड़ता है।" यहाँ गुप्तजी ने शब्द-सर्जना से जो सत्य कमाया था उसकी सीधी प्रतिध्वनि सुनी जा सकती है।

इस प्रकार, गुप्तजी का काव्य-संघर्ष, काव्य-भाषा तक सीमित न होकर अभिव्यंजना की नवीन छबियों को प्राप्त करने तक फैलता था। ऐसे कवि कम होते हैं जो अभ्यास-जड़ लीकों को तोड़कर नये काव्य-पथ का मार्ग अपनाते हैं। कहना न होगा कि गुप्त जी उन विरले कवियों में-से ही एक हैं।

तकलीफ हुई। फिर भी उनका ऐतिहासिक बोध कुंठित और कुन्द नहीं है।

उनमें पुराने के साथ नये के लिए खुला भाव था, आदर था । तुकबन्दी की लाचारी में रगड़खाता उनका कवि-मन अतुकान्त कविता का समर्थक था। "हमारी भाषा में कुछ दिनों से बेतुकी कविता भी होने लगी है। ऐसी कविता यद्यपि अभी बहुत थोड़ी प्रकाशित हुई है किन्तु यह बात भावी अभ्युदय की सूचक है। अतएव ऐसी कविता लिखने वालों को उत्साह मिलना चाहिए । तुकहीन कविता यदि कानों को खटके तो उसे कानों का ही विकार समझना चाहिए।" गुप्त जी के इन विचारों से आज अनुमान होता है कि वे कितने प्रगतिशील स्वभाव के व्यक्ति थे। नये छन्द-विधान का समर्थन छोटी बात न थी। गुप्त जी ने समय की गति को समझते हुए लिखा—"पहले गद्य का कम प्रचार था। पद्य ही की अधिकता थी। अतएव उस समय किसी ने छन्द को भी कविता का एक अंग कह दिया हो तो क्या आजकल भी वही बात कहते-चले जाना चाहिए ?' तात्पर्य यह है कि छन्दहीन कविता होनी चाहिए।

ध्यान देने की बात यह है कि तुकान्त छन्दों का प्रत्याख्यान गुप्त जी ने 'मेघ-नाद-वध' के अनुवाद की उस महत्वपूर्ण भूमिका में भी किया है जो द्विवेदी-युग का उतना ही समर्थ दस्तावेज है जितनी कि छायावाद में 'पल्लव' या 'दीपशिखा' की भूमिकाएँ रही हैं। गुप्त जी ने नवीनचन्द्र सेन के 'पलाशिर युद्ध' तथा माइकेल मधुसूदन के 'वीरांगना' का अनुवाद भी अतुकान्त छन्द में ही किया। छन्द मम्बन्धी मन्तव्य को स्पष्ट करते हुए गुप्त जी ने लिखा—"हिन्दी में अतुकान्त कविता का कुछ कुछ प्रचार हो चला है; परन्तु शायद अब भी एक बड़ा समुदाय उसे पढ़ने के लिए प्रस्तुत नहीं। अभ्यास से ही उसकी और लोगों की रुचि बढ़ेगी। बंग भाषा-भाषियों ने भी पहले इस काव्य का आदर न किया था। बात यह है कि एक प्रकार की कविता सुनते-सुनते जिनके कान अभ्यस्त हो रहे हैं, उन्हें तद्-विपरीत रचना अवश्य खटकेगी। यह स्वाभाविक हैं। बंगाल की बात ही क्या जिस मिल्टन कवि के आदर्श पर मधुसूदन ने यह रचना लिखी है। सुना है, पहले-पहल अंग्रेजी के साहित्य-सेवियों ने उसका भी विरोध किया था।' गुप्त जी ने तुकान्त छन्दों में ही अनुप्रासादि अलंकारों की रूढ़बद्धता का विरोध किया और इस विरोध में उनका अपना काव्य-सृजन-अनुभव बोल रहा है। उन्होंने लिखा—"जो लोग यह कहते हैं कि अनुप्रास नई सूझ पैदा करते हैं, वे कृपा कर इस विषय में फिर विचार करें। अनुप्रास नई सूझ पैदा करते हैं, यह कहना किसी कवि का अपमान करना है। वे यह कहते हैं कि अनुप्रास का बन्धन कवि को बाधा नहीं दे सकता तब भी एक बात थी। परन्तु क्या वास्तव में ऐसा ही है? इसे भक्तभोगी ही जान सकते हैं कि कभी तुक के कारण कितनी कठिनाई उठानी पड़ती है। जिनका काफिया तंग नहीं होता, निस्सन्देह वे भाग्यवान हैं, परन्तु

सन्दर्भों में व्याख्या अपेक्षित लगती है। इस पूरे के पूरे नये माहौल को हमें नये ढंग से भारतीय सन्दर्भों और परम्पराओं में परिभाषित करना पड़ता है या करना चाहिए। क्योंकि इन सांस्कृतिक परिभाषिकों के सही अर्थ-सन्दर्भ को ग्रहण किए बिना हम इनका सही प्रयोग न कर सकते हैं न समझ सकते हैं। ऐतिहासिक क्रम में 'रिनैसां' मध्ययुगीन भाव-बोध के विरुद्ध नयी चेतना की व्यापक ध्वनि है। यह एक ऐसा विराट् विचार-आन्दोलन है जो धर्म और ईश्वर के स्थान पर मनुष्य केन्द्रित मानववादी संस्कृति की महत्व-प्रतिष्ठा करता है। हालांकि इसमें से व्यक्ति केन्द्रित व्यक्तिवाद के अंकुर भी फूटे जिनका झुकाव मनोविश्लेषण की ओर रहा। सांस्कृतिक चक्र में इस आन्दोलन ने लौकिकता को प्रतिष्ठत किया—रूढ़ियों से मुक्ति की पुकार मचाई तथा मनुष्य को चिन्तन के केन्द्र में खड़ा कर दिया। इसी के भीतर से देशभक्ति का भाव भी पनपा और नये युग प्रतिमानों को स्वीकृति मिली। तर्क और ज्ञान को सभी मूल्यों में प्राथमिकता दी गई। भारतेन्दु के समय भारत में अंग्रेजों का उपनिवेश था, किन्तु 1857 की क्रान्ति ने जागरण की मशाल जला दी थी। फ्रान्सीसी राज्य क्रांति से भी एशिया ने नया चिन्तन प्रकाश पाया था। फिर भी भारत के लिए 'राष्ट्रीय' और 'राष्ट्रीयता' का प्रश्न बड़ा पेचीदा था। भारतेन्दु में राष्ट्र शब्द नहीं मिलता। बंगला' प्रचलन पाने वाला 'जाति' शब्द मिलता है। यहाँ 'जाति' का अर्थ है 'हिन्दू'। 'हिन्दू' का अर्थ है हिन्दुस्तान में रहने वाला। बंगाली, मराठी, कन्नड़, पंजाबी सभी इसी अर्थ में यहाँ हैं—यह 'हिन्दू' शब्द किसी साम्प्रदायिकता, संकीर्णता, धर्माचरण विशेष का वाचक शब्द नहीं है। सन् 1884 में भारतेन्दु का स्वर्गवास हुआ और उसके दो वर्ष बाद मैथिलीशरण गुप्त इस संसार में आये राजनीतिक-साहित्यिक क्षेत्र में उन्हे दादाभाई नौरोजी, तिलक, गोखले, भारतेन्दु-जैसे बलिष्ठ व्यक्तित्व मिले। इन सभी की प्रबुद्ध वैचारिक्ता से उनकी मानसिकता गठित विकसित हुई। बंगला में नवजागरण का प्रकाश भारतीय भाषाओं में सबसे पहले आया फिर मराठी और कन्नड़ आदि में आया। गुप्त जी जो अंग्रेजी न जानते थे-और उसे न जानना उनके हित में ही रहा—बंगला भाषा के साहित्य की ओर झुके। इसी झुकाव के दौर में उनके हाथ नवीनचन्द सेन, माइकेल मधुसूदनदत्त आदि की रचनाएँ लगीं और उन्होंने इन कृतियों का अनुवाद करना तय कर लिया।

हिन्दी के समीक्षकों ने जितना ध्यान उनके कवि-रूप पर दिया है उतना उनके अनुवादक रूप पर नहीं। परिणामतः उनके अनुवाद-कार्य का महत्व ठीक से समझा-समझाया ही नहीं गया। जबकि इस अनुवादकर्म ने उन्हें सृजनात्मकता वैचारिकता की नयी भाव-भूमि प्रदान की है। जैसे आ० शुक्ल के समीक्षा-प्रतिमानों की मूलदृष्टि को समझने में 'विश्वप्रपच' का अनुवाद तथा 'भूमिका,

अनुवाद और कवि-व्यक्तित्व का निर्माण

आधुनिक भारत के सामाजिक-सांस्कृतिक नवजागरण का एक विशिष्ट पहलू यह भी रहा है कि उसमें विचारकों, समाज-सुधारकों और राजनीतिज्ञों ने अनुवाद के महत्व को ठीक से पहचाना है। सर्वप्रथम आधुनिक भारतीय भाषाओं से ज्ञान-विज्ञान को एक भाषा से दूसरी भाषा में ले जाने का कार्य तेजी से शुरू हुआ। दूसरे, विदेशी भाषाओं में, विशेष रूप से अंग्रेजी में, जो बहुत महत्वपूर्ण था उसे भी अनूदित करने की हवा चली। हिन्दी में भारतेन्दु ने न केवल देशी-विदेशी भाषाओं से अनुवाद की परम्परा डाली अपितु अपने समकालीन रचनाओं को अनुवाद-कार्य के लिए प्रोत्साहित भी किया। शायद ही भारतेन्दु-युग का कोई रचनाकार या आलोचक हो जिसने अनुवाद न किया हो और अनुवाद-कार्य में गौरव का अनुभव न किया हो। अनुवाद का महत्व उन्हें इस कारण भी पता है कि वे सभी भावों-विचारों के आदान-प्रदान के लिए अनुवाद को एक जरूरी सांस्कृतिक सेतु बनाते हैं। भारतेन्दु-युग के अनुवादों की यही गौरवशाली परंपरा द्विवेदी-युग में विकसित-पल्लवित होती है। अतः महावीर प्रसाद द्विवेदी स्वयं अनुवाद में गहरी दिलचस्पी दिखाते हैं और अपने सहयोगी रचनाकारों, लेखकों चिंतकों को इस दिशा में प्रेरित करते हैं। द्विवेदी जी की इस युग-प्रेरणा से प्रभावित मैथिलीशरण गुप्त अनुवाद के क्षेत्र में कूद पड़ते हैं और उनका समर्थ अनुवादक-रूप सामने आता है। उन्होंने अनुवाद-कार्य को भाषा की विधायक तथा अभिव्यक्तिपरक समृद्धि के सशक्त माध्यम के रूप में मुक्तमन से अपनाया है। फलतः उनका अनुवाद-कर्म भारत के नवजागरण और आधुनिकीकरण के ध्रुवान्तों में सक्रियता पाता है।

गुप्त जी के कवि-दृष्टिकोण और विचारधारा को इन अनुवाद-कार्यों ने काफी दूर तक प्रभावित किया है। यह वह समय था जब भारत देश तथा जन धीरे-धीरे भारतीय 'राष्ट्र' और भारतीय 'जनता' में रूपान्तरित हो चले थे। भारत के समाज-सांस्कृतिक परिवर्तन की इस व्याख्या में पश्चिमी दिमाग की व्याख्याएँ बेहद भटका देने वाली हैं। जिसे हम 'रिनैसां' पुनर्जागरण या नवजागरण अर्थात 'एनलाइटेनमेंट' अथवा सुधार 'रिफार्मेशन' कहते हैं—उसकी सही

बना। इसी का तेज शंकराचार्य, रामानुजाचार्य, मध्ययुगीन भक्ति-आन्दोलन और सन्त-परम्परा के साथ आधुनिक सुधार-आन्दोलनों में परिलक्षित हुआ। बौद्ध जैन-वैष्णव दर्शनों का आधुनिकीकरण गान्धी-तत्त्व-चिन्तन में हुआ और यही तेजस्वी विचारधारा हमारे स्वतंत्रता आन्दोलन की केन्द्रीय चेतना में भिदकर शक्ति देती रही है। मौर्यकालीन इतिहास में यह नवजागरण तब हुआ जब यवनों, कुषाणों, हूणों, पल्लवों, शकों, नागों तथा आन्ध्र-सातवाहनों के शासन में भारतीय मनीषा और शासन तन्त्र विदेशों के सम्पर्क में आया। इस सम्पर्क से संस्कृति में गति शीतलता आई और ललित कलाओं में बहुत-सी रुढ़ियाँ समाप्त हो गईं। इसी पुनर्जागरण को रामायण-महाभारत में रूप मिला। कुषाण शक्ति के बाद गुप्त काल में भारतीय धर्म, कला, दर्शन, साहित्य आदि में नया उफान आया। देश का सामन्तीय सांस्कृतिकीकरण इस काल में पूर्णता को प्राप्त कर उठा। हर्षवर्द्धन की मृत्यु से लेकर मुस्लिम आक्रमणों के काल तक संक्रमणकाल रहा। लेकिन सातवीं से बारहवीं शताब्दी तक का यह समय भी आत्म-मन्थन का काल रहा है। शंकर और कुमारिल भट्ट को इन्हीं परिस्थितियों ने उत्पन्न किया। इसी काल के भीतर से राजपूती गौरव का उदय हुआ जिसने स्वाधीनता संग्राम में वीरत्व की प्रखर परम्परा को जीवित रखा। किन्तु इसी बीच बाहरी आक्रमणों और भीतरी युद्धों के कारण समाज में नये परिवर्तन आए। इतना ही नहीं पालि-प्राकृत, अपभ्रंश आदि भाषाएं अपने रूपों को बदल कर लोक-भाषाओं बोलियों में घुलने लगीं। इन्हीं के भीतर से लोक-भाषाओं की शक्ति के साथ नामदेव, कबीर और जायसी, सूर और तुलसी का लोक-जागरण-काव्य पनपा और फैला। कबीर का प्रभाव हिन्दी भाषी प्रदेशों के अलावा महाराष्ट्र पंजाब, गुजरात आदि में भी खूब रहा। जायसी की कृति 'पद्मावत' का अनुवाद आला-ओल ने बंगला में किया और पूर्वी बंगाल के मुसलमान इसमें रमने लगे। प्रादेशिक भाषाओं के बीच आदान-प्रदान की एक परम्परा इसी समय से चल पड़ी। दक्षिण भारत के अनेक कृष्णभक्त आचार्य उत्तर भारत में अपने मतों का प्रचार-प्रसार कर उठे और उत्तरी भारत के सन्त दक्षिण की ओर चल पड़े उत्तर-दक्षिण के इस आदान-प्रदान से भक्तिकाल के कवियों का गहरा सम्बन्ध है। बंगाल के चैतन्य महाप्रभु, गुजरात के नरसी मेहता, महाराष्ट्र के नामदेव, पंजाब के नानक आदि सन्तों ने एक भारतीय सांस्कृतिक वातावरण ही बना डाला जिसमें प्रादेशिकता की दीवारें टूटकर समाप्त हो गईं। ठीक इसी समय 'मुस्लिम रेनेसाँ' घटित हुआ पर जब हिन्दू राजाओं ने मुस्लिम नवाबों के साथ सन्धि सम्बन्ध स्थापित कर लिए तब इस्लाम को भी भीतरी बाहरी कुरीतियों ने जकड़ लिया। तब इन कुरीतियों से टक्कर लेने के लिए देश भर में सन्त-तेज जागृत हुआ और लोक-भाषाओं की साहित्य-धारा का विकास भी। इस्लाम में

यही विद्रोह और परिष्कार का स्वर सूफ़ी-साहित्य धारा में देखा जा सकता है। सन्त-भक्तों का यह जन आन्दोलन मध्ययुगीन वीरत्व-भावना को पीछे छोड़ कर लोक जागरण के रूप में देश व्यापी हो गया। इतना ही नहीं इस्लाम के साथ भारत की सभी ललित कलाओं ने मेल-जोल स्थापित किया और उनमें नया रूप पैदा हुआ। जहाँगीर और शाहजहाँ के शासन काल में ललित कलाओं का लोक जागरण देखते ही बनता है। यहाँ यह ध्यातव्य है कि हिन्दू-मुस्लिम एकता पूरी तरह जम नहीं पाई थी कि देश में फिरंगी घस पड़े। भारत को लूटने के लिए डच-फ्रांसीसी-अंग्रेज लड़ पड़े जिसमें सफलता अंग्रेजों को मिली। अंग्रेजों ने इस देश को तोड़ने लूटने के लिए उस सांस्कृतिक एकता के मूल्यों को तोड़ना शुरू किया जो संकीर्णताओं से दूर थे। अंग्रेजों ने धर्म के नाम पर हिन्दू-मुसलमानों को बाँट दिया और दोनों को धर्मान्धता की चादर में लपेट लिया। कांग्रेस के भीतर ही लड़ाई शुरू करा दी और हिन्दू महासभा तथा मुस्लिमलीग के जहरीले वृक्ष रोप दिए। इस जहरीली हवा ने इतना अधिक अहित किया कि इकबाल जैसा राष्ट्रीय-सांस्कृतिक भावना का कवि एक दिन लीगी बन गया। हिन्दुओं के धर्म-केन्द्र काशी और रामेश्वरम् में नयी राजनीति खड़ी कर दी और फोर्टविलियम कॉलेज को स्थापना कर डाली। पर अंग्रेजी शासन में भारत ऊपर से बदलकर भी भीतर से लगभग वही बना रहा। ज्ञान-गुरुओं की अविच्छिन्न परंपरा के कारण न तो इस्लाम और न अंग्रेजी शासन ही हमारे संस्कारों में भिद सका। इस धारा ने ही अपने भीतर से स्वामी दयानन्द, रामकृष्ण परमहंस, विवेकानन्द, अरविन्द, तिलक और गान्धी जैसे चिन्तकों, समाज सुधारकों की अटूट परम्परा बनाये रखी। स्वाधीनता के बाद इसी धारा में अनेकमुखी बिखराव आया और यह अनेक पतली धाराओं में बंट गई।

आधुनिक भारतीय राष्ट्रीय-सांस्कृतिक कविता-धारा में चौदह-पन्द्रह भाषाएँ मिलकर एक ऐसे राष्ट्रीय साहित्य का समग्रता में बिम्ब बनाती हैं जिसमें राष्ट्र का जागृत तेज रंगों की विविधताओं में झिलमिला रहा है। वैसे भारतीय राष्ट्रीय-सांस्कृतिक कविता एक अत्यन्त जटिल और व्यापक काव्य-चेतना का वाहक पदबन्ध है। प्रो० विनायक कृष्ण गोकाक ने 'भारतीय साहित्य की अवधारणा' में एक लेख 'राष्ट्रीय साहित्य की अवधारणा भारतीय साहित्य' में राष्ट्रीयता से ज्यादा भारतीयता का विश्लेषण किया है। किन्तु इस विश्लेषण में सबसे महत्वपूर्ण बात यह सामने आई है कि भिन्न-भिन्न प्रादेशिक भाषाओं में लिखा जाने पर भी भारतीय साहित्य की सांस्कृतिक एकता का एक स्वर है। स्वयं फैंजर का 'भारत का साहित्यिक इतिहास' लुई रेनों का 'भारतीय साहित्य' तथा गोविन का 'भारतीय साहित्य का इतिहास' इसी तथ्य की पुष्टि करता है। डा० ग्रियर्सन ने प्रसिद्ध तीन लेखों में—'वर्नाक्यूलर लिट्-

रेचर' 'लैंग्वेजेज' तथा 'पाप्युलर लिटरेचर ऑफ नार्दन इण्डिया' में भारतीय साहित्यि की मूलभूत एकता की बात को पुष्ट किया है। भारतीय संस्कृति में अनेक संस्कृतियों के समाविष्ट हो जाने से उसका रूप एक सामसिक या मिश्र संस्कृति का रहा है। वैदिक, बौद्ध, जैन, आर्य, द्रविण, श्रमण, ब्राह्मण ये सभी संस्कृतियाँ भारतीय संस्कृति की साझीदार हैं। अपने मूल में ये सभी एक ही संस्कृति के विभिन्न रूप और प्रवाह हैं। जिनसे निरन्तर रूपान्तरण की सांस्कृतिक प्रक्रिया का एक अविच्छिन्न प्रवाह मिलकर एक महाधारा के रूप में सामने आया है और यह महाधाराही भारतीय संस्कृति धारा है। इसी धारा का संस्कार राष्ट्रीय-सांस्कृतिक धारा के प्रत्येक आधुनिक भारतीय कवि, चिन्तक कलाकार, सुधारक, राजनीतिक ने किया है। इस राष्ट्रीय-सांस्कृतिक सृजनात्मकता से स्पष्ट झलकता है कि नस्लवादी ढंग से भारत ने आर्य-विश्व बनाने की कल्पना कभी नहीं की। लेकिन यह मानने की भूल भी भारत ने कभी नहीं की कि अंग्रेज न आते तो हमें मानववादी दृष्टि न मिली होती, न ऐतिहासिक चिन्तन की क्षमता जागती, न राष्ट्रीयता की परिकल्पना का रूप ही साकार हो पाता। आधुनिक भारतीय राष्ट्रीय-सांस्कृतिक कविता में केशव सूत, हाली, भारती, माइकेल मधुसूदन दत्त, भारतेन्दु आदि की काव्य-चेतना का स्वर साक्षी है कि हमारा सांस्कृतिक समन्वय राशीकरण का नहीं है—एकीकरण का है। अलग-अलग प्रादेशिक परिवेशों के दबाव होने पर भी पराधीनता से मुक्ति पाने में हमारे प्रयास एक से रहे हैं। ब्रिटिश साम्राज्यवाद-उपनिवेशवाद से मुक्ति पाने के लिए सभी कवियों ने राष्ट्रीय जोश, उत्साह, और क्रोध में एक सी भावनाएं व्यक्त की हैं। ऐसी स्थिति में सन् १८५७ की क्रान्ति के बाद की आधुनिक भारतीय राष्ट्रीय-सांस्कृतिक कविता हमारी सांस्कृतिक अस्मिता के तेजोदीप्त यौवन-ज्वार की कविता है।

भारतीय काव्यशास्त्र की शास्त्रीय शब्दावली में कहे तो राष्ट्रीय-सांस्कृतिक कविता का स्थायीभाव है—उत्साह एवं इन कविताओं की मूल भावना है—देशभक्ति। देश-भक्ति में देश के प्रति भक्त की भाँति निष्ठा, तप, साधना, त्याग-करुणा और एकान्तभाव से समर्पित होने की उदात्त-भावना भी निहित है। साथ हो इसमें प्रधान-चेतना 'उत्साह' का ही पर्याय है। पर प्रधान चेतना व्यक्ति-परक मूल्यों की चेतना से दूर मानववादी-मानवतावादी-करुणामूलक, लोक-मंगलमय और समष्टिपरक है। देश के प्रति हमारी रागात्मकता सभी संकीर्णताओं से ऊपर उठ गई है। मानव-मन की यह रागात्मिका वृत्ति अपने विस्तार में प्रदेश से आगे देश और देश से आगे विश्व-मंगल की ओर अग्रधावित हो जाती है। देश-भक्ति के इस राग में अपने-पराये की बुद्धि क्रियाशील न रहकर लोकमंगल, लोक-रक्षा, लोक-संग्रह-वृत्ति की प्रबलता दृष्टिगत होती है।

अतः यहाँ उत्साह का यह परम उदात्त रूप ही 'देश-भक्ति' बन गया है।

सर्वेक्षणपरक दृष्टि से देखा जाए तो भारतीय कविता में देशभक्ति का पृष्ठाधार काफी दृढ़ एवं व्यापक है। भारतीय साहित्य के मध्ययुग की वीरत्व-भावना का भी इतिहास कम गौरवमय नहीं है। विदेशी आक्रान्ताओं के सामने यहाँ के वीरों ने अपने प्राण दान देने में कभी हिचक नहीं की। राजपूतों, मराठों, जाटों, बुन्देलों का इतिहास मध्यकाल में साक्षी है कि इन वीरों ने राज्य की रक्षा से ऊपर उठकर भी कई बार सोचा। हाँ, एक संकुचित अर्थ में इनकी देशभक्ति उभरती है—पर उन्हें आधुनिक अर्थ में देश-भक्त नहीं कहा जा सकता। कारण यह वीरत्व-भावना, राष्ट्र-मंगल की उदात्त-भावना पर केन्द्रित न थी। इस वीरत्व भावना में राजाओं, सामन्तों के अपने व्यक्तिगत क्षुद्र स्वार्थ ही प्रबल थे। यही कारण है कि इस कविता को देशभक्ति की कविता के अन्तर्गत नहीं रखा जा सकता। राजा और सामन्त विदेशी-आक्रान्ताओं से एकजुट होकर टक्कर लेने में असमर्थ थे—और कभी-कभार तो वे शत्रुतावश पड़ोसी राजा को नीचा दिखाने के लिए विदेशी आक्रान्ताओं से मिल जाते थे। दूरदर्शिता की इन सामन्तों में इतनी कमी थी कि वे अपना पराक्रम और शौर्य व्यक्तिगत हितों के लिए ही प्रदर्शित करते थे। इनके लिए राज एक इकाई थी पर देश जैसी एक ईकाई न थी। धर्म के नाम पर भी संगठन कम कलह अधिक थी। इनके लिए न धर्म, धर्म था—न दर्शन, दर्शन। ऐसी स्थिति में इनका वीरत्व, प्लवनकारी प्रभाव में दलदल बनता गया—जिसमें धँसकर वे स्वयं नष्ट होते रहे। इन्हें उत्तेजित करनेवाला तत्त्व था—लीलातत्त्व और इसीने सम्पूर्ण मध्ययुगीन सृजनात्मकता को ढक रखा है। प्रत्येक राजा अपने को ईश्वर का अवतार घोषित करते थकता नहीं था—और ये हजारों भारतीय ईश्वर आपस के ईर्ष्या-द्वेष में ही टकराकर दम तोड़ रहे थे। परिणाम यह हुआ कि मध्ययुग की हमारी सृजनात्मकता धर्मनिरपेक्ष साहित्य में फलीभूत न होकर धार्मिक साहित्य के रूप में घनीभूत होती रही। यह विचित्र विडम्बना है कि हमारा साहित्य, धर्म-तन्त्र को ललकारने, झकझोरने पर भी उसके व्यापक शिकंजे से मुक्त नहीं हो सका। संस्कृति-रक्षा के नाम पर अवतारी-मानव पनपता रहा और उसने यथास्थिति को कायम रखने में भी भारी मदद की। रामायण-महाभारत काल में हमारी संस्कृति के केन्द्र में धर्म-दर्शन न होकर सर्जक या कवि था। किन्तु धीरे-धीरे कवि और कविता अपनी केन्द्रीय स्थिति खोती गई और केन्द्र में अन्य जीवन के तत्त्व एकत्रित होते गये। वैष्णव और तान्त्रिक चिन्तन-परम्परा की टकराहट ने मध्यकाल को जहाँ लोक और अभिजात की नयी सृजन-शक्ति दी वहाँ ऐसी प्रवृत्तियों को भी जन्म दिया जो एकदम लोक-विरोधी थीं। यही कारण है कि भारत की मध्ययुगीन सृजनात्मकता ने हमारी आधुनिक सृजनात्मकता

को बड़ी सृजनात्मक दिशा-दृष्टि नहीं दी। अतः हमारे आधुनिक भारतीय समाज-सुधारकों, चिन्तकों, राजनीतिज्ञों आदि को नये चिन्तन का खमीर अपनी परिस्थितियों से उठाना पड़ा—उस चिन्तन से जो पुनरुत्थानवादी रुझानों की ओर ले जाकर पटक देता था। रीतिकाल की कविता धार्मिकता से मुक्ति दिलाने का एक बार आत्मविश्वास पैदा करती दिखाई देती है—किन्तु इस कविता के साथ कठिनाई यह है कि यह दूसरी श्रेणी के संस्कृत और फ़ारसी साहित्य को अपना प्रेरक-स्रोत बनाती है। दरबारी कविता के कला-मूल्यों ने स्वतंत्र जीवन-मूल्यों का यहाँ सृजनात्मकता में गला घोट दिया है। यहाँ कवि की हैसियत तो बनी, पर उसके भीतर का सन्त, भक्त, योद्धा, सुधारक गायब हो गया। नतीजा यह हुआ कि आधुनिक काल की भारतीय राष्ट्रीय-सांस्कृतिक कविता को राष्ट्र-निर्माण, राष्ट्र-उद्धार और देश-रक्षा के लिए कवि में सन्त, भक्त, योद्धा और सुधारक क्रान्तिकारी को भीतर से उत्पन्न करना पड़ा। दूसरी महत्त्वपूर्ण बात यह है कि मध्यकालीन भारतीय साहित्य की राष्ट्रीयता हिन्दुत्व की भावना से आगे नहीं बढ़ सकी। थोड़े-बहुत उतार-चढ़ाव के साथ उसका रूप हिन्दू राष्ट्र की खुशफहमी का ही शिकार रहा। छत्रसाल, शिवाजी, राणाप्रताप आदि में राष्ट्रीयता का एक विशिष्ट अर्थ हिन्दुत्व ही था। किन्तु आधुनिक काल के भारतीय साहित्य में इसके विरुद्ध एक तीव्र प्रतिक्रिया घटित हुई और हमारी काव्यात्मक संवेदना का स्वरूप धार्मिक न रहकर राष्ट्रीय-सांस्कृतिक होता गया। जीवन के विस्तार, अनेक स्तरीयता और वैविध्य के भीतर से स्वाधीनता की बलवती स्पृहा उत्पन्न हुई। भारतीय रचनाकारों ने आधुनिक राष्ट्रीय-सांस्कृतिक सृजनात्मकता को धारदार बनाने के लिए भारतीयता की पुनः-पुनः व्याख्या की। भारतीयता का अर्थ हिन्दुत्व की रक्षा करना न रह गया—अपितु भारतीयता का अर्थ हो गया लोक-मानव की लोक-संवेदना से मुक्त साक्षात्कार और उसकी दुःख-सुख की कथा-व्यथा की आत्मानुभूति से अभिव्यक्ति। यह भारतीयता समष्टि-चेतना, विश्व-चेतना और विश्व-सौन्दर्य का पर्याय हो गई। इसी भारतीयता ने उन्नीसवीं और बीसवीं शताब्दी में राष्ट्रीयता का जो अभिमान जागृत किया—उसने विदेशी-परतन्त्रता की बेड़ियों को काट फेंकने का बोध निष्पन्न किया और भारत राष्ट्र को एक भौगोलिक-ऐतिहासिक आकार में नया रूप दिया। हमारे लिए यह काल जनजागरण या लोकजागरण का काल इसी अर्थ में बना है कि हमने अपनी मूल्यवान-परम्परा के स्रोतों को पहचानना और अपने वीरों के इतिहास के रोमांच का नयी-चेतना से अनुभव किया। अब भारत 'मातृभूमि' के रूप में उदित हुआ। इसी के भीतर से बंकिमचन्द्र चटर्जी का यह गान फूट पड़ा—

वन्दे मातरम् !
सुजलाम् सुफलाम् मलयज-शीतलाम्
शस्यश्यामलाम् मातरम् !
शुभ्र ज्योत्स्नापुलकित यामिनीम्
फुल्लकुसमित द्रुमदल शोभिनीम्
सुहासनीम् सुमधुर भाषिणम्
सुखदाम्, वरदाम्, मातरम् !!

इस गीत ने पूरे देश की चेतना को वाणी दी और यह गीत भारतीय राष्ट्रवादियों का समर-गीत बनता गया। श्री अरबिन्द इस गीत से इतने आन्दोलित हुए कि इसका उन्होंने गद्य और पद्य में अंग्रेजी रूपान्तर प्रस्तुत कर डाला। यह गीत भारतीय संस्कृति की विशिष्ट निधि इस अर्थ में है कि इसने भारतीय जनमानस में जन्मभूमि के लिए नया भाव-बोध उत्पन्न किया। 'आनन्दमठ' (1882 ई०) उपन्सास का यह राष्ट्रगान इतना लोकप्रिय हुआ कि 'जन गण मन' गीत के रचनाकार रवीन्द्रनाथ टैगोर ने इसे बार-बार राष्ट्रीय मंचों पर गाया। लार्ड कर्जन ने बंगाल-विभाजन की नीति की घोषणा की तो इस गीत ने नया शंखनाद किया। विदेशी वस्तुओं का बहिष्कार तथा स्वदेशी-आन्दोलन के साथ यह गीत एक प्रान्त मे दूसरे प्रान्त में देशभक्तों एवं शहीदों का नारा ही बन गया और 'वन्देमातरम्' नारे से ही एक दूसरे के पास आने लगे। अनेक वीर 'वन्देमातरम्' का मन्त्र जपते हुए फाँसी पर झूल गये। अरबिन्द जी स्वयं राष्ट्रीय-सांस्कृतिक आन्दोलन के अग्रणी नेता थे—उन्होंने अपने पत्र का नाम ही रख दिया—'वन्देमातरम्'। इस प्रकार इस गीत ने राजनीतिक, सामाजिक, आर्थिक, सांस्कृतिक स्वाधीनता की ओर पूरे देश को प्रेरित किया। अंग्रेजों ने इस गीत के गायन पर प्रतिबन्ध लगा दिया। वाराणसी में गोपालकृष्ण गोखले सन् 1905 में कांग्रेस की अध्यक्षता कर रहे थे—उसमें टैगोर की भतीजी प्रसिद्ध गायिका सरलादेवी ने जनता के भारी आग्रह पर यह गीत गाया—जिसे सुनकर राष्ट्र-वीरों में नया उत्साह पैदा हुआ। जलियांवालाबागके नरसंहार से ब्रिटिश साम्राज्यवाद का पूरा चेहरा साफ खुल गया—गांधी ने असहयोग आन्दोलन शुरू किए और तब इस दौर में 'वंदेमातरम्' फिर जाग उठा। इस एक गीत से प्रेरणा पाकर भारत के प्रत्येक भाग में हजारों राष्ट्र-भक्ति, देश-भक्ति की कविताएँ लिखी गईं। स्वयं सुब्रह्मण्य भारती इस गीत की प्रेरणा से अपने सृजन में उमड पड़े। उन्नीसवीं शताब्दी में सबसे पहले पुनर्जागरण बंगाल में आया। अन्य प्रदेशों में पुनर्जागरणकी लहर काफी बाद में उठी है। इसलिए 'बंगाल के पुनर्जागरण' ने 'भारतीय पुनर्जागरण' को काफी दूर तक प्रभावित किया। पश्चिम की लडाने वाली नस्लपरक राष्ट्रीयता का इस दौर में सभी भारतीय कवियों ने खण्डन किया और मातृभूमि की महिमा

के गानों से जनता में नया उत्साह पैदा किया।

सन् 1857 ई० के स्वाधीनता-संग्राम के बाद भारतीय सृजनात्मकता में सबसे बड़ा मोड़ यह आया कि साहित्य की सभी विधाओं में ब्रिटिश साम्राज्य-वाद के विरुद्ध भारत की संगठित राष्ट्र-भावना का आह्वान-स्वर-मुखर हो गया। प्रथम बार धर्म, जाति और प्रादेशिकता की संकुचित परिधि से निकलकर सृजन-कर्म की राष्ट्रीयता ने अपने में सम्पूर्ण देश को अन्तर्भूत कर लिया। आरंभ के सृजन में राज-भक्ति के साथ देश-भक्ति का समझौता दिखाई दिया लेकिन शीघ्र ही राज-भक्ति की भावना समाप्त हो गई। हिन्दी में भारतेन्दु बाबू हरिश्चन्द्र, बंगाल में ईश्वरचन्द्र गुप्त, गणेशचन्द्र, माइकेल मधुसूदनदत्त टैगोर व नवीनचन्द्र घोष, ईशानचन्द्र बनर्जी, अक्षयचन्द्र बनर्जी, उर्दू में मौलाना अल्ताफ हुसैन हाली, मौलाना शिउली, इकबाल, सिन्धी में कासिम, फाज़िल, अज़ीज, परसराम हीरानन्दजिया, मराठी में केशवसुत, नारायण वामन तिलक, वि० ज० करन्दीकर, ना० मु० गुप्ते, भास्कर रामचन्द्र तांबे, दत्तात्रेय कोंडो घाटे, गोविंदाग्रज, बापूजी ठोमरे, शारदाबाई परंजिये, लक्ष्मी तनया, कन्नड़ में डी० वी० गुंडापा, मास्ति वेंकटेशय्यंगार, बेन्द्रे, सालि, आनन्दकन्द, मंगेशरण गोविन्दपै, मुलियतिम्मप्पय्या, मलयालम में वे० मणि नंपूतिरिप्पाद, केरल वर्मा, ए० आर० राजराज वर्मा, कुमार नाशान, वल्लत्तोल, उल्लूर, तेलुगु में वीरेश लिंगम्, बड्डादि सुब्बाराव, जयन्ति रामय्यासुब्बाराव, सुब्बाराव वासुदेव, श्री पाद कृष्णमूर्ति, बेलूरी शिवराम शास्त्री, विश्वनाथ सत्यनारायण, तमिल में गोपालकृष्ण भारती, सुब्रह्मयम् भारती, भारती दासन, कविनायकम पिल्लै, नामक्कल रामलिंगम् पिल्लै, कश्मीरी में मकबूल करालावारी बहावे, गुलाम अहमद मजहूर, अल्दल अहमद आजाद, पं० दयाराम, जिन्दा कौल, गिर्जा गुलाम हसरत आदिक, पंजाबी के भाई वीरसिंह, काहनसिंह धनीराम चात्रिय, फीरोजद्दीन शरफ, विधानसिंह, ज्ञानी गुरुमुखसिंह 'मुसाफिर' लाला किरपा सागर, प्रीतमसिंह, गुजराती के दलपतराम डाह्याभाई, नर्मदाशंकर रणछोड़ भाई उदयराम, भाई पतराम रूपराम, नन्दशंकर, तुलना शंकर हरगोविन्द दास, भोलाभाई साराभाई, फरदू जी, गोवर्धन राम माधवराम त्रिपाठी, दामोदर खुशालदास, केशव सेठ, चन्द्र वदन चिमनलाल, सुन्दरम् श्री धरभीम, सुन्दर जी बेटाई, मनसुखलाल झावेरी, स्नेहरश्मि, उमाशंकर जोशी, असमिया में लक्तीनाथ बेजवरुआ, चन्द्रकुमार अग्रवाल, कमलाकान्त भट्टाचार्य, अम्बिकागिरि चौधरी, रघुनाथ चौधरी, उड़िया के फकीरमोहन राधानाथ राय, मधुसूदन राव, गंगाधर मेहरे, चिंतामणि महन्ति, नवलकिशोर बल, आदि आधुनिक भारतीय राष्ट्रीय-सांस्कृतिक कविता के रचनाकारों ने सृजन-कर्म को विशेष विचार-आलोक से दीप्त कर दिया। इन कवियों ने आविर्भाव काल में

एक-दो दशकों का अन्तर है, किन्तु इसका कारण यह है कि भारत के विभिन्न प्रदेशों में नवजागरण का आविर्भाव थोड़े-बहुत कालान्तरं से हुआ था। देश के तटवर्ती प्रदेश अन्य प्रदेशों की तुलना में ब्रिटिश साम्राज्यवाद से टकराहट और संघर्ष में पहले आये। इसीलिए नवचेतना का प्रादुर्भाव बंगाल, महाराष्ट्र, तमिल और कन्नड़ में कुछ पहले हुआ था। हालांकि हिन्दी-भाषी प्रदेशों पर 1857 ई० के स्वाधीनता-संग्राम का असर अन्य प्रान्तों के असर की तुलना में सबसे ज्यादा हुआ। ऐतिहासिक तथ्यों को तोड़ने-मरोड़ने वाले इतिहासकारों ने बड़ी कुटिलता से बहुत दिनों तक यह कहना जारी रखा कि 1857 का संग्राम सिपाहियों और सामन्तों के स्वार्थों का फल था। कुछ प्रगतिशील इतिहासकार यह कह कर सन्तुष्ट हो जाते हैं कि गदर के कारण मात्र आर्थिक थे—अंग्रेज पुरानी उत्पादन व्यवस्था को नष्ट करके नयी उत्पादन व्यवस्था थोप रहे थे जो नाशकारी थी। इस नयी व्यवस्था से कारीगर, कलाकार भुखभरी के शिकार हुए और उन्होंने विद्रोह किया। लेकिन प्रश्न उठता है कि ऐसा विद्रोह सबसे पहले बंगाल, महाराष्ट्र, तमिल में क्यों नहीं हुआ ? वहाँ तो अंग्रजों ने सर्वप्रथम शासन-व्यवस्था कायम की थी। इन प्रश्नों और इसी से जुड़े अन्य तमाम प्रश्नों पर विचार करते ही यह निष्कर्ष निकलने लगता है कि 1857 ई० का संग्राम भारतीय स्वाधीनता के लिए प्रथम जातीय संग्राम था।

राष्ट्रीय-सांस्कृतिक कविता को गहराई से समझने पर स्पष्ट होने लगता है कि साम्राज्यवादी अंग्रेज लुटेरों ने प्राचीन भारतीय समाज-व्यवस्था, सामन्त-व्यवस्था को धूर्ततापूर्ण नीतियों से नष्ट कर दिया था। जिस नवीन आधुनिक सामाजिक-सांस्कृतिक, राजनीतिक आर्थिक व्यवस्था की नींव वे डालना चाहते थे उसके लिए परम्परागत भारतीय समाज के मूल्यों और अर्थ-तन्त्र को उखाड़ फेंकना जरूरी था। इस दृष्टि से अंग्रेजों ने पूरे भारत में नयी समस्याएं उत्पन्न कर दीं। भारत के गवर्नर जनरल लार्ड डलहौजी (सन् 1848-1856) के प्रबन्धकाल में नयी डाक-तार व्यवस्था, रेलवे लाइनें बिछाना, पृथक शिक्षा-विभाग की स्थापना, अंग्रेजी ढंग की शिक्षा, नयी टैक्स नीति, नयी न्याय-व्यवस्था से आधुनिक ढंग का शासन-तन्त्र कायम किया गया। ईसाई मिशनरी अपने ढंग से शिक्षा और धर्म में घुसपैठ कर उठे थे और एक पाश्चात्य सभ्यता संस्कृति की वकालात करने वाला वर्ग इस देश में उदित होने लगा था। यह नया शिक्षित वर्ग अपनी पुरानी सभ्यता-संस्कृति में सुधार के प्रति सचेष्ट न होकर अपनी संस्कृति को गया गुजरा मानकर उससे घृणा या विरक्ति के भाव से भर गया था। माइकेल मधुसूदनदत्त (जन्म 1827) जैसे व्यक्ति धर्म बदल कर ईसाई बन रहे थे और अपने बच्चों के नाम माइकेल मिल्टनदत्त, नेपोलियन दत्त रख उठे थे—सृजनात्मकता में उनके आदर्श—होमर, मिल्टन और बायरन

थे। माइकेल मधुसूदन दत्त ने अंग्रेजी में ही लिखना शुरू किया पर 'कैप्टिव लैडी' जैसा काव्य लिखकर भी वे ख्याति नहीं प्राप्त कर सके। झक मार कर उन्हें बंगला भाषा का सहारा लेना पड़ा और 'तिलोत्तमा सम्भव काव्य' (1860) मेघनाद वध (1861), वीरांगना काव्य (1862) में अपनी काव्य-भूमि खोजनी पड़ी। माइकेल मधुसूदन के उदाहरण से सभी भारतीय कवियों ने यह तय कर लिया कि सर्जना अपनी मातृभाषा में ही करनी चाहिए। मातृभाषा ही रचनाकार को सच्चे काव्य-गौरव से सम्पन्न और समर्थ बना सकती है। यही कारण है कि इस समय सभी कवियों ने जागरूकता के साथ अपनी-अपनी प्रादेशिक भाषाओं के गौरव को पहचानकर स्वभाषाभिमान एवं स्वदेशाभिमान की भावना को बहुत बुलन्द किया। हिन्दी-भाषी क्षेत्रों में इसी भावना और चेतना के प्रतिनिधि भारतेन्दु, प्रेमघन, राधाकृष्णदास जैसे कवि थे। जो 'निज भाषा उन्नति' का जयनाद गुंजाते रहे। बंगाली भाषा और साहित्य से इसी राष्ट्रीय-चेतना के दौर में उड़िया और असमिया ने अपना अलग व्यक्तित्व बनाया। इससे पूर्व बंगला इन दोनों भाषाओं के ऊपर लदकर इनके विकास में बाधा बन रही थी। बंगला की राष्ट्रीय-सांस्कृतिक कविता से अलग ढंग की देशी राष्ट्रीय-सांस्कृतिक कविता उड़िया-असमिया में लिखी गई। और वह शिक्षित वर्ग जो नये ज्ञान और पाश्चात्य-संस्कृति को जनता पर लादना चाहता था उसके विरुद्ध विद्रोह किया गया। सन् 1880 ई० के आसपास राजा राममोहन राय, ईश्वरचन्द्र विद्यासागर, महर्षि देवेन्द्रनाथ ठाकुर, केशवचन्द्र सेन आदि ने नवजागरण की जो चेतना जागृत की थी उसे भी उड़िया-असमिया ने अपने ढंग से ही लिया।

महाराष्ट्र की कविता पर आरम्भ में ब्रह्मसमाज के सांस्कृतिक विचारों का प्रभाव पड़ा। किन्तु बाद में ज्योति फुले, दादोवा पाण्डुरंग, जाम्भेकर आदि ने नये बुद्धिवादी चिन्तन की जमीन तैयार की तथा इनके प्रयत्नों से महाराष्ट्र में राष्ट्रीयता की जड़ें गहरी हो सकीं। सन् 1849 ई० में जातिप्रथा के उन्मूलन के लिए बम्बई में 'परमहंस सभा' गठित हुई। केशवचन्द्र सेन तथा रानाडे के प्रयत्न से ब्रह्मसमाज के एक अंग के रूप में प्रार्थना-समाज की स्थापना हुई। बंगाली बुद्धिजीवी में देशभक्ति को लेकर कल्पनामिश्रित आवेग अधिक था किन्तु महाराष्ट्र के बुद्धिजीवी में देशभक्ति के लिए सांस्कृतिक चिन्तन की भारतीय-स्रोतों से जुड़ी गहराई अधिक थी। यह तथ्य ईश्वरचन्द्र गुप्त और माइकेल तथा केशवसुत के काव्य से स्पष्ट परिलक्षित किया जा सकता है। महाराष्ट्र का सांस्कृतिक नवोत्थान मूलतः समाज-सुधार से जुड़ा था जिसमें विधवा-विवाह, स्त्री-शिक्षा, बाल-विवाह-निषेध के कार्यक्रम अधिक थे। इनमें तुकाराम, नामदेव, एकनाथ और रामदास की ओजस्वी-परम्परा का क्रान्ति-धर्मी 'साइके' क्रियाशील था। इसी 'साइके' से जुड़ी महाराष्ट्र की राष्ट्रीय-सांस्कृतिक कविता में

क्षात्र-धर्म की पुकार का क्रान्तिकारी स्वर, गुजराती, मलयालम, कन्नड़ आदि की तुलना में बड़ा प्रबल है। गुजरात की आधुनिक कविता पर 'युद्धं देहि' की भावना से अलग सन्तों की उदात्त-शान्तभाव-धारा का वर्चस्व है और गान्धी-विचार-प्रवाह के पोर-पोर में डूबी कविता यही पनपी है ? जबकि देश के अन्य प्रदेशों में हिंसा-अहिंसा के मिश्रित स्वरों की काव्य-चेतना प्रवाहित रही है। भारत की राष्ट्रीय-सांस्कृतिक सृजनात्मकता को दयानन्द, रामकृष्ण परमहंस, विवेकानन्द, ऐनी विसेन्ट, अरबिन्द ने भीतर से मथ दिया और उसमें अपनी संस्कृति के सुधार की शक्ति आई। सभी प्रदेशों में यह आवाज उठने लगी कि दासता भारतीयों के आत्म-सम्मान के लिए अत्यन्त घातक है। प्रत्येक कवि और चिन्तक में यह ग्लानि एवं विक्षोभ का भाव था चाहे उसे खुलकर व्यक्त करने का नैतिक साहस उसमें कम रहा हो। उस क्षति की पूर्ति के लिए ही उसने प्राचीन गौरव का स्मरण किया और देश में पुनरुत्थान का प्रबल आन्दोलन आंधी के वेग से उठ खड़ा हुआ। तिलक, गोखले और गान्धी की त्रिमूर्त्ति में यही आन्दोलन गतिशील रहा। यह सच है कि यह आन्दोलन राजनीतिक न होकर पूरी तरह सामाजिक विचार पर केन्द्रित था और इसने दृष्टि को राजनीतिक समस्याओं की ओर न ले जाकर सामाजिक समस्याओं तक ही अपने को सीमित रखा। परन्तु यहाँ सामाजिक क्षेत्र में भी देश-भक्ति-भावना के लिए कम अवकाश न था। सामाजिक-सांस्कृतिक दासता के विरुद्ध जनता के ये सभी जननेता परतत्रंता की बेड़ियों से देश को मुक्त करने की जमीन तैयार कर रहे थे। वैष्णव-शैव-शाक्त, बुद्ध-जैन आदि सभी विचार-धाराओं का इसमें जल प्रवाहित था जिसमें केवल हिन्दुत्व की धार नहीं थी। सच्चे अर्थों में समग्र भारतीय संस्कृति अपने अस्तित्व का संघर्ष से रूपान्तरण कर रही थी। यह तथ्य रवीन्द्रनाथ टैगोर, मैथिलीशरण गुप्त, जयशंकर प्रसाद, सूर्यकान्त निराला, बल्लतोल, बण्डे, नर्मद, शंकर कुरुप्प, मौलाना हुसेन हाली, मौलाना शिडली, अकबर इलाहाबादी, जोश मलीहाबादी, आदि के सृजन में प्रत्यक्ष झलकता है। इन सभी कवियों की देश-भक्ति के अन्तर्गत—

1. प्राचीन गौरव, वेद-शास्त्र, उपनिषद्, रामायण, महाभारत, भारतीय इतिहास के वीर-नायकों-महापुरुषों का महत्व गान।
2. विदेशी-सभ्यता-संस्कृति एवं उनकी लूट-भावना के प्रति वेदनाजन्य घृणा।
3. वर्तमान भारत की पतन-गाथा पर चिन्ता।
4. प्राण देकर स्वतन्त्रता की प्राप्ति।
5. हिन्दू-मुस्लिम, सिक्ख, ईसाई सभी धर्मों और सम्प्रदायों के प्रति समन्वय भावना आदि का आधार ही प्रमुख रहा। यह सामासिक-संस्कृति भावना

से निष्पन्न चिन्ता-धारा भारत को इन सभी की मातृभूमि मानकर विदेशी दासता के विरुद्ध युद्ध करने का संकल्प दुहरा उठी थी। इसी चिन्ता-धारा की मूर्त्त और प्रेरणादायक शक्ति का प्रतीक थी—इण्डियन नेशनल कांग्रेस। अतः आधुनिक भारत के प्रथम और द्वितीय उत्थान का यह चित्र बड़ा ही भव्य एवं उदात्त है।

भारतीय राष्ट्रीय-सांस्कृतिक कविता का क्रान्तियुग तिलक (1956) के साथ जोड़कर समझा जा सकता है। इस काल में कांग्रेस-आन्दोलन की स्थापना के साथ 'स्वराज्य' की भावना बढ़ती गई। इसी भावना को दादाभाई नौरोजी ने 1906 में 'स्वराज्य शब्द से अभिव्यक्ति दी और बाद में यही-भावना लोकमान्य ने 'स्वराज्य हमारा जन्मसिद्ध अधिकार है और इसे लेकर रहूंगा' के चिन्तन-संघर्ष में सामने आई। अंग्रेजों ने पहले तो देश को विशेषकर बंगाल को लूटा। साथ ही प्रतिक्रियावादी सामन्तों, राजाओं, नवाबों से मिलकर इस देश के उभरते पूंजीवाद का विनाश करके एक नये ढंग का सामन्तवाद, कायम किया। जिसके रक्षक यहां के जमींदार बना दिए। बर्नियर ने बंगाल को यूरोप औ एशिया का 'सूती रेशमी-भण्डार' कहा था। और इस देश की 'सोना-चांदी' को दुनिया के सभी हिस्सों से घूम-फिरकर आखिर हिन्दुस्तान में आकर समा जाने वाला देश घोषित किया था। वही देश लुटेरे फिरंगियों ने लूट लिया। इतना ही नहीं, बंगाल को हिस्सों में बांटकर उसकी संगठित शक्ति को तोड़ने का प्रयास भी लार्ड कर्जन ने करना चाहा। 'बंग-भंग' के विरोध में आन्दोलन उठा। और दादाभाई नौरोजी, भण्डारकर, लालालाजपतराय, विपिनचन्द्र पाल, गोखले तथा लोकमान्य तिलक ने देशभर में ब्रिट्रिश साम्राज्यवाद की इस नीति का बिरोध किया। अंग्रेजों को हिन्दू-मुसलमान में फूट डालने जो का भरोसा था—उस भरोसे को इस चेतना की लहर ने नष्ट कर दिया। दादाभाई नौरोजी ने कहा—"भारत की कमाई और खून के बल पर यह साम्राज्य निर्मित हुआ है। अब खून नहीं रह गया। इस देश की दौलत जो बराबर ढोकर ले जाते रहे हो—उससे तुमने इसे इस दशा तक पहुंचा दिया है।" (स्पीचिस एण्ड राईटिंग्स आव दादाभाई नौरोजी मद्रास, पृ० 221-222) नौरोजी से देश में क्रान्ति की सम्भावनाएँ खुलीं और वे आंखों देख कर कह रहे थे कि—"यदि भारत का वर्तमान भौतिक और नैतिक विनाश जारी रहा था तो भारी उथल-पुथल का होना अनिवार्य हो जायेगा।" (पृ० 192) शिक्षित और अशिक्षित धर्म और नस्ल को छोड़कर देश-रक्षा के उत्साह में संकल्पबद्ध होने लगा। देश में फैलनेवाली भुखमरी के खिलाफ लोकमान्य तिलक जैसे नेता विद्रोह कर उठे। 'केसरी' और 'मराठा' पत्रों ने विष्णु शास्त्री चिपणूनकर और आगरकर के साथ क्रान्तिकारी निबन्ध लिखे। इन लोक-जागरणप्रधान निबन्धों की लोक-प्रियता से घबराकर ब्रिटिश

शासकों ने तिलक को 'राजद्रोह' के अपराध में छ: वर्ष का (1908-1914 ई.) करावास दिया। उन्हें माण्डले जेल में रखा गया जहां उन्होंने 'गीतारहस्य' या कर्मयोगशास्त्र जैसी पुस्तक लिखी। गीता पर एकदम नया चिन्तन आरम्भ किया। इस चिन्तन में स्वदेशाभिमान, स्वराज्य, अंग्रेजी शासन का बहिष्कार और स्वभाषाभिमान के बीज अधिक थे। तिलक के चिन्तन से देश-भर में क्रान्तिकारियों की बाढ़ आ गई।

विकासवाद के सिद्धान्त और उससे उद्भूत मानव की श्रेष्ठता के बोध ने राष्ट्रीय-सांस्कृतिक एकता लिए एक बड़ी वैचारिक क्रान्ति को जन्म दिया। राष्ट्र का चिन्तन ईश्वर या देवता से हटकर मानव-केन्द्रित हो गया। चिन्तन के केन्द्र में मानव के आ जाने से प्राचीन धार्मिक-नैतिकता के मूल्य गड़बड़ाने लगे। सारे प्रतिमान मानव की मुक्ति-भावना और उसकी अनन्त सम्भावनाओं को परिभाषित कर उठे। फिर मूल्य सहसा ही जन्म नहीं ले जाते। वे एक लम्बी सांस्कृतिक परम्परा के ऐतिहासिक संघर्ष से उपजते हैं। इसलिए जितना सरल कार्य प्राचीन मूल्यों की अर्थवत्ता पर प्रश्न-चिन्ह लगाना होता है—उतना सरल नये मूल्यों को कमाना और उनकी महत्व-प्रतिष्ठा करना नहीं होता। लौकिकता के उदय ने समाज में जो नया प्रमथन पैदा किया था। उसकी अभि व्यक्ति हिन्दी में मैथिलीशरण गुप्त, उर्दू में इकबाल, नजीर अकबरवादी, मराठी में विनायक जनार्दन करंदीकर आदि की कविताओं में हुआ। ब्रिटिश सम्राज्यवाद ने देश में जो उजाड़ किया था—उसकी पस्ती का देशव्यापी अहसास मिर्जागालिब तथा बहादुरशाह जफर का काव्य है। इन दोनों उर्दू के कवियों में एक ऐसा करुण-राग है जो एक नाश होती संस्कृति को देखकर तड़प के साथ फूटा था। 'जफर' ने लिखा है—

न 'जफर' किसी का हबीब हूं, न 'जफर' किसी का रकीब हूँ।
जो बिगड़ गया वो नसीब हूँ जो उजड़ गया वो दयार हूं।

दिल्ली की मरती हुई आत्मा से शोक का जो राग उठा था, उसकी प्रतिक्रिया से बाद में उर्दू कविता का नया राष्ट्रीयतावादी नवजागरण प्रकट हुआ। अमीर मोनाई ने 'मिरातुल गैव' और 'सनमखाना-ए-इश्क' आत्म-संग्रहों में प्रेम-रस के साथ राष्ट्रीय रस को लाते हुए लिखा—

तीर खाने की हवस है तो जिगर पैदाकर।
सरफरोशी की तमन्ना है तो सर पैदा कर॥

'सरफरोशी की तमन्ना' सम्पूर्ण भारतीय कविता में बीसवीं शताब्दी के आरम्भ से ही मिलने लगती है। यह गीत क्रान्तिकारी वीरों में एक उत्साह का नारा था—

सरफरोशी की तमन्ना अब हमारे दिल में है,
देखना है जोर कितना बाजुएं कातिल में है,
बक्त आने पर बता देंगे तुझे ऐ आसमां,
हम अभी से क्या बताएँ क्या हमारे दिल में है।

तिलक की गरमदली विचार-धारा ने शहीद भगतसिंह, राजगुरु, उस्फाक उल्लाह आदि की कुर्बानी में योग दिया। नयी चेतना का स्पष्ट विकास भारतेन्दु और हाली में अंकुरित हुआ और उसमें उभार इसी काल में आया। उर्दू में नजीर अहमद, मौलवी मौलाना शिउली और अकबर मुसलमानी मध्यवर्ग की आवाज के प्रस्तोता कवि बने। मौलाना मुहम्मद हुसैन आजाद ने गदर के बाद की निराशा को हठाकर देशभक्ति, अतीत के गौरवगान, रूढ़ियों से विरोध, सुधार आन्दोलनों का स्वर अपनाते हुए कहा—

हिम्मत के शहसवार जो घोड़े उठायेंगे।
दुश्मन फलक भी होंगे तो सर को झुकायेंगे।।
तूफान बुलबुलों की तरह बैठ जायेंगे।
नेकी के दौर उठके बदी को दबायेंगे।।

देश में मौलाना शिउली कठिन समय को झेल रहे थे। मुस्लिमलीग बन चुकी थी और अंग्रेज भारत के मुसलमानों को राष्ट्रीयता से दूर खींचने की जी तोड़ कोशिश कर रहे थे। उस समय अंग्रेजी राज्य का विरोध शिउली ने अपना धार्मिक कर्तव्य समझा। इसी रंग की रंगत मौलाना जफर अली की कविताओं में आई। 'अदले-जहांगीर' और 'शायर-आशीबे-इस्लाम' में अंग्रेजों को सम्बोधित करते हुए लिखा—

कोई पूछे कि ऐ तहजीबे-इन्सानी के उस्तादों।
ये जुल्म-अराइयाँ ताके ये इश्र अंग्रेजियाँ कब तक।
ये माना तुमको तलवारों की तेजी आजमानी है।
हमारी गर्दनों पर होगा इसका इम्तिहाँ कब तक।।
सुनायें तुमको अपने दर्दे-दिल की दासतां कब तक।
मिटाओगे हमारा इस तरह नामो-निशां कब तक।।

अकबर इलाहावादी से देश की दुर्दशा देखी न जाती थी। अंग्रेजी मानसिकता और साम्प्रदायिकता की पोल खोलते हुए लिखा—

मदखूदा-ए-गवर्नमेंट 'अकबर' अगर न होता।
उसको भी आप पाते गान्धी की टोपियों में।।

उर्दू में यही मर्दानगी की आवाज शायर दुर्गासहाय सुरूर, मुंशीज्वालाप्रसाद 'बर्क' महाराज किशन प्रसाद 'शाद' पण्डित अमरनाथ साहिर, चक्बस्त के काव्य बुलबन्दी से देते है। स्वयं इकबाल इस दौर में 'हिमालय' पर कविता लिख रहे

हैं। 'बांगेदरां' 'बाले जिबरील' 'जर्बे-कलीम' 'अर्मुगाने-हिजाज' चार काव्य-संग्रहों से सही आवाज उठ रही थी कि इस कठिन समय में एकता हर कीमत पर रखनी हैं—

शक्ति भी शान्ती भी, भगतों के गीत में है।
धरती के वासियों की मुक्ति प्रीत में है।

इकबाल की इसी आवाज को सैय्यद अली मुहम्मद शाह अजीमावादी ने राष्ट्रीय-सांस्कृतिक काव्य-धारा में विकसित किया।

हिन्दी में मैथिलीशरण गुप्त, गयाप्रसाद शुक्ल सनेही, सियाराम शरण गुप्त रामनरेश त्रिपाठी, माखनलाल चतुर्वेदी, बालकृष्ण शर्मा नवीन, सुभद्राकुमारी चौहान, रामधारी सिंह दिनकर आदि कवियों की एक पूरी पीढ़ी राष्ट्रीय-सांस्कृतिक कविता में देश-प्रेम, बलिदान, करुणा और आस्था के गान गाती रही है। माखनलालचतुर्वेदी ने 'हिमकिरीटिनी' नामक काव्य-संग्रह में नयी पीढ़ी का हृदय-भाव रचते हुए लिखा—

चाह नहीं मैं सुरबाला के गहनों में गूँथा जाऊँ,
चाह नहीं प्रेमी माला में विंध प्यारी को ललचाऊँ,
चाह नहीं सम्राटों के शव पर हे हरि डाला जाऊँ
चाह नहीं देवों के सिर पर चढ़ूँ भाग्य पर इतराऊँ
मुझे तोड़ देना वनमाली उस पथ पर तुम देना फेंक
मातृभूमि पर शीश चढ़ाने जिस पर जाएँ वीर अनेक।

हिन्दी-उर्दू कविता की भाँति क्रान्ति की हुंकार और पुकार मराठी की आधुनिक-राष्ट्रीय सांस्कृतिक में काफी प्रवलता रखती है। मराठी ने 'तुताही' (तुरही) 'नवा-सिपाही' (नया सिपाही) निशान' (झण्डा) 'मूर्तिभंजन', 'स्फूर्ति', गोंपन, आदि क्रान्ति गीतों से जन-जन को देश भर में जगाना चाहा। सामाजिक क्रान्ति की इन कविताओं का स्वर लोक-मंगल-वादी था। रेमरंड वामन तिलक (1862-1949 ई०) वि० ज० कंरदीकर (1872-1909) चन्द्रशेखर, ना० मु० गुप्ते (1872-1848), भास्कर रामचन्द्र तांबे (1884-1941) दत्तात्रेय, कोंडो घाटे, पाण्डुरंग रंदालकर, बापूजी ठोमरे, श्रीमती सुमन्त, सिन्धु सुता, शारदाबाई परांजये, लक्ष्मी तनया आदि कवियों ने एक समृद्ध राष्ट्रीय-सांस्कृतिक काव्य-धारा को प्रवाहित किया है। इस काव्यधारा में भारत का इतिहास तथा महाराष्ट्र की वीर-परम्परा-गाथा का वर्णन प्रमुखता पाता रहा है। इन कविताओं में भावावेश और भावदीप्ति दोनों का मणि-मंचन योग हुआ है।

इसी दौर में सिन्धी की राष्ट्रीय कविता सूफ़ीवाद तथा वेदान्त से निकलकर नया रूप धारण करती है। किशनचन्द्र तीरथदास खत्री 'बेबस' ने 'समुद्रीय सीपें' 'सामूंडी सिपूं में समाजसेवा के नये विचारों को कांग्रेस-आन्दोलन से जोड़कर

व्यक्त किया। यहाँ 'गरीत्रन-जी झोपड़ी' कविता का करुणा और प्रेम का स्वर हृदय को हिला देने वाला है। इन पर रवीन्द्रनाथ की काव्य-दृष्टि का बहुत गहरा असर पड़ा कि कवि को आस्था और सौन्दर्य के गीत गाने चाहिए। इधर सिन्धु पर 'बेवस' कवि का इतना प्रभाव था। कि राष्ट्रीय आन्दोललन में इनके गीत सभो के मनपसंद तराने थे। हूंदराज दुखामल जैसा कवि इसी देशभक्ति धारा के भीतर से उदित हुआ था। इनके 'आजादी के गीत' सिन्धी जाति की सांस्कृतिक अस्मिता को उजागर करते हैं! पंजाबी के गुरुमुखसिंह 'मुसाफिर' की कविताओं से हूंदराज की राष्ट्रीय कविताओं का भाव-साम्य देखते ही बनता है। दोनों ही ब्रिटिश शासन की कड़ी आलोचना करते हुए जन-सामान्य में प्रवल देश-भक्ति की धारा प्रवाहित करते हैं। पंजाबी में मोहनसिंह 'माहिर' और अमृता-प्रीतम ने उस राष्ट्रीय भाव-धारा से काव्य-सृजन किया है—जो सम्पूर्ण देश की मिट्टी से माथे पर तिलक लगाता है। जिसमें साम्प्रदायिक गन्ध एकदम नहीं है। कश्मीर में गुलाम अहमद महजूद ने 'गुल' और 'बुलबुल' के प्रतीकों से राष्ट्रीय भावनाओं को उदबुद्ध किया। खातून की प्रेम-धारा का यह नया रंग-रूप है। जिसे 'जवानी' 'वतन' 'बागवा' आदि रचनाओं से महजूद ने शब्द दिए हैं। इसी परम्परा को अब्दुल अदब आजाद, जिन्दा कौल, दयाराम, मिर्जा गुलाम हसन वेग आरीफ आदि कवियों ने आगे बढ़ाया है। कहना न होगा कि सिन्धी और कश्मीरी में राष्ट्रीय-सांस्कृतिक कविता का प्रवाह भारतीय भाषाओं की तुलना में थोड़ी-देर से पैदा तो हुआ। लेकिन इसमें मातृभूमि की वन्दना और कुर्बानी का भाव किसी भी भारतीय भाषा से कम नहीं है।

राष्ट्रीय-सांस्कृतिक अस्मिता के प्रति नया दृष्टिकोण

इस भारतीय राष्ट्रीय-सांस्कृतिक काव्य-धारा की सबसे प्रवल प्रवृत्ति सांस्कृतिक बोध का जागरणवादी स्वर है। बंगाल में बंकिमचन्द्र चटर्जी, रवीन्द्रनाथ, हिन्दी में मैथिलीशरण गुप्त, रामधारी सिंह दिनकर, मराठी में भास्कर रामचन्द्र तांबे, बापूजी ठोमरे, सिन्धी में हूंदराज दुखायल, कश्मीरी में अब्दुल अहद आजाद, पंजाबी में मोहनसिंह 'माहिर' उर्दू में जोश मलीहाबादी, अकबर इलाहाबादी फिराक गोरखपुरी, उड़िया में गंगाधर मेहेर, चिन्तामणि महान्ति, असमिया में कमला कान्त भट्टाचार्य, अम्बिका गिरि चौधरी, गुजराती में उमाशंकर जोशी, बालमुकुन्द दुबे, तमिल में भारती दासन, देशि कविनायकम पिल्लै, तेलुगु में जयन्ति रामय्या सुब्बाराव, रामप्रोलु सुब्बाराव, विश्वनाथ सत्यनारायण, कन्नड़ में एस० कट्टी, आलूर, पु० नि० नरसिंहाचार्य, के० वी० पुट्टप्पा, मलयालम में उल्लूर, बल्लतोल, सुब्रह्मयम पोट्टी, बालकृष्ण पणिक्कर, जे० शंकर कुरुप्प आदि उल्लेखनीय कवि हैं। इन सभी कवियों ने भारत के प्राचीन गौरव का गान,

महत्वपूर्ण भारतीय परम्पराओं के ग्रहण के प्रति रुझान, सन्तों के प्रति सम्मान-भाव, दार्शनिक चिन्ता-धाराओं को आत्मसात कर आगे बढ़ने की भावना आदि को अनेक भाव-मुद्राओं में अभिव्यक्ति दी है। अपने अतीत से वर्तमान को प्रेरणा देने की शक्ति इन सभी की सृजनात्मकता में उदात्त काव्यात्मकता के साथ विद्य-मान है।

पराधीनता और दमन के प्रति विद्रोही स्वर

इस राष्ट्रीय-सांस्कृतिक नवजागरण की चेतना का उत्साह पराधीनता और दमन के विरुद्ध संघर्ष में मिलता है। यह अखण्ड भारत हमारा है, यह हमारी पावन मातृभूति है और इस पर हमारा ही अधिकार है। हमारी मातृभूमि पर आकर विदेशी शक्तियाँ शासन करें, शोषण करें, भाषा और संस्कृति को नष्ट करें, यह अपमान असह्य एवं लज्जाजनक है। हम पराधीनता की बेड़ियों में जकड़ कर नष्ट हो जाएं—यह भावना विद्रोह और संघर्ष का बीजवपन कर रही थी। इस लौह-शृंखला को प्राणों की आहुति देकर छिन्न-भिन्न कर देने का भाव मैथिलीशरण गुप्त, माखनलाल चतुर्वेदी, निराला, नवीन, दिनकर, पुट्टप्पा, उमाशंकर जोशी, अमृता प्रीतम, रवीन्द्रनाथ टैगोर, कमला कान्त भट्टाचार्य आदि सभी भारतीय कवियों में एक साथ प्रस्फुटित होता है। जैसे-जैसे आजादी के आन्दोलन में ब्रिटिश-साम्राज्यवाद का दमन-चक्र तीव्र होता गया—वैसे-वैसे भारतीय कवियों की वाणी में बलिदान और वीरता की उमंग का स्वर जोर पकड़ता गया है। भारतीय जन-जीवन में विद्रोह की जो प्रचण्ड ज्वाला भड़क उठी थी—उसे 'एक भारतीय आत्मा' माखनलाल चतुर्वेदी ने तड़प के स्वर में लिखा—

> बलि होने की परवाह नहीं, मैं हूँ कष्टों का राज्य रहे ॥
> मैं जीता, जीता, जीता हूँ, माता के हाथ स्वराज्य रहे ॥

उर्दू में—शक्ती भी, शान्ती भी भगतों के गीत में है
> धरती के वासियों की मुक्ती प्रीत में है।

देश को 'चमन' के रूपक में उर्दू कविता में बहुत नये ढंगों से उभारा गया। मराठी की कविता में केशवसुत के 'तुतारी' (तुरही) से जो सामाजिक क्रान्ति का अग्नि स्वर उठा था उसकी उठान भास्कर रामचन्द्र तांबे में नया जोश लाई हैं।

बापू जी ठोमरे में 'अरुण', 'निर्झरास', 'सन्ध्यातारका', 'धर्मवीर' जैसी अमर कविताएँ आन्तरिक ज्वाला से जन्म ले उठीं। इन कविताओं में देश के उद्दीप्त यौवन की दहाड़ और पुकार है। देश का आहत स्वाभिमान जैसे इन कविताओं में शरीर धारण कर बोल उठा है। युग-परिवेश की सच्ची वाणी होने

के कारण इन भारतीय कवियों में देश-भक्ति की अपूर्व प्रभाव-दक्षता है। देश का नवयुवक इन कविताओं का पाठकर, मननकर देश पर न्यौछावर होने के लिए उठा खड़ा हुआ। इस प्रकार इन कविताओं में पराधीनता को समाप्त कर देने की संकल्प-बद्ध प्रेरणा है।

क्रान्ति का हिंसक-अहिंसक रूप-रंग

सन् 1930 ई० के बाद की भारतीय राष्ट्रीय-कविता में स्वच्छन्दतावाद के तत्व परिवेश से गहराई पाने लगे। भावावेग, कल्पना के विस्तार, बौद्धिक प्रखरता और सजगता को नये ढंग से निकास मिला। काव्य शुद्ध सुख-दुःख, आशा-निराशा, सफलता-असफलता की छोटी परधि को लांघकर व्यापक मानव वाद-मानवतावाद की भूमि पकड़ने लगा। उसमें जीवन का यथार्थ सच्चा और दृष्टि का विस्तार मानव-मुक्ति-अकांक्षा पर केन्द्रित हो गया। कविता में व्यक्ति-वादी-भाववादी, कलावादी प्रवृत्तियों को दबाकर राष्ट्रीय-सांस्कृतिक कविता में लोकोन्मुखी व्यक्तित्व चेतना विकसित हो उठी। सृजनशील कवियों में संकीर्ण-तावादी काव्य-स्थिति के विरुद्ध छटपटाहट नया रास्ता खोजने लगी। वास्तव में भारतीय राजनीति में यह समय भारी उथल-पुथल का दौर था। विदेशी सत्ता के विरुद्ध आजादी की लड़ाई—पूरे राष्ट्रीय जीवन की सर्वप्रमुख चेतना थी और यह लड़ाई अधिकाधिक तीखी होकर समाज के सभी वर्गों और समुदायों को अपने भीतर खींच रही थी। इस परिवेश से किसी भी संवेदनशील व्यक्ति और कवि-मानस का दूर रहना असम्भव था। यही कारण है कि इस दौर में बहुत से भारतीय कवियों का वामपंथी-क्रान्तिकारी राजनीति से कई स्तरों पर सर्जनात्मक सम्बन्ध बनता गया।

इस दौर में सृजनात्मकता का परिवेश से सम्बन्ध तो जुड़ा ही, साथ ही उसकी वैचारिकता और अनुभव-सम्पदा में भी अभिव्यक्ति की नयी धार आई। बदलते हुए परिवेशों के अनुभवों से कवि ने नये प्रकार के भावात्मक सम्बन्ध स्थापित किए और कवि-कर्म भी जटिल हो उठा। कविता में जीवन की संश्लिष्टता ने काव्य को भीतर-बाहर से बदल दिया। एक बड़ी बात यह भी हुई कि अब कविता राजनीति प्रधान अधिक हो उठी। अतः राजनीति की कई स्तरों पर अभिव्यक्ति हुई। गान्धी-विचार-दर्शन का तो अनुवाद ही मानो बहुत से कवि कर उठे। कविता में पूरे भारत के राजनीतिक-सांस्कृतिक जीवन को परिभाषित किया गया। व्यापक अर्थ में राष्ट्रीय-सांस्कृतिक कविता 'सम्पूर्ण लगाव' को सृजन में उपस्थित कर उठी। पर यह कहना गलत होगा कि हमारी कविता कोरी राजनीतिक कविता हो गई। सच्चाई यह है कि कवि अपने राष्ट्रीय परिवेश को राजनीति के माध्यम से पहचानने और पहिचनवाने का प्रयत्न करने लगा। राष्ट्रीयतावादी कवियों में

परिवेश के प्रति भावात्मक-वैचारिक दोनों प्रकार के संघर्ष एक साथ सक्रिय हो उठे।। कवि विदेशी सत्ता के साथ अपने समाज के मानव-द्रोही तत्त्वों को भी ललकारने लगा।। आत्मालोचन और आत्मान्वेषण के दौर से निकलकर कविता समाज और देश की ओर बहिमुख हो उठी।। फलतः अनेक कवि हिंसा-अहिंसा-वादी राजनीतिक दलों की ओर खिंचे और कुछ तो साम्यवादी दल में सीधे शामिल हो गए।। कविता में प्रबल राजनीतिक दृष्टि की आन्तरिक बाध्यता भी इस स्थिति के लिए उत्तरदायी थी।। स्थिति-परिस्थिति में आन्तरिक संघर्ष और विद्रोह के इतने तत्त्व मौजूद थे कि इन भारतीय कवियों को नये प्रश्नों और चुनौतियों का सामना करना पड़ा।। महाराष्ट्र में गरम दल के कवि नागेश गणेश पाण्डुरंग रेंदालकर, श्री कृ० कोल्हटकर, गो० गो० पाटणकर या साधुदास ने क्रान्ति के गीत लिखे।। हिन्दी में श्यामनारायण पाण्डेय, सोहनलाल द्विवेदी, नवीन उर्दू में मजाज, जोश, फैज, मीराजी, राशिद, अख्तर, जाफरी, बंगला में देवेन्द्र नाथ सेन, सत्येन्द्रनाथ दत्त, करुणानिधान बनर्जी, जितेन्द्र सेन गुप्त, मोहित मजूमदार, काजी नजरुल इस्लाम आदि के नाम उल्लेखनीय हैं।। नजरुल एक सच्चे राष्ट्रकवि के रूप में उभरकर देश भर में गूँज उठे और शोषित-पीड़ित जनता के दर्द को इस कवि ने वाणी दी।। इनकी कविताओं के अनुवाद सभी भारतीय भाषाओं में हुए।। उदाहरण के लिए सिन्धी में प्रो०डी के० मन्शारमाणी ने नजरुल की कविताओं का बड़ा मोहक अनुवाद 'बागी' शीर्षक से प्रस्तुत किया।।

भारतीय राष्ट्रीय-सांस्कृतिक कविता में उत्साह का अहिंसक रूप अनेक छवियों में निखर कर सामने आया।। प्राचीन वीर भावना प्रधान और नवीन वीर-भावना प्रधान कविता में एक बड़ा अन्तर यह आया कि इन नवीन कविताओं में शत्रु-संहार करने का भाव नहीं है।। आक्रमण का स्थान यहाँ आत्म-बलिदान ने ले लिया है।। माखनलाल चतुर्वेदी जैसे गान्धी विचार-दर्शन के कवि ने लिखा—

> रक्त है ? या नसों में क्षुद्र पानी !!
> जाँचकर, तू सीस दे देकर जवानी !! ((जवानी-हिमकिरीटिनी))

इन सभी कवियों ने देश-भक्ति में प्राणों के उत्सर्ग का महत्त्व स्वीकार किया।। हिन्दी में मैथिलीशरण गुप्त, सियाराम शरण गुप्त, रामनरेश त्रिपाठी, गया प्रसाद शुक्ल सनेही दिनकर, गुजराती में उमाशंकर जोशी ((गंगोत्री काव्य कृति) श्री कृष्णलाल, श्रीधराणी ((कोडिया काव्य कृति)), बाल मुकुन्ददवे, वेणी भाई पुरोहित, निरंजन भगत, पंजाबी में अमृता प्रीतम, लाला किरणसागर ((लक्ष्मी देवी काव्यकृति)), प्रीतम सिंह ((कत्तक कूजा)) उर्दू में फिराक गोरखपुरी, मराठी में न० चि० केलकर, बंगला में राजकृष्ण मुखर्जी, विनेशचरण, अधरलाल

सेन, आनन्दमिश्र उड़िया में गोपबन्धु दास, नन्दकिशोर बल, लक्ष्मीकान्त महापात्र, नीलकंठदास, असमिया में श्री रघुनाथ चौधरी, यतीन्द्रनाथ दुबरा, नलिनी ब्राला, तमिल में शुद्धानन्द भारती (भारत शक्ति महाकाव्य), भारती दासम, तेलुगु में राम प्रोलु सुब्बाराव, (ललिता, तृणककंण काव्य कृतियाँ) सीताराम मूर्ति चौधरी (महात्मा गान्धी की आत्मकथा का पद्यानुवाद किया) श्री गुरुजाड़ (नवाखाली, बापूजी लोकप्रिय कविताएँ), कन्नड में वेन्द्रे, आनन्दकन्द, मंगलूर, विनायक कृष्ण गोकाक, श्री कण्ठय्या, क० शंकर भट्ट, मलयालम में इरप्पल्लित राघवन पिल्लै, पी० भास्करन, एन० बी० कृष्ण वारियर आदि के नाम स्मरणीय हैं। इन कवियों में भारतीय संस्कृति की वैष्णव प्रेम-धारा का जल प्रवाहित है। प्राकृतिक सौन्दर्य इनकी कविताओं के पोर-पोर में रचा-बसा है। इनकी स्वच्छन्द भाव धारा वीरता की आग नहीं उगलती। अपितु गान्धी-विचार के प्रेम-प्रवाह में निमग्न रहती है। भारतीय वीरता का उज्ज्वल रूप गान्धी में मूर्तिमान हो उठा था। विश्व ने इतने लघु शरीर में इतना बड़ा प्राणवान व्यक्तित्व पहली बार देखा था। इस सन्त योद्धा ने मानव-इतिहास को नयी करवट दी और भारतीय सन्त-परम्परा की शक्ति को सम्पूर्णता में प्रकट किया। वे सम्पूर्ण भारतीय कविता में पतित-पावन, जननायक काव्य-नायक होकर सूर्य से उभरे। गान्धी ने अहिंसा को मानव-नीति के रूप में ग्रहण किया। देश के लिए हिंसात्मक क्रान्ति को श्रेयष्कर नहीं समझा और भौतिक बल के सामने आत्मिक बल की शक्ति को अपनाया। उनके चिन्तन का भाव रौद्र नहीं, करुणा रहा है। निराशा और विषाद को ठेलकर गान्धी ने मुक्ति-संग्राम में नवयुवकों में आस्था का जीवन दीप प्रज्वलित किया।

स्वर्णिम भविष्य के प्रति आस्था

तिलक, गान्धी, सुभाष आदि नेताओं के नेतृत्व में देश ने 'उत्साह' का एक नया रचनात्मक रूप पाया। भारतीय कविता स्वर्णिम अतीत के गौरवगान के साथ अपने वर्तमान को नया भविष्य देने के लिए उमंग से भरने लगी। स्वतंत्रता पूर्व के भारतीय कवियों ने भारत-भूमि की वन्दना अनेक स्वरों से की और इस स्वर ने जन-जीवन के मन पर जमे विषाद को धो डाला। एक नयी स्फूर्ति और एक नये सवेरे का प्रकाश देश भर में आलोकित हो उठा। राष्ट्रीय कविता का गान्धी-युग बड़ा आलोक-वलयित है—जिसमें जयशंकर प्रसाद जैसे हिन्दी-कवि का गान 'स्वयं प्रभा समुज्ज्वला स्वतन्त्रता पुकारती' के साथ गुंजरित है। शीश-दान के साथ 'न्यौछावर कर दें हम सर्वस्व हमारा प्यारा भारतवर्ष' का बीज-भाव चारो ओर अंकुरित हो उठा। देश और महायुद्धों पर कवि केवल टिप्पणीकार नहीं बना, वरन् उसने स्थिति-परिस्थिति में पूरे लगाव से कवि-कर्म को समर्पित

किया। इस समस्या ने भी उसे भीतर-बाहर से मथा कि देश के राजनैतिक और सामाजिक जीवन में एक गहरा सन्तुलन गायब है। इस सन्तुलन और सामंजस्य को लाने के लिए रचनाकार सांस्कृतिक-बोध को नये अर्थ देकर रचने लगा। नैतिक-मानवीय मूल्यों का आदर्शीकरण इसी हेतु से इस कविता में उपजा है। इस दौर में कर्म ने अपने इतिहास-दर्शन और संस्कृति पर पूरा भरोसा किया और यही भरोसा इस कविता का मेरुदण्ड है। दूसरे महायुद्ध (1939-1942) ने देश की आर्थिक-व्यवस्था को और चौपट कर दिया। क्योंकि अंग्रेजों ने दोनों ही युद्ध भारतीय धन से लड़े थे। युद्ध के बाद संसारव्यापी शीत-युद्ध का वातावरण बनता गया। परिणामतः कविता में राजनीति-विरोध का एक आधार भी उधर आया। प्रीतिकर अनुभव यह रहा कि उमा शंकर जोशी, विनायक कृष्ण गोकाक, माखन लाल चतुर्वेदी, रामधारी सिंह दिनकर, गुप्तजी जैसे कवि कांग्रेस के सक्रिय कार्यकर्त्ता भी रहे और कवि-धर्म का निर्वाह भी करते रहे। भले ही इन कवियों की कविता भावावेश, भावावेग की कविता रही हो जिसे श्रेष्ठ कविता में प्रतिमानों से हीन ठहराया जा सकता है। किन्तु यह कविता कवि-स्वभाव, कवि-धर्म और काव्य-दृष्टि को खुलकर सामने लाई। संकीर्ण दलगत राजनीति को इन कवियों ने प्रवेश नहीं करने दिया। व्यापक अर्थों में यह मानव को जगाने की, भीतर से झकझोरने की, देश के लिए प्राणोत्सर्ग करने की कविता है। ऐतिहासिक सन्दर्भ की इस भूमिका को भुलाकर इस कविता के साथ न्याय नहीं किया जा सकता। उनके सामने राजनीति का चरित्र मानव-द्रोही नहीं था। वह निर्माण की एक प्राणधारा का जीवन्त रूप थी।

देशभक्ति का रागात्मक ऐश्वर्य

देश के प्रति रागात्मक-सम्बन्ध का अर्थ है—उस देश के पेड़-पौधे, नदी, वन, उपवन, पहाड़, पठार, खेत तथा देश-वासियों के साथ गहरा आन्तरिक लगाव। जब हम अपनी सत्ता को देश से पृथक प्रतीत नहीं करते हैं—तब देश-प्रेम या देश-भक्ति का जन्म होता है। भक्ति में जैसे भक्त सब कुछ भगवान को समर्पित कर देता है—ऐसे ही देश के प्रति भक्ति करने वाला हृदय, देश के चरणों में अपना सब कुछ अर्पित कर देता है। यही अर्पण-भावना शीश-दान कराती है। यही भावना देश की पराधीनता और शोषण से मुक्ति दिलाना चाहती है। देश-भक्ति का यही हनुमान-भाव देश को आर्थिक-सामाजिक शोषण से मुक्ति दिलाने के लिए संकल्प बद्धता रखता है। इसीलिए जनता की व्यथा, अन्याय, शोषण आदि से सम्बन्धित कविताएँ देश-प्रेम के अन्तर्गत आती हैं। इसी के विभाव-व्यापार में किसान-मजदूर और सामान्यजन आता है। रचनाकार जनता के मानस में जागरण के बीज बोता है—उन्हें अनुकूल परिवेश में

अंकुरित करता है। जलियांवाला बाग का काण्ड हो या बंगाल का अकाल, होम-रूल-आन्दोलन हो, असहयोग आन्दोलन—कोई भी जनता से सम्बन्धित राज़-नैतिक घटना हो—कवि उसे चुप पी नहीं सकता, उसे लोक-जागरण की दृष्टि से संवेदनासिक्त शब्दों में अभिव्यक्ति कर देता है। कविता इसी अर्थ में आ० रामचन्द्र शुक्ल को हृदय की मुक्तावस्था प्रतीत हुई थी। भारतीय कवियों ने ब्रिटिश-साम्राज्यवाद या सबसे बड़े जमींदार के शोषण-अन्याय के खिलाफ ही अपनी आवाज को नहीं उठाया, बल्कि जमींदारों—साहूकारों, रायसाहब, राजा साहब आदि जो देश के भीतरी शोषक थे—उनके खिलाफ भी अपना स्वर ऊँचा किया। हिन्दी के कवि भगवतीचरण वर्मा ने लिखा—

ये व्यापारी ये जमींदार ये हैं लक्ष्मी के परम भक्त
ये निपट निरामिष सूदखोर पीते मनुष्य का उष्ण रक्त
ये राजकाज जो सधा हुआ है इन भूखे कंगालों पर
इन साम्राज्यों की नींव पड़ी है तिल-तिल मिटने वालों पर ॥

इस प्रकार अत्याचारी महाजनों-पूंजीपतियों, जमींदारों के प्रति तीव्र आक्रोश की अभिव्यक्ति हुई है। और इसी आक्रोश के भीतर से राष्ट्रीय-सांस्कृतिक कविता के नये रूप का जन्म हुआ है। आरम्भ में यह काव्य राष्ट्रवाद, देश-भक्ति वाद, मानववाद, मानवतावाद के आधार पर केन्द्रित था—किन्तु बाद में यह काव्य यथार्थवाद, समाजवाद, साम्यवाद की ओर झुकता गया। रवीन्द्रनाथ का मानववाद, काजी नजरूल इस्लाम में वर्गवाद का आधार पा उठा। फिर भी इस भारतीय कविता में देश-भक्ति का रागात्मक ऐश्वर्य कम न होकर अधिक ही होना गया है। हिन्दी में दिनकर, सोहनलाल द्विवेदी, उर्दू में फिराक, सागर निजामी का ऐसा ही रंग-राग है। निजामी ने लिखा—

सोने वालों को इक दिन जगा देंगे हम,
रस्मो-राहे-गुलामी मिटा देंगे हम,
तेरे बैरी के टुकड़े उड़ा देंगे हम,
आसमानों जमीं को हिला देंगे हम।
कौन कहता है कमजोर निर्बल है तू,
हर तरफ खूं के दरिया बहा देंगे हम।
जिस तरफ से पुकारेगा हिन्दोस्ताँ,
उस तरफ ही वफा की सदा देंगे हम।
ऐ वतन, ऐ वतन, ऐ वतन।
सर से बांधे हुए हैं तिरंगा कफन।

गयाप्रसाद शुक्ल सनेही 'त्रिशूल' ने लिखा—

अब लौ यही लगन लगी थी हर जवान को
आजाद कर के छोड़ेंगे हिन्दोस्तान को।
जिस पर कि लोकमान्य ने कुर्बान जान की
महिमा महान बापू ने जिस की बखान की
जिसके लिए सुभाष ने सीधी कृपाण की
अपना के जिस को दूनी जवाहिर ने शान की
क्या है गजब कि कब्रों से मुर्दे निकल पड़ें
जयहिन्द बोल बोल के दिल्ली को चल पड़ें।

स्वतंत्रता-आन्दोलन में भारत के यौवन की अंगड़ाई का एक समग्र बिम्ब इस कविता में उभरता है।

रागात्मक-चेतना का एक दूसरा रूप वह है जिसमें कवि देश को एक जीवित-प्रतीक की तरह मानकर नमन करता है, उसकी रक्षा के प्रति सजग हो उठता है। देश का पूरा इतिहास वीरों की वीरगाथाएं गा उठता है। चित्तौड़, हल्दी घाटी, गंगा-हिमालय उसके लिए प्रेरणा-स्त्रोत बन जाते हैं। इतिहास अतीत से वर्तमान का संवाद बन जाता है और वह जाति की धमनियों में रक्त बनकर दौड़ने लगता है। जनकवि काज़ी नज़रूल इस्लाम ने 'कंदरी हुँशियार' जैसे अमर राष्ट्रीय-चेतना के गीत में लिखा—

दुर्गम गिरि कान्तार मरू दुस्तर पारावार
लांघिवे हँबि रात्रि निशीथे, यात्रिरा हुँशियार।"

(दुर्गम पर्वत, मैदान, मरूस्थल और सागर फैले हुए हैं। रात के अंधेरे में इन्हें फिर से पार करना होगा, यात्रियों, सावधान!)

ऐसा ही एक और गीत लिखा—

"चल, चल, चल!
उर्ध्व गगने बाजे मादल,
निम्ने उत्तला धरणि-तल
अरूण प्रातेर तरुण दल
चल रे, चल रे, चल!"

(चलो, चलो, चलो! ऊपर आकाश में ढोल पुकार रहे हैं—नीचे धरती हिल रही है। लाल उषा काल के युवकों! आगे, आगे और आगे बढ़ो!)

छात्रों का एक प्रयाण गीत—

"आमरा शक्ति आमरा बल
आमरा छात्र दल!"

(हमारी शक्ति, हमारा बल हमारा छात्र दल है।)

केवल यही तीन गीत नजरुल की राष्ट्रीय आत्मा से पाठक का ऐसा साक्षात्कार करा देते हैं कि स्वाधीनता-आन्दोलन में जागरण का बिम्ब सामने आ जाता है। हिन्दू-मुस्लिम साम्प्रदायिकता के उभरते पर नजरुल 'हिन्दू-मुस्लिम युद्ध' जैसी तीखी व्यंग्य-कविताएं लिख रहे थे और चाहते थे कि दोनों में साम्प्रदायिक सौहार्द बना रहे। मोहित मजूमदार, नजरुल, उमाशंकर जोशी, गोकाक आदि भारतीय कवियों की उस समय में रची गई कविताओं में हृदय को द्रवित करने वाली करूणा व्याप्त है।

लोकजागरण का शंखनाद

सच्चे कवि की पहचान के लिए भारतीय आचार्यों की मान्यताओं का सार यह है कि वह लोक-हृदय में अपने हृदय को मिला देता है। लोक में फैली दुःख की छाया, वेदना और चेतना उसकी अनुभूति में ढल कर तेजोदीप्त रूप में प्रकट होती है। भारत की राष्ट्रीय-सांस्कृतिक कविता लोक-जागरण का शंखनाद है—जिसमें हमारे देश का एक गौरवमय युग विद्यमान है। भारत की भूमि के शत-शत दिव्य चित्रों से यह कविता ओतप्रोत है। इसकी पृष्ठभूमि में विविध-रूपा मातृभूमि के रवीन्द्र, केशव सुत, सुब्रह्मण्य भारती, भारतेन्दु, हाली आदि प्रमुख कवियों के पवित्र गीत हैं। रवीन्द्र और भारती ने इन चित्रों को बृहत्तर भौगोलिक विशालता में अंकित किया है। कोटि-कोटि भारतवासी अपनी वर्तमान हीनदशा को भूल कर आत्मगौरव, स्वाभिमान की भावना से उत्साहित हो उठे। मातृभूमि का एक ऐसा ही विराट् चित्र 'भारति, जय विजय करे' में सूर्यकान्त त्रिपाठी निराला ने अंकित किया है—

> लंका पदतल शतदल, गर्जितोर्मि सागर जल,
> धोता शुचि चरण-युगल, स्तव कर बहुअर्थभरे।
> मुकुट शुभ्र हिम तुषार, प्राण प्रणव ओंकार
> ध्वनित दिशाएँ उदार, शतमुख शतरव मुखरे।

भारत में हिमालय, गंगा-यमुना, कावेरी, पटना और कुरुक्षेत्र आदि अनेक अंग अपना विशेष राष्ट्रीय-सांस्कृतिक गौरव रखते हैं। इनके साथ भारत का सामूहिक अवचेतन गुँथा हुआ है और हमारी कविता के आद्य-बिम्बों में यही इतिहास-भूगोल झाँकता है।

अतीत गौरव का गान

भारतीय कवियों ने मुक्त मन से भारत के प्राचीन गौरव का गान किया है। प्राचीन संस्कृति और वैभव की वन्दना-अनुराग और उत्साह की स्वरधारा में ढलकर आत्म-विमुग्ध कर लेती है। ध्यान देने की बात यह है कि आधुनिक भार

तीय राष्ट्रीय-सांस्कृतिक कविता में अतीत गौरव के स्मरण का पक्ष सर्वाधिक समृद्ध है। वैदिक आर्यों का गुणगान, उपनिषद् के ऋषियों की वन्दना, बौद्ध-जैन धर्मों की स्तुति, रामायण, महाभारत की महिमा के साथ समुद्रगुप्त, चन्द्रगुप्त विक्रमादित्य, अशोक, शिवाजी, महाराणा प्रताप, महारानी लक्ष्मीबाई, दुर्गावती आदि के ऐतिहासिक कृत्यों का उजले भावों में स्मरण-वन्दन किया गया है। वर्तमान की दुर्दशा को सुधारने के अतीत में पर्याप्त प्रेरणा-स्रोत थे। जिनका पूरा उपयोग इस कविता ने किया है। रामायण-महाभारत तथा भारतीय ऐतिहासिक पुरुषों पर प्रायः राष्ट्रीय-सास्कृतिक कविता के सभी कवियों ने उदात्त-भावना से लिखा है। प्रकृति-पूजा का काव्य इसी प्रेरणा का सीधा प्रतिफल है। बड़ी बात यह है कि आर्य-संस्कृति की जय-जयकार करने पर भी यह कविता साम्प्रदायिक भावना से एकदम दूर रही है। सभी मुसलमान कवियों ने अपने हृदय में गंगा-कावेरी को धारण किया है और एक ऐसा शक्ति-काव्य रच डाला है जो भाव-समृद्धि के साथ-साथ मानव-मन की उदारता और विराटता का परिचायक है। सेतुबन्ध रामेश्वर से लेकर पुरी तक की सांस्कृतिक-यात्रा में एकता का मजबूत सूत्र दृष्टिगत होता है। जो देश-प्रेम और मानव-हृदय की अखण्डता का प्रतीक है। प्रीतिकर अनुभव यह है कि अलगाववाद का एक भी स्वर इस कविता में कहीं नहीं मिलता है। हम ऊपर से अलग-अलग दिखाई देने पर भी भीतर से एकदम एक हैं। यह प्रमाण हमारी राष्ट्रीय-सांस्कृतिक कविता देती है। वास्तव में, संस्कृति का आधार ही है—मानव की भावनाओं का संस्कार-परिष्कार। गहरे अर्थ में संस्कृति एक प्रकार की संस्कारात्मक परिणति है। मनुष्य के आचार-व्यवहार का जब परिष्कार किया जाता है तब वह व्यवहार संस्कृत हो जाते हैं। इसलिए संस्कृति न कोरी भौतिक होती है न अध्यात्मिक—वह एक समग्र प्रक्रिया है। इस प्रक्रिया में भीतर-बाहर सभी एक साथ संस्कारित होते हैं। हम अपनी संस्कृति को वैदिक-संस्कृति, बौद्ध-संस्कृति, जैन संस्कृति, आर्य-संस्कृति, अनार्य-संस्कृति या भौतिक-संस्कृति, आध्यात्यामिक संस्कृति जैसे खण्ड-खण्ड रूप में विदेशी इतिहासकारों की भाँति नहीं देखते। हमें अहसास परक बोध है कि भारतीय संस्कृति एक अखण्ड-धारा है। जिसमें वैदिक, जैन, बौद्ध विचारों का जल प्रवाहित है। कहना चाहिए इन्हीं से मिलकर वह बनी है। हिन्दू-मुस्लिम-ईसाई श्रवण, ब्राह्मण, जैन, बौद्ध आर्य-द्रविण इन सभी से मिलकर भारतीय संस्कृति जन्मी है। उसमें कहीं भी आदमी को आदमी से तोड़ने या बाँटने का भाव नही है। इसी भावधारा को इस देश के सभी विचारकों, ज्ञानियों-तपस्वियों, सन्तों, समाजसुधारकों, राजनीतिकों ने आगे बढ़ाया है कि हमारी अखण्डता ही हमारी शक्ति है। जीवन-सत्यों का अन्वेषण हमारी सम्पत्ति नहीं है, हमारा ध्येय है। इसी सांस्कृतिक विचारधारा को तिलक, गोखले,

अरबिन्द और विवेकानन्द, सुभाष और गान्धी, रवीन्द्रनाथ और सुब्रह्यण्य भारती ने मनोयोगपूर्वक पुष्ट किया है। रवीन्द्र जिस विश्व-मानव और विश्व-दृष्टि की चर्चा करते थे वह लोक-कल्याण, लोक-रक्षा और लोक-मंगल की भारतीय दृष्टि का ही नया भाष्य है। यह 'कृण्वन्तो विश्वमार्यम्' का सिद्धान्त ही था जो किसी को भी पराया नहीं मानता। यह विश्व-दृष्टि वर्ण, जाति, सम्प्रदाय, धर्म, वर्ग, देश, पूर्व-पश्चिम की सीमाएँ नहीं मानती। यह मूलतः विश्व मानववाद, विश्व-समाजवाद की धुरी पर केन्द्रित धारणा है।

भारतीय राष्ट्रीय-सांस्कृतिक कविता में 15 अगस्त 1947 का दिन स्वाधीनता-सूर्य के उदित होने का दिन है। पराधीनता की रात्रि से उबरकर देश एक नया सबेरा देखता है और नवनिर्माण, नवसंस्कार का संकल्प लेकर उठ खड़ा होता है। इसी दिन से भारत की राष्ट्रीय-सांस्कृतिक कविता का पूरा स्वर ही बदल जाता है। कवि बलिदान और प्रयाण के गीत न गाकर विजय के गान गा उठते हैं। फिर भारत अपनी पराधीनता की मुक्ति को साम्राज्यवाद-उपनिवेशवाद से मुक्ति मानता है। भारत की यह जीत एशिया के नवजागरण की जीत थी। उस विश्व-मानवता की जीत थी जो विश्व-मानव मुक्ति की आकांक्षा से उदीप्त रही है। अहिंसा और सत्याग्रह से प्राप्त स्वतन्त्रता का मूल्य उस नये इतिहास का मानव-मूल्य था जो हिंसावादी राजनीति के नरसंहार से, रक्त-कीचड़ से न जन्मा था। हालांकि आजादी के बाद देश का विभाजन और गान्धी की हत्या ने देश के जनमानस में एक बेचैनी उत्पन्न कर दी, जिसकी अभिव्यक्ति परवर्ती नये काव्य में खुलकर हुई भी है।

मूल्यांकन—आधुनिक भारतीय राष्ट्रीय-सांस्कृतिक कविता के उद्भव विकास और मूल प्रवृतियों के विश्लेषण के उपरान्त इस कविता के मूल्यांकन का महत्वपूर्ण प्रश्न उपस्थित होता है। यह सच है कि स्वतन्त्रता-आन्दोलन में भाग लेने वाला प्रत्येक व्यक्ति सच्चा देश भक्त न था और प्रत्येक रचना सच्चे देश-प्रेम की रागात्मक अभिव्यक्ति भी नहीं थी। ऐसी स्थिति के कारण प्रत्येक देशभक्ति की कविता सच्ची देश-भक्ति की कविता भी नहीं थी। ध्यातव्य यह है कि इस कविता का सम्बन्ध एक चेतना विशेष से आन्दोलित आन्दोलन से था और आन्दोलन प्रायः तात्कालिकता की उत्तेजना और आवेश से जुड़ा होता है। उसके सभी तत्व देश और काल के जयी तत्वों ये सम्बद्ध नहीं होते। आन्दोलन एक सामूहिक कोलाहल का परिणाम होता है। आन्दोलन विचारों की स्थूल और सूक्ष्म दोनों भूमिकाओं को अपना भी सकता है और नही भी।

साहित्य का उद्देश्य होता है—मानव-चेतना का संस्कार परिष्कार,-जागरण। उसका कर्त्तव्य-कर्म है सामूहिक-चेतना की अभिव्यक्ति। आन्दोलन एक खास सीमा तक साहित्य को प्रभावित करता है किन्तु साहित्य केवल आन्दोलन तक

नहीं रहता। वह उससे आगे बढ़ता है। मानव को जगाकर नयी दिशा और दृष्टि देता है। राष्ट्रीय-सांस्कृतिक आन्दोलन देश की सामाजिक सफलता के अंग होते हैं, पर वे साहित्यिक गुणवत्ता के निर्णायक और नियामक नहीं होते। साहित्य जीव-जगत् के साथ मानव का प्रगाढ़ रागात्मक सम्बन्ध जोड़ता है। इसलिए आन्दोलन और साहित्य की प्रकृतविधि में गहरा अन्तर है। आन्दोलन बाहर फैलता है, साहित्य भीतर ही भीतर तक मथ देने वाली प्रक्रिया होता है। यही कारण है कि आन्दोलन का प्रभाव साहित्य में छनकर-परिष्कृत होकर आता है। स्वाधीनता-आन्दोलनों के साथ भी यही हुआ। वे साहित्य के रूपान्तरण के साथ अभिव्यक्त हुए हैं। देश के सुधार-आन्दोलन, सत्याग्रह-आन्दोलन, हिंसक क्रांति के आन्दोलन, बंग-भंग के आन्दोलन अपने सामयिक प्रभाव में इतने प्रबल थे कि इनसे प्रभावित लोग प्राणों पर खेल गए। इन पर कवियों ने भी अनेक काव्य लिखे। पर वे सामयिक ही थे। उनमें भावावेग, भावावेश आक्रोश और उत्तेजना ही अधिक थी। काव्य के कालजयी मूल्य कम थे। मुक्ति और स्वतन्त्रता मानव के स्थायी मूल्य हैं। जिनकी अभिव्यक्ति इस कविता में जमकर हुई भी है। किन्तु इन राष्ट्रीय कविताओं में अधिकांश ऐसी थीं जिनका सामयिक महत्व ही था। बाद की पीढ़ियों के लिए वे मात्र ऐतिहासिक स्मरण की वस्तु रह गई हैं। इन कविताओं में वह कालमयी संवेदन न था जो कविता को हर युग में अर्थवत्ता और प्रासंगिकता से सम्पन्न और समृद्ध रखता है। इस दृष्टि से राष्ट्रीय-सांस्कृतिक काव्यधारा वाणी का उच्चार थी। जिसे दाद भी खूब मिली पर वह प्राणों की संजीवनी न थी। जिसे पाए बिना कविता अमर कविता नहीं बन पाती है।

समग्रत: में कह सकते हैं कि आधुनिक भारतीय राष्ट्रीय-सांस्कृतिक कविता का एक युग विशेष में परिव्याप्त ऐतिहासिक सांस्कृतिक हाशिया है जिसे काव्य-गुणों की दृष्टि से चाहे श्रेष्ठ न माना जाए पर वह समग्र देश की सामूहिक चेतना की मुक्त वाणी है। यह कविता आज भी हमारी चेतना को स्फूर्ति देती है और एक विशिष्ट ऐतिहासिक-सांस्कृतिक कर्म-सौन्दर्य से हमारा साक्षात्कार कराती है। सच्चे अर्थों में, यह मानव को सुलाने की नहीं, जगाने की कविता है। हमारी लोक जागरण की परम्परा का यह गौरवपूर्ण इतिहास है।

स्वतन्त्रता-प्राप्ति के बाद भारतीय राष्ट्रीय-सांस्कृतिक कविता ने देश और देश से बाहर उत्पन्न राजनीतिक-सांस्कृतिक समस्याओं और चुनौतियों का खुल कर सामना किया। यह ठीक है कि हमारे रचनाकारों ने देश-प्रेम, देश-रक्षा, देश-निर्माण की अकांक्षा के बावजूद एक ऐसी आन्तरिक द्विधा से बेचैनी महसूस की जिसने उनके साहित्य-सृजन के प्रेरणा-स्रोतों की दिशा ही बदल दी। आजादी से हमारी इच्छाओं-आकांक्षाओं की सही पूर्ति नहीं हो सकी। हमने ब्रिटिश

साम्राज्यवाद को देश से खदेड़कर राजनीतिक-स्वतन्त्रता तो प्राप्त कर ली पर आर्थिक-सामाजिक-सांस्कृतिक स्वाधीनता भारत को नहीं मिल सकी। भाषा और संस्कृति के क्षेत्र में आजादी के बाद स्थिति बहुत निराशाजनक होती गई। इतना अधिक सांस्कृतिक अवमूल्यन दृष्टिगत हुआ कि अनास्था, संत्रास, संशय और आत्मनिर्वासन ही कविता के स्थायीभाव बन गए। भारतीय भाषाओं की छाती पर आजाद भारत में अंग्रेजी और अंग्रेजियत ऐसी जमकर बैठी कि स्थिति की इस भयंकरता ने भारतीय समाज को भीतर से तोड़ डाला और उसकी सांस्कृतिक प्रगति को अवरुद्ध कर दिया। नेहरू-युग ने भारतीय समाज में ऐसा समाजशास्त्र-अर्थ शास्त्र विकसित नहीं किया जो भारत को भारत की निगाह से देखता-समझता उल्टे भारत इस काल में विदेशी ज्ञान-विज्ञान का मुहताज बनता गया। परिणामतः जन-जीवन में भयंकर असन्तोष ने जन्म लिया, जिसमें 'अन्धायुग' ही लिखा जा सकता था। इस काल में दिनकर और अज्ञेय ने अपनी रचनात्मक जरूरतों के लिए भारतीय-संस्कृति, इतिहास-परम्परा और संस्कृत-पालि के साथ वैसा श्रम नहीं किया—जैसा श्रम एजरापाउण्ड और इलियट ने अपनी परम्परा और संस्कृति के साथ किया है। अब देश में कोई बल्लतोल या रवीन्द्रनाथ न था। हमने पाया नए परिवर्तन की दिशा विद्रूपता और विसंगति की ही हो सकती थी और उधर ही भारतीय सृजन खिसकता चला गया। कविता पर अस्तित्ववादी विचारधारा का पश्चिमी हमला विजयी हुआ और पराजय-बोध, अपराध-बोध की मौन-मुखर ध्वनियाँ खुलकर अभिव्यक्त हुईं। मोहभंग, अवसाद, अंधेरा मृत्यु-बोध और मूल्यान्धता ने स्वातन्त्र्योत्तर भारतीय कविता को अपनी चादर में जकड़ लिया।

सन् 1961 में देश की सीमा पर अचानक भारत-चीन युद्ध शुरू हो गया। युद्ध छिड़ते ही भारतीय-साहित्य में देश-भक्ति की कविताओं की बाढ़ आ गई। ऐसा लगा मानो भारतीय जनता की राष्ट्रीयता पूरे वेग से साहित्य के माध्यम से फूट पड़ी है और प्रत्येक छोटा-बड़ा कवि देश-भक्ति की अभिव्यक्ति के लिए बेचैन हो उठा है। पुराने गतिरोध को टूटते देर नहीं लगी और भारतीय कविता एक नवीन सृजनात्मकता के मार्ग पर दौड़ती दृष्टिगत हुई। रामधारी सिंह दिनकर 'परशुराम की प्रतीक्षा' जैसी युद्ध-कविता लिख उठे। यह काव्य भारतीय मानस के गहरे विक्षोभ और आलोड़न का प्रतीक है। नये रचनाकारों ने हिन्दी, बंगला, मराठी तथा कन्नड़ में आक्रोश के साथ राष्ट्र मानस के किशोर अंश को अभिव्यक्ति दी। युद्ध का तीव्र स्वर पाकर नया मानस-मन्थन शुरू हुआ और देश की नैतिक-सामाजिक चेतना में एक ज्वार-सा दृष्टिगत हुआ। इन रचनाओं में देश को लगे आघात का क्षोभ काफी तीव्र और सच्चा है। इनमें भारत की अजेयता, प्राचीन गौरव के स्मरण तथा जय गान के साथ-साथ

चीनियों की अमानुषिकता-बर्बरता वर्णित है। हालांकि एक निश्चित जानकारी के अभाव में इन रचनाओं की कल्पनाशीलता-बिम्बधर्मिता, भावुकता काफी कम विश्वसनीय लगती है। जो लोग साहित्य को राजनीति से अलग रखने की बात करते थे और उसे शाश्वत मूल्यों की अभिव्यक्ति का माध्यम मानते थे वे भी समाजवादी-साम्यवादी मुद्रा में परिवर्तन की बात दुहराने लगे। तब डा० राममनोहर लोहिया, नरेन्द्र देव, मार्क्स और माओ के चिन्तन की बाढ़-सी आ गई। सभी की जीभ पर यह नारा उछलने लगा कि जिन्दा कौमें पाँच साल तक इन्तजार नहीं करतीं ! स्थितियों से जुझती-बदलती आगे बढ़ती हैं। साहित्य में बदलते मूल्यों, सन्दर्भों को लेकर प्रश्न उठा कि इस प्रकार के उग्र राष्ट्रवादी साहित्य की अर्थवत्ता आखिर क्या है ? उसके उद्देश्य और मूल्य, युद्ध और संकटकाल कोई स्थायी-स्थिति नहीं हैं और निरी सामयिक तात्कालिकता को साहित्य-सृजन का मूल्य बनाना भी बुद्धिमानी नहीं है। फिर दूसरे महायुद्ध के बाद फ्रांस, अमेरिका और ब्रिटेन आदि के साहित्य में युद्ध एक बवण्डर बनकर नहीं रह गया था उसमें स्थिति की वास्तविकता और अनुभव घनता ही आई है। वह एक प्रकार से युद्धाक्रान्त यूरोपीय मानस की प्रबल प्रतिक्रिया का यथार्थ रूप है। इसी तरह से देखा जाए तो चीन-भारत युद्ध और उनके बाद भारत-पाकिस्तान युद्ध हमारी राष्ट्रचेतना को उद्दीप्त करने में काफी सृजनात्मक भूमिका रखते हैं। इस दौर की राष्ट्रीय-सांस्कृतिक कविता ने देश को किसी भी संकट का सामना करने के लिए तैयार किया। भारत ने आततायी, आक्रमणकारी का सामना करने के लिए अपने गौरवपूर्ण इतिहास को याद किया और राष्ट्र-निर्माण में बुद्ध-अशोक राणा प्रताप, शिवाजी और गान्धी की परम्परा की दुहाई दी जाने लगी। भारतीय भाषाओं के सर्जनशील-साहित्यकार देश-रक्षा और देश-भक्ति के प्रति खुले मन से समर्पित होते गए। अनेकता में एकता स्थापित करने की बात नारा नहीं रही, हमारा नैतिक कर्त्तव्य बन गई। इस प्रकार इस राष्ट्रीय-सांस्कृतिक कविता ने मानव और देश के सर्वोच्च मूल्यों की महत्व-प्रतिष्ठा में सृजनात्मकता को सक्रिय रखा है। आज हमारी आधुनिक राष्ट्रीय-सांस्कृतिक कविता अपनी विचार-सम्पदा में इतनी पुष्ट है कि कोई भी देश अपनी इस गौरवपूर्ण थाथी पर गर्व कर सकता है।

मूल्यांकन—आधुनिक राष्ट्रीय-सांस्कृतिक कविता के स्वरूप-विवेचन, प्रवृत्तियों के निर्धारण और विश्लेषण के बाद इसके मूल्य और मूल्यांकन की महत्वपूर्ण बात शेष रह जाती है। ध्यान देने की बात यह है कि अलग-अलग भारतीय भाषाओं में लिखे जाने पर भी इस कविता में भारतीय-संस्कृति, इतिहास और परम्परा की एकता और एकरूपता के शिव-बिम्ब ही अधिक हैं। इससे सिद्ध होता है कि भारतीय मानस एक है और उसमें प्रादेशिकता, साम्प्र-

दायिकता, क्षेत्रीयता की आवाज न होकर एक भारत राष्ट्र का अखण्ड और जीवन्त चित्र मिलता है। भारतीय भाषाओं में अलग-अलग रंग-विरंगे भाव-कुसुम खिले हैं—जिनसे इस उपवन की शोभा और निखर आई है। भारतेन्दु, हाली, इकबाल, रवीन्द्रनाथ, काजी नजरुल, सुब्रह्मण्यम भारती, पुट्टप्पा, सीताकांत महापात्र, लक्ष्मी वेजवरुआ आदि की राष्ट्रीय-सांस्कृतिक कविताओं ने पराधीन भारत की सभी समस्याओं पर विचार करते हुए दिशा दृष्टि दी है। हमारा आधुनिक राष्ट्रीय-सांस्कृतिक नवजागरण इस कविता में समुद्र की तरह लहरा रहा है। आरम्भिक राष्ट्रीय-सांस्कृतिक चेतना को व्यक्त करने वाली सृजनात्मकता में आवेग और कल्पना का उबाल था पर जैसे-जैसे स्वाधीनता-संग्राम में मुक्ति का प्रकाश निकट आता गया है वैसे-वैसे इन कविताओं में कंठ की पुकार कंठ से उतरकर हृदय की गहराई को स्पर्श करने लगी है। और इस कविता में गम्भीर-मूल्यों की प्रतिष्ठा को स्थान मिलता गया है। संश्लिष्ट रूप में कह सकते हैं कि राष्ट्रीय-सांस्कृतिक कविता जितनी संग्रहशील रही है उतनी ही विकासशील भी। एक ओर तो जहाँ यह कविता पूरे आत्म-विश्वास से भारत की प्राचीन-संस्कृति के सार-तत्वों का संचय करती है वहां दूसरी ओर देश और काल की प्रवृत्तियों-स्थितियों के अनुकूल जीवन के नवीन मान-मूल्यों को भी स्वीकार करती चलती है। इसमें परिवेश के अनुकूल आचरण करने की नैतिक-शक्ति निरन्तर विद्यमान रही है। युग-धर्म और स्वधर्म दोनों को एक साथ रखकर इस कविता ने भारतीय अस्मिता को मुक्त-वाणी दी है। वैदिक, बौद्ध, जैन, आर्य-द्रविण, हिन्दू-इस्लाम परम्पराओं को इस कविता ने सहज संस्कार बनाकर रचनात्मकता में नया आधुनिक संस्कृति-बोध ही निष्पन्न कर दिया है।

आधुनिक राष्ट्रीय-सांस्कृतिक काव्य को व्यापक सन्दर्भों में जागरण की कविता कह सकते हैं। जिसमें व्यक्तिवाद-कलावाद-भाववाद आदि का स्थान मानववाद, मानवतावाद और लोक-मंगलकारी जीवन-मूल्यों ने ले लिया है। कवियों के प्रबुद्ध मानस ने युग-बोध, आत्माभिव्यक्ति, आत्म-चेतना-आत्म ज्ञान से एक नयी दिशा दिखाई है। उन्नीसवीं शताब्दी के उत्तरार्द्ध और बीसवीं शताब्दी के प्रथम पाँच दशकों में युग-चेतना अधिक प्रबुद्ध और गहरी होती गई है। कारण यह रहा कि राजनीतिक-सामाजिक जीवन में अनेक आन्दोलन उठते रहे। इन आन्दोलनों का रूप मात्र राजनीतिक कभी नहीं रहा, उनमें नैतिक और सांस्कृतिक भाव-बोध की भूमिका निरन्तर क्रियान्वितरही। सृजन की ऊर्जा के लिए जिस तनाव की जरूरत होती है वह तनाव इस कविता को राजनीतिज्ञों, समाज-सुधारकों, विचारकों तथा नैतिक मूल्यों से लगातार मिलता हो। सन् 1920 ई० तक मुक्ति का बोध देश की चेतना में गहरा भिद गया—और उसके सृजनात्मक परिणाम काफी उत्साहबर्द्धक रहे। तिलक और

गान्धी के विचारों का रंग चटक और गाढ़ा पड़ गया। फलतः भारतीय साहित्य में रवीन्द्रनाथ टैगोर, मैथिलीशरण गुप्त जैसे युग-प्रवर्त्तक व्यक्तित्व अवतरित हुए। भक्ति-मिश्रित-श्रृंगार का रंग गायब होकर इनकी कविता में देश-भक्ति-रस उमड़ पड़ा। राष्ट्रीय-सामाजिक जागरण को सभी आधुनिक भाषाओं के कवियों ने प्रस्तुत-अप्रस्तुत रूप में काव्य का विषय बनाया।

परिणाम यह हुआ कि इस राष्ट्रीय-सांस्कृतिक कविता का फलक बहुत व्यापक हो गया। एक प्रकार से इस कविता में राष्ट्र के सर्वांगीण जीवन का विस्तार से चित्रण हुआ है। भारतीय इतिहास के अतीत और वर्तमान दोनों पर कवियों की दृष्टि केन्द्रित रही और ब्रिटिश-साम्राज्यवाद के अन्याय-अत्याचार का सभी ने एक स्वर से विरोध किया। देखा जाए तो इन सभी कवियों का रामायण महाभारत, बौद्ध-युग, मुगल-राजपूतकाल के साथ रागात्मक सम्बन्ध है। सभी युगों से कथानक इन कवियों ने मुक्तभाव से ग्रहण किए हैं—पर ये कवि अतीत में जाकर भी अतीत के नहीं हुए—अतीत की वर्तमानता को इन्होंने लगाकर सृजनात्मक अभिव्यक्ति दी। इनकी कविता में आधुनिक राष्ट्रीय आन्दोलनों की सभी छवियाँ हैं—अतीत का गौरवगान है, भारत के भव्य-रूप की झाँकियाँ हैं, फिरंगी अत्याचार का विरोध है, किसान-मजदूर आन्दोलन की ताजी तस्वीरें हैं, जेल-यात्रा, सत्याग्रह, सविनय अवज्ञा-आन्दोलन, स्वदेशी-आन्दोलन, बंगभंग-विरोध, स्वराज्य का स्वप्न, युद्ध-उन्माद की रणनीति, आजादी का उल्लास, विभाजन की हाय-हत्या, गान्धी का क्रूर वध-विलाप, आजादी के बाद का मोह-भंग, चीनी आक्रमण, पाकिस्तानी आक्रमण, संसद की गिरावट, एक राष्ट्रभाषा का प्रश्न आदि अनेक विचार-स्वर हैं। साम्प्रदायिकता, जातिवाद, हरिजन-नारी समस्या, नारी की महत्व-प्रतिष्ठा, सामाजिक-कुरीतियों, अन्ध-विश्वासों की मुखर-आलोचना, पाश्चात्य-संस्कृति सम्पर्क के अच्छे-बुरे प्रभाव, नागर-ग्राम्य-समस्या, आर्थिक-संकट, टूटते परिवारों की व्यथा के शत-शत चित्र अंकित हैं। इन सभी कवियों ने हमारे सांस्कृतिक जीवन के भीतरी पक्षों पर विचार किया है जैसे भारत की नदियाँ, पहाड़, पर्व, त्योहार, परम्पराएँ, प्रथाएँ, देवकथाएँ, जातीय विश्वास, पुरातन लोक-मान्यताएँ, पश्चिमी संस्कृति का प्रभाव-कुप्रभाव, नये ज्ञान-विज्ञान से लाभ-हानि की बातों को वैचारिकता से यक्ष-प्रश्नों की भाँति उठाया है। धार्मिक-संवेदना को समझने-समझाने के लिए आगम-निगम परंम्पराएँ, वैष्णव-तत्व-चिन्तन, ज्ञान-भक्ति, कर्म, योग, सगुण-निर्गुण, अवतारवाद के प्रश्न, बौद्ध-जैन, इस्लाम संस्कृतियों के समन्वय की समस्या, मोक्ष, स्वर्ग-नरक के प्रश्न जो भी जैसे हैं उन पर नये ढंग से टिप्पणियाँ की हैं। इन काव्यात्मक टिप्पणियों ने भारत के आधुनिक जनमानस को नया जीवन-स्पन्दन और नयी जीवन-दृष्टि दी है। मध्ययुगीन भाव-बोध के विरुद्ध बगावत इस कविता का

सबसे महत्वपूर्ण पहलू रहा है। कहने का अभिप्राय यह है कि यह काव्य एक महान राष्ट्र के इतिहास व्यापी जातीय-जीवन की बहुमुखी अभिव्यक्ति है। इस काव्य में देश के सांस्कृतिक-नैतिक-मूल्यों की उदात्त भावभूमि पर महत्व-प्रतिष्ठा की गई है।

व्यापक सन्दर्भों में कह सकते हैं कि इस राष्ट्रीय-सांस्कृतिक कविता में मानव-मूल्य, सांस्कृतिक-नैतिक मूल्य, धार्मिक-सामाजिक मूल्य परस्पर एक साथ गुंथे हुए हैं। जीवन-मूल्यों का यह तादात्म्य अन्य प्रकार की कविताओं में इस ढंग और इस रासायनिक योग से हो ही नहीं पाया है। इसका प्रधान कारण यह है कि इस राष्ट्रीय-सांस्कृतिक कविताधारा में आनन्दवादी-कलावादी जीवन-मूल्यों की प्रधानता न होकर लोक-मंगलवादी, मानववादी मूल्यों को एकान्त स्वीकृति मिली है। प्रेम की यहां अवहेलना नहीं है पर वह व्यक्ति प्रेम से हटकर राष्ट्र-प्रेम में रूपान्तरित हो गया है। जीवन के रोमानी काव्य-मूल्यों में गर्क न होने के कारण यह कविता लोक-जागरण की समग्र अभिव्यक्ति है। आवेश ने काव्यात्मकता को क्षति पहुँचाई है पर सर्वत्र ऐसा नहीं हुआ है। मानव करुणा और देश-भक्ति ने उसमें जीवन-रस का अमृत पैदा किया है। इस बात को ऐसे कहा जा सकता है कि इस कविता ने जीवन के सबसे बड़े मूल्य—स्वाधीनता को रक्षित रखने की दिशा और दृष्टि दी है। जागरण-युग की राष्ट्रीय-नैतिक-मूल्य-चेतना से अनुशासित इस काव्य-धारा में लोक-जीवन और लोक-हृदय की सच्ची लय और थिरकन का जातीय-संगीत मिलता है। यह मानव को अंधेरे में रोशनी दिखाती कविता है जिसमें राष्ट्र के प्राणों की पुकार मानवतावादी चिन्तन के साथ फूटती रही है। संक्षेप में, आधुनिक राष्ट्रीय-सांस्कृतिक नवजागरण की परिणति जिन जीवन-मूल्यों में हुई थी उन्हीं की यह काव्य-धारा महिमामयी गंगा है।

□□